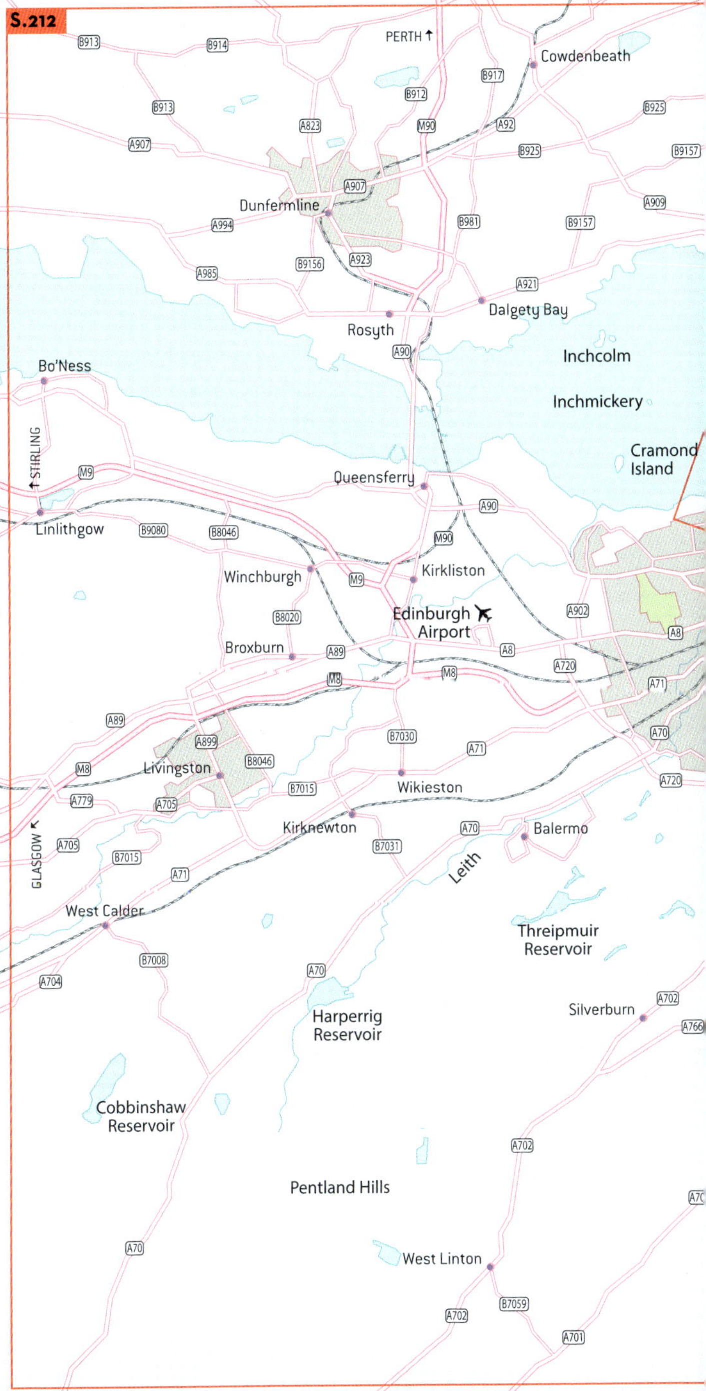

S.212
B913
B914
PERTH ↑
Cowdenbeath
B917
B912
B913
A823
M90
A92
B925
A907
B925
B9157
A907
Dunfermline
A994
B981
B9157
A909
A985
B9156
A923
A921
Dalgety Bay
Rosyth
A90
Inchcolm
Bo'Ness
Inchmickery
↑ STIRLING
Cramond
Island
M9
Queensferry
A90
Linlithgow
B9080
B8046
M90
Kirkliston
Winchburgh
M9
Edinburgh
Airport
A902
B8020
A8
Broxburn
A89
A8
A720
M8
M8
A71
A89
B7030
A70
A899
A71
M8
Livingston
B8046
B7015
Wikieston
A720
A779
A705
Kirknewton
A70
Balermo
A705
B7031
GLASGOW
B7015
Leith
A71
West Calder
Threipmuir
Reservoir
B7008
A704
A70
A702
Silverburn
A766
Harperrig
Reservoir
Cobbinshaw
Reservoir
A702
Pentland Hills
A70
West Linton
B7059
A702
A701

Dies ist mein erstes Buch. Normalerweise schreibe ich Drehbücher. Aber ich habe festgestellt, dass dieses Handwerk gar nicht so anders ist. Man muss interessante Charaktere, Themen und Schauplätze aufspüren und diese dann in einen spannenden Handlungsstrang verpacken. Man muss ausgiebige Recherchen zu Themen durchführen, an die man sich aus der Schulzeit kaum noch erinnert, wie zum Beispiel die Korngesetze oder die Maxwell-Gleichungen. Ich musste Experten befragen und sie darum bitten, mir einfache Erklärungen für Dinge zu geben, die ich schon mein ganzes Leben lang zu verstehen suchte. Und dann muss man das Ganze in einer guten Geschichte verpacken. Glücklicherweise sind die Straßen von Edinburgh voller verborgener Orte und Geschichten, die von den Festivals und Kulturfesten, Wissenschaftlern und Bildhauern, Dichtern und Politikern der Stadt berichten. Es hat mir riesigen Spaß gemacht, meine Heimatstadt neu zu erkunden, um all diese Geschichten auszugraben. Und ich hoffe, dass selbst die bestinformierten Einwohner Edinburghs hier ein paar Orte finden, die sie noch nicht kennen.

Für diese Ausgabe von *Verborgenes Edinburgh* habe ich neue verborgene Schätze ausgegraben: von Guerilla-Street-Art-Mosaiken bis hin zu vermeintlich objektiven Leitfäden zu viktorianischen Vergnügungsdamen. Einige der Funde stammen aus einem Projekt, an dem ich im Jahr 2017 mitgearbeitet habe: *The Story of Edinburgh in 101 Objects* (*Die Geschichte Edinburghs in 101 Objekten*). Mein Dank gilt Sue Crossman, Nicholas Hotham und Gillian Richardson von der *Edinburgh Tourist Action Group* und von *Edinburgh World Heritage* für ihre Beratung und Expertise zu meinen Entdeckungen. Aber ich hatte noch zahlreiche weitere Quellen – und ich habe viele neue Dinge dazugelernt. Aber eine Wahrheit bleibt immer gleich: Die Edinburgher Hundespaziergänger wissen einfach *alles*.

**Hannah Robinson**

© Shayna Douglas – Unsplash

Wir hatten große Freude daran, das Buch *Verborgenes Edinburgh* zusammenzustellen, und wir hoffen, dass Sie (so wie wir) mit diesem Reiseführer auch dieses Mal ungewöhnliche, verborgene oder unbekannte Orte in der Stadt Edinburgh entdecken werden. Einige Ortsbeschreibungen werden von Themenkästen ergänzt, in denen wir historische Details oder Anekdoten präsentieren, die Ihnen dabei helfen sollen, Edinburgh in seiner ganzen Komplexität zu erfassen. Unser Reiseführer *Verborgenes Edinburgh* lenkt die Aufmerksamkeit auf Details und Orte, an denen wir vielleicht tagtäglich vorbeigehen, ohne sie zu bemerken. Diese verborgenen Orte laden uns dazu ein, die Stadtlandschaft genauer zu betrachten und bieten uns die Möglichkeit, unsere Stadt mit der Neugier und Aufmerksamkeit wahrzunehmen, die wir sonst nur an den Tag legen, wenn wir andere Orte bereisen …

Wir freuen uns über Ihre Anregungen und Kommentare zum Inhalt dieses Reiseführers! Weisen Sie uns gern auf Orte hin, die im Buch unerwähnt bleiben – Ihre Informationen werden uns dabei helfen, die künftigen Ausgaben dieses Reiseführers weiter zu vervollständigen.

Kontaktieren Sie uns:
E-Mail: info@jonglezpublishing.com

Anmerkung: Alle Busse werden vom Unternehmen Lothian Buses betrieben (sofern nicht anders angegeben).

Hannah Robinson ist Autorin und Filmregisseurin, stammt aus Edinburgh und hat zwei Hollywood-Auszeichnungen für ihre Drehbücher gewonnen. Ihre Filme sind meist fiktionale Komödien, sie hat jedoch auch Dokumentarfilme über die Rettung von Bauwerken und Baudenkmälern gedreht. Hannah Robinson hat als Food-Journalistin für die Tageszeitung *The Scotsman* und die Zeitschrift *The List* gearbeitet, war kreative Beraterin von Sir Lenny Henry und künstlerische Leiterin des Internationalen Filmfestivals Edinburgh. Sie ist die Begründerin der Animations- und Filmproduktionsgesellschaft Palindromicals (@palindromicals – creative from back to front). Hannah Robinson hat die unstillbare Neugierde, immer wieder neue Orte, Menschen und Geschichten zu entdecken.

# VERBORGENES
# EDINBURGH

*Hannah Robinson*

*Fotos: Oscar Van Heek*

JONGLEZ VERLAG

Reiseführer

S.250
0
5
10 km
N
A910
A921
Kirkcaldy
B925
B9157
A921
Kinghorn
urntisland
Firth of Forth
Inchkeith
Aberlady
A198
Spittal
Port
of Leith
S.120
Cockenzie
and Port Seton
B1348
Longniddry
A198
S.64
Prestonpans
S.14
B1348
A1
Tranent
Musselburgh
A199
A199
DINBURGH
A1
B6363
B6414
B6355
A6093
A6106
B6371
A6124
Ormiston
Pencaitland
A772
A7
A720
A68
Dalkeith
A720
A6106
A6093
S.168
A701
A768
A702
A703
Loanhead
Bonnyrigg
A6371
A7
Newtongrange
Pathhead
Roslin
B6372
A68
Humbie
Rosewell
Gorebridge
B7026
B6367
Penicuik
Fala
A6458
A68
B6372
A7
B6367
B6372
A6094
B7007
B6368
A7
B709
A703
Gladhouse
Reservoir
B7007
Moorfoot Hills
Portmore
Reservoir

# INHALT

## *Altstadt*



## *Neustadt*

## *Der Norden Edinburghs & Leith*

INHALT

## *Der Süden Edinburghs*



## *Der Westen Edinburghs*

## *Der Osten Edinburghs*

# Die Altstadt

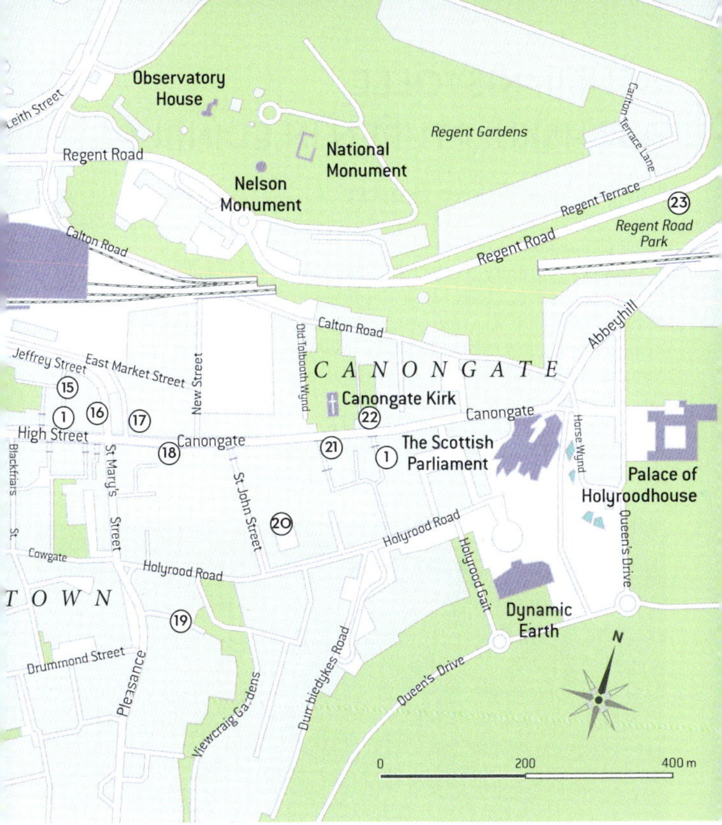
Observatory House
National Monument
Nelson Monument
Regent Gardens
Leith Street
Regent Road
Calton Road
Carlton Terrace Lane
Regent Terrace
Regent Road Park
Calton Road
Old Tolbooth Wynd
Abbeyhill
CANONGATE
Jeffrey Street
East Market Street
New Street
Canongate Kirk
Canongate
High Street
Canongate
The Scottish Parliament
Horse Wynd
Palace of Holyroodhouse
Blackfriars St.
St Mary's Street
St John Street
Holyrood Road
Holyrood Gait
Queen's Drive
Cowgate
Holyrood Road
TOWN
Dynamic Earth
Drummond Street
Pleasance
Viewcraig Gardens
Dumbiedykes Road
Queen's Drive
N
0
200
400 m

# GEHEIMNISVOLLE BUCHSKULPTUREN IN EDINBURGH ①

## *Ein buchverrückter Banksy*

*Mehrere Standorte:*
*Scottish Poetry Library, 5 Crichton's Close, Canongate, Edinburgh EH8 8DT*
*Scottish Storytelling Centre, 43–45 High Street, Edinburgh EH1 1SR*
*National Library of Scotland, George IV Bridge, Edinburgh EH1 1EW*
*Central Library, 7–9 George IV Bridge, Edinburgh EH1 1EG*
*National Museum of Scotland Research Library, Chambers Street, Edinburgh EH1 1JF*
*Leith Library, 28-30 Ferry Road, EH6 4AE*
*Filmhouse, 88 Lothian Road, Edinburgh EH3 9BZ*
*scottishpoetrylibrary.org.uk/library/exhibitions/gifted*

© Chris Scott

Im März 2011 fand ein Bibliothekar der Scottish Poetry Library eine kleine Schachtel, die jemand auf einem Tisch zurückgelassen hatte. Sie enthielt einen Miniaturbaum, der aus den Blättern eines Buches bestand: kein Origami, sondern Lagen dünner, bedruckter Papierschnipsel, die zu einem festen Stamm zusammengeklebt waren, aus dem Zweige von kunstvoll verschlungenem Papierlaub ragten. Am Fuß des Stammes, der auf einem dicken gebundenen Roman ruhte, befand sich eine Papier-Eierschale, die Verzierungen aus Papier mit Goldrand hatte und die Worte des Gedichtes *A Trace of Wings* von Edwin Morgan „ausbrütete". Die gesammelten Werke des Autors werden in der Scottish Poetry Library aufbewahrt. In winzigen Buchstaben stand auf einem Schild der Twitter-Name der Bibliothek, ein verkürztes Patrick-Geddes-Zitat: @ByLeavesWeLive. Auf einer kurzen Begleitnotiz wurde erklärt, dieses Zitat sei die Inspiration für das Kunstwerk gewesen. „Dies ist für Sie", stand dort geschrieben, „zur Unterstützung von Bibliotheken, Büchern, Worten, Ideen ... eine (vielleicht poetische?) Geste". Im Juni tauchte eine weitere Skulptur auf, dieses Mal in der National Library of Scotland: ein Grammophon aus Papier und ein Sarg, der aus den Buchseiten darunter ragte. Die Skulptur stellte das Buch *Exit Music* (*Ein Rest von Schuld*) von Ian Rankin dar, in dem der Autor seinen Edinburgher Kriminalinspektor Rebus in den Ruhestand gehen lässt. In den nächsten Monaten wurden in verschiedenen Edinburgher Kultureinrichtungen acht weitere Skulpturen entdeckt. Nicht alle waren rein literarisch – das Filmhouse erhielt ein Papierkino mit Pferden, die aus einer Leinwand heraus auf das Publikum zustürmten.

Das achte Stück, das gefunden wurde, war das zehnte in der Reihe und vielleicht das schönste von allen. Der Künstler hatte die fantastischen Dinge, die in Norman MacCaigs Gedicht *Gifts* erwähnt werden, aus Papier nachgestellt. Die zarten „Handschuhe aus Bienenpelz" und die „Mütze aus Zaunkönigsflügeln" sind hinter Glas in der Scottish Poetry Library zu sehen; ihre extrem fein beflockten Oberflächen müssen in äußerst mühevoller Kleinarbeit mit einer Rasierklinge und einem Vergrößerungsglas angefertigt worden sein. Aber wenn diese Skulptur die zehnte war, wo befanden sich dann die anderen beiden? Die Jagd war eröffnet. Und dann fand das National Museum of Scotland plötzlich einen winzigen Tyrannosaurus Rex, der aus den Seiten von Arthur Conan Doyles *The Lost World* hervorlugte, und das Writers' Museum stolperte über eine Straßenszene mit einem Edinburgher Mietshaus: Das Papierkunstwerk war im Robert-Louis-Stevenson-Saal versteckt und enthielt ein Zitat aus *Dr. Jekyll und Mr. Hyde*. Seitdem sind mehrere weitere Werke aufgetaucht – sie befinden sich in der Poetry Library, in der Leith Library und in der National Library, wo fünf Werke ausgestellt sind, die bei der Papier-Künstlerin in Auftrag gegeben wurden, ohne dass es jemals zu einem Treffen mit ihr gekommen war.

# DIE GIPSGUSS-SAMMLUNG VON EDINBURGH

②

## *Kein Marmor, sondern …*

*Hauptgebäude, Edinburgh College of Art, 74 Lauriston Place, Edinburgh EH3 9DF*
*0131 651 5800*
*eca@ed.ac.uk – eca.ed.ac.uk/about/visit-us*
*Täglich 8–18 Uhr*
*Eintritt frei: bei der Ankunft bitte an der Rezeption melden*
*Bus: 2, 23, 27, 35, 45, 47*

Die Gipsabguss-Sammlung des Edinburgh College of Art ist eines der schönsten neoklassischen Ensembles in Europa. Und doch sind die Gussstücke in der Regel nicht zu sehen, wenn die Universität öffentliche Absolventenausstellungen oder Partys im Skulpturenhof veranstaltet. Der Skulpturenhof selbst wurde entworfen, um einen der Gipsabgüsse des Parthenon-Marmorfrieses zu präsentieren, von denen weltweit nur zwei Exemplare existieren. Man nutzte dieselben Maße wie die des ursprünglichen Nike-Tempels und hängte die Abgüsse in gleicher Höhe hinter einer Kolonnade auf, so wie sie einst in Athen angeordnet waren. Der Fries zeigt die *Große Panathenaia*, eine feierliche Prozession durch die Straßen von Athen, die alle vier Jahre stattfand. Die Originale werden im *British Museum* aufbewahrt, seit sie 1801 von Lord Elgin aus dem Parthenon „gerettet" wurden. Die Abgüsse, die jetzt im ECA hängen, wurden 1836 angefertigt, noch bevor die Konservatoren des *British Museum* die Originale mit Sandpapier, Meißeln und Säure grob säuberten. Daher sind die Gipsfiguren, die im Skulpturenhof zu sehen sind, authentischer als die Originale.

In der Sammlung befinden sich noch viele weitere eindrucksvolle Gipsabgüsse: *Smugglerius*, eine verstörende anatomische Skulptur aus dem Jahr 1776, die einen Mann darstellt, der wegen Schmuggels bei lebendigem Leibe gehäutet wird und deren Original verloren gegangen ist und die kopflose antike Marmorskulptur *Nike von Samothrake*, die einst auf der steinernen Nachbildung eines riesigen Schiffsbugs stand. Oben im Nordost-Korridor befindet sich eine Kopie der *Tore des Paradieses* von Lorenzo Ghiberti – ein Abguss von zwei exquisiten dunklen Bronzetüren aus dem Baptisterium von San Giovanni in Florenz, die im 15. Jahrhundert geschaffen wurden.

Am geheimsten aber – so geheim, dass man sie gar nicht sehen kann – sind die Abgüsse, die mit Brettern vernagelt sind. Könnte man durch die Gipskartonplatten schauen, die die Gewölbe verdecken, würde man das Grab von Baron Ferry de Gros und seinen beiden Ehefrauen entdecken, das genauso aussieht wie seine Grabstätte in der Sint-Jakobskerk in Brügge. Außerdem befindet sich hier ein Abguss des Grabes von Prinzessin Margaret, die in der Lincluden Collegiate Church beigesetzt wurde; es gehört zu den prachtvollsten monumentalen Grabmälern, die in Schottland noch erhalten sind. Außerdem hier zu finden: ein Abguss des Altarbildes der Himmelfahrtskirche von Siena und der Abguss eines Kamins aus dem *Musée de Cluny* in Paris. Als im vergangenen Jahrhundert der Modernismus aufkam und der Kult um Originalwerke um sich griff, ging das Wissen um den Wert dieser außergewöhnlichen Sammlung allmählich verloren. Aber vielleicht wird sich eines Tages ein tapferer Prinz oder eine Prinzessin durch die Gipsplatten kämpfen und diese schlafenden Schönheiten wiedererwecken.

# NATURSCHUTZGEBIET JOHNSTON TERRACE

③

## *Ein winziger Dschungel mitten in der Stadt*

*Johnston Terrace, Castle Wynd South, Edinburgh EH1 2JT*
*0131 312 7765 – enquiries@scottishwildlifetrust.org.uk*
*scottishwildlifetrust.org.uk/reserve/johnston-terrace-garden*
*Besuch nur nach Voranmeldung beim* Scottish Wildlife Trust
*Bus: 23, 27, 41, 42, 67*

Besucher, die die Johnston Terrace hinuntergehen, konzentrieren sich meist nur auf die Burg, die an der Felswand thront. Sie übersehen dabei völlig das kleinste Naturschutzgebiet des *Scottish Wildlife Trust*: Es liegt am Rand des Parks gleich bei den Patrick-Geddes-Treppen.

Im Inneren des Naturschutzgebietes – das von einer hohen Steinmauer geschützt ist –, befinden sich eine Wildblumenwiese, ein kleiner Teich und ein Refugium für die Flora und Fauna der Altstadt: Durch die Zweige der Silberbirke flattern Stieglitze und Schwanzmeisen, während sich in dem Gewirr von Schlüsselblumen, Nelken und Kranichschnabel Hummeln, Schmetterlinge und gelegentlich auch Frösche tummeln. Am Teich wurde sogar schon ein Fischreiher gesichtet.

In der Mitte des Gartens steht ein wunderschönes Gebäude aus Holz und Glas: das Palmenhaus, das Bobby Niven im Jahr 2017 für das Edinburgher Kunstfestival entwarf.

Das Bauwerk ist Teil des Bothy-Projekts, eines schottischen Netzwerks von künstlerisch gestalteten Mini-Unterkünften. Zu dem Gebäude gehört auch ein Lehmofen, errichtet auf einem Sockel aus Steinen, die im Garten gefunden wurden. Das Palmenhaus ist nur während des vierwöchigen Festivals bewohnt – ausschließlich von Künstlern. Jeder Künstler, der hier wohnt, hat eine Woche Zeit, um Kunst zu schaffen, den Garten zu erforschen und sich von der Geschichte dieses Ortes inspirieren zu lassen. Das Naturschutzgebiet war einer der „Schlüssellochgärten" von Patrick Geddes (siehe Seite 49), die der Botaniker auf ungenutzten Flächen anlegte, um frische Luft in die Armenviertel der Altstadt zu bringen. Der Johnston Terrace Garden wurde auf dem Gelände der (heute nicht mehr erhaltenen) ersten gälischen Kapelle Edinburghs errichtet, die 1769 als Zufluchtsort für die *Earse*-sprachigen Bewohner der Highlands errichtet wurde, die nach dem zweiten Jakobitenaufstand von 1745 nach Edinburgh flohen. An der Terrassenmauer oberhalb des Gartens befindet sich eine Gedenktafel.

## IN DER UMGEBUNG

Das Naturschutzgebiet bietet noch eine weitere seltene Sehenswürdigkeit: In die Mauern des Gartens sind drei der 27 „Marschsteine" des Kriegsministeriums eingebettet, die im 19. Jahrhundert die Grenzlinien der Burg markierten. Die Steine sind mit den römischen Ziffern WD XIV, XV und XVI gekennzeichnet. Die Nummer XXVI befindet sich beim Park Princes Street Gardens an der Ausfahrt King's Stables Road.

Bobby Niven, Palm House, 2017. Mit freundlicher Genehmigung des Künstlers und Edinburgh Art Festival. Foto: Johnny Barrington

# DAS SCHOTTISCHE ZENTRUM FÜR GENEALOGIE ④

## *Ganz besondere Detektivarbeit*

*15 Victoria Terrace, Edinburgh EH1 2JL*
*0131 220 3677*
*scotsgenealogy.com – enquiries@scotsgenealogy.com*
*Mo, Di, Do & Fr 10.30–17.30 Uhr, Mi 10.30–19.30 Uhr, Sa 10–17 Uhr*
*Mitgliedschaft: 20 £ pro Jahr*
*Bus: 23, 27, 41, 42, 67*

Um das Schottische Zentrum für Genealogie zu finden, muss man zielstrebig sein. Man muss die schmale Terrasse entlanglaufen, die oberhalb von Victoria Bow verläuft, und ihr an den größten Geschäften vorbei durch das schwarze Eisentor und weiter um die Ecke bis fast zum Ende folgen, um schließlich die leuchtend blaue Tür des Zentrums zu erreichen. Wenn Sie jedoch Ihren Stammbaum zurückverfolgen möchten, ist dies nur die erste Hürde. Was Sie vorhaben, ist echte Detektivarbeit, gespickt mit falschen Spuren, manipulierten Beweisen, unzuverlässigen Zeitzeugen und Sackgassen. In den Fernsehsendungen sieht Ahnenforschung einfach aus, aber dort werden auch alle Details weggelassen: Um Ihre Ahnen ausfindig zu machen, müssen Sie mühsam Dokumente durchforsten, gekritzelte Handschriften entziffern und Mikrofilme von Kirchenbüchern, Telefonbüchern, verschnörkelten Landkarten und bröckelnden Grabsteinen vergleichen.

Wenn Sie sich dieser Aufgabe wirklich stellen wollen, machen die ehrenamtlichen Mitarbeiter und Einrichtungen des Zentrums für Genealogie die Ahnenforschung jedoch um vieles einfacher – und deutlich billiger. Ahnenforschung ist ein großes Geschäft – es gibt zahlreiche Websites, die sich ihre Hilfe beim Aufspüren von Ahnen teuer bezahlen lassen. Die Suche nach einem schwer zu findenden Verwandten kann ganz schön ins Geld gehen. Aber das Zentrum für Genealogie hat Abonnements für die wichtigsten Websites, und Sie können von den Computern aus unbegrenzt nach Ihren Ahnen suchen: Die Mitgliedschaften des Zentrums sind auch Ihre Mitgliedschaften. In der Jahresgebühr ist auch der Zugang zur Präsenzbibliothek des Zentrums enthalten, die für Detektivarbeit aller Art gerüstet ist: In den Gewölben befinden sich Abteilungen, die thematisch nach Militäraufzeichnungen, Volkszählungen von vor 1841, Kirchenversammlungen, Steuerunterlagen, Grabinschriften sowie Geburts-, Heirats- und Sterbeurkunden geordnet sind.

Es gibt noch ein weiteres faszinierendes Detail: Die umfangreiche Arbeit, alle Unterlagen auf Mikrofilm zu übertragen, wurde von den Mormonen bezahlt und übernommen. Ja, den Mormonen aus Utah – denn es ist Teil ihres Glaubens, ihre Vorfahren aufzuspüren, um sie stellvertretend zu taufen. Irgendwo in den Hügeln von Utah befinden sich riesige Gewölbe, die 2,5 Millionen Mikrofilm-Rollen mit genealogischen Aufzeichnungen aus der ganzen Welt enthalten.

Wenn Sie die schottischen Zweige Ihres Stammbaums erforschen wollen, finden Sie hier jede Menge Material vor. Sie werden wahrscheinlich Menschen begegnen, die ihr halbes Leben damit verbracht haben, ihren Familienstammbaum aufzuspüren, und die begeistert ganze Wochenenden an den Schreibtischen des Zentrums verbringen, um wie besessen in den Unterlagen zu wühlen.

# DER HOF DER MAKAREN

⑤

*Poetische Pflastersteine*

*Lady Stair's Close, Lawnmarket, Edinburgh EH1 2PA*
*Besichtigung rund um die Uhr möglich*
*Eintritt frei.*
*Bus: 6, 23, 27, 41, 42, 67*

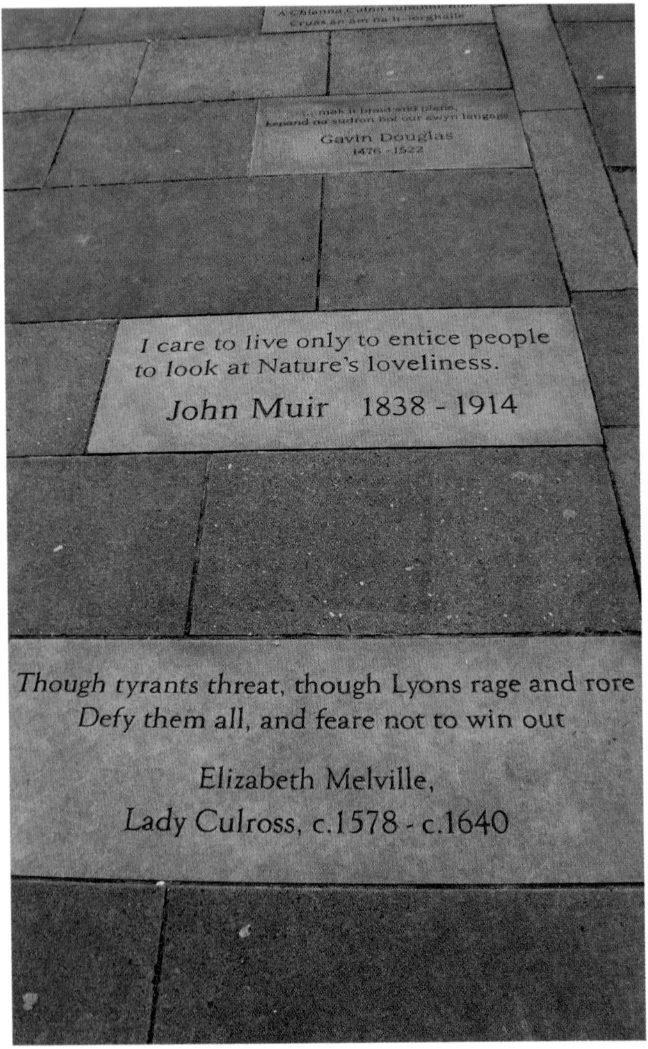

Die Lady Stair's Close ist vom oberen Ende der Royal Mile aus zu erreichen – über den zweiten und dritten Torbogen hinter Deacon Brodie's Tavern: Über dem ersten Torbogen mit der Aufschrift „Lady Stair's" hängt das Schild des Scottish Writers' Museum, über dem zweiten Torbogen mit der Aufschrift „Gladstone's Land" schwebt ein Steinadler.

Aber man sollte nicht nach oben, sondern nach unten schauen – und ganz langsam laufen, denn man überquert gerade eine äußerst wortgewandte Pflasterstraße. Bei bedecktem Wetter sind die poetischen Pflastersteine leicht zu übersehen: Die flachen Markierungen im grauen Stein brauchen helles Licht, um gut lesbar zu sein. In die Steinplatten sind geistreiche Zitate von großen schottischen Dichtern, Barden und Schriftstellern (bekannt als Makaren) eingraviert. Die Pflasterstraße, die direkt vor dem Writers' Museum verläuft, ist ein literarisches Denkmal, das sich ständig weiterentwickelt.

Ein Pflasterstein enthält die Aussage „There are no stars so lovely as Edinburgh street-lamps" („Kein Stern ist so schön wie die Straßenlaternen von Edinburgh") von Robert Louis Stevenson. An anderer Stelle sind Neil M. Gunns Ansichten über Nüsse und Lachs niedergeschrieben. Auf einem anderen Stein steht eine Passage aus Hugh MacDiarmids *A Drunk Man Looks at the Thistle*. Das älteste Dichterwort stammt von John Barbour aus dem Jahr 1375: „A! Fredome is a noble thing" („Ah! Freiheit ist eine edle Sache"). Das Zitat stammt aus dem Werk *The Bruce*, dem ältesten erhaltenen Gedicht, das in schottischer Sprache verfasst wurde. Elizabeth Melvilles Zitat aus dem Jahr 1604 zeigt, dass die schottischen Frauen keine schwachen Nerven haben: „Though tyrans threat, though Lyons rage and rore, Defy them all, and feare not to win out" („Auch wenn Tyrannen drohen, wenn Lyon wütet und tobt, bietet ihnen Trotz und fürchtet nicht den Sieg").

John Muir, der aus East Lothian stammende Vater des Umweltschutzes und der Mann, der Ted Roosevelt davon überzeugte, die wilden Naturflächen zu erhalten, die heute die Nationalparks Kaliforniens bilden, wird gewürdigt mit den Worten: „I care to live only to entice people to look at Nature's loveliness" („Ich möchte nur leben, um die Menschen dazu zu bringen, die Schönheit der Natur zu betrachten").

Und in der letzten Zeile von Muriel Sparks *The Prime of Miss Jean Brodie*, die ebenfalls in die Platten eingraviert ist, heißt es: „The Transfiguration of the Commonplace …" („Die Verklärung des Alltäglichen …"), was durchaus eine Beschreibung dieser inspirierenden Gasse sein könnte.

Wenn Sie dem Alltag der besten Schriftsteller Edinburghs nachspüren wollen, können Sie mit der preisgekrönten Website edinburghliterarypubtour.co.uk eine Kneipentour durch deren Lieblingsbars unternehmen.

# DIE *SCOTSMAN STEPS*: WERK NR. 1059

6

## *Marmor aus der ganzen Welt*

*Oberer Eingang: neben dem* Scotsman Hotel, *32 North Bridge, Edinburgh EH1 1QG*
*Unterer Eingang: zwischen dem City Art Centre und dem* Scotsman Hotel, *1 Market Street, Edinburgh EH1 1DE*
*Durchgehend geöffnet. Eintritt frei*
*Bus: 5, 7, 8, 14, 35, 45*

Die *Scotsman Steps* sind eine Dauerinstallation des Künstlers Martin Creed, die von der Fruitmarket Gallery und von *Edinburgh World Heritage* für ein Festival in Auftrag gegeben und 2011 öffentlich präsentiert wurde. Martin Creed ist vor allem für sein Werk Nr. 227 bekannt, das mit dem Turner-Preis ausgezeichnet wurde. Es trägt den Titel *The lights going on and off* (*Die Lichter gehen an und aus*), der größtenteils für sich selbst spricht. Zehn Jahre später schuf der Künstler das Werk Nr. 1059, mit dem er sein Streben nach Fortschritt und Bewegung weiterführt und den Betrachter dazu zwingt, einen Raum zu durchqueren, um das Kunstwerk überhaupt erst erfassen zu können. Edinburgh war für Creed eine Stadt voller Treppen – und dieses Werk umfasst eine der längsten davon. Er schrieb ein ziemlich weinerliches Lied darüber: „Treppe. Fast immer gibt es eine Treppe. Und dann ... gibt es noch eine Treppe. Und dann noch eine ... Treppe".

Der Standort des Werkes war früher ein etwas zwielichtiger Ort, der von Obdachlosen als Schlafplatz und von den Passanten als riesiges Urinal genutzt wurde. Daher war es völlig angemessen, dass Creed die Treppen in hygienischem Marmor neu gestaltete. Aber das so entstandene Werk ist weitaus extravaganter als eine durchschnittliche Sanitäranlage von Villeroy & Boch. Jede der 104 Stufen ist mit einer anderen Sorte Marmor verkleidet; die einzelnen Marmorsorten weisen einzigartige Farben, Marmorierungen und Maserungen auf und wurden aus der ganzen Welt hierhergebracht.

Weißer Marmor ist sehr reiner Kalkstein, der sich durch Hitze und Druck in kristallines Gestein verwandelt. Seine Muster und Farben entstehen durch Verunreinigungen mit Ton, Sand oder Metall. Unter der polierten Oberfläche einer Treppenstufe sind Fossilien eingebettet. Viele Marmorsorten stammen aus Italien, zum Beispiel Bianco Gioia, Arabescato Carrara und Grey Saint Laurent (Creed besitzt ein Haus auf der Insel Alicudi, die nördlich von Sizilien liegt). Aber es gibt auch andere Sorten aus weiter entfernten Ländern: blass-cremefarbener Bianco Namibia aus Südwestafrika, dunkelrosa Rosa Portogallo aus Portugal, tiefgelber Sunset Gold aus dem Libanon und viele mehr ...

Die Treppenstufen verbinden die Altstadt mit der Neustadt und führen seitlich an den ehemaligen Büros der Zeitung *The Scotsman* vorbei. Früher hatte das Treppenhaus Fenster, so dass die Fußgänger ihre Zeitungen direkt bei *The Scotsman* kaufen und im Weitergehen lesen konnten. Die Kunsthochschule pflegte zusammen mit *The Scotsman* einen Wettbewerb zu veranstalten, dessen Siegerwerke auf der Treppe ausgestellt wurden. Heute ist die Treppe selbst ein Kunstwerk: Sie wird durch schmiedeeiserne Tore geschützt, die nachts verschlossen werden, wenn der letzte Zug abfährt und morgens, wenn der erste Zug eintrifft, wieder geöffnet werden.

## DACH DER ST. GILES' CATHEDRAL ⑦

*In Schlagnähe*

*info@stgilescathedral.com*
*Führungen vor Ort buchbar: Sa 10.30–16 Uhr und So13.30–16 Uhr*
*Bus: 35, 23, 27, 28, 41, 42*

Die St. Giles' Cathedral birgt so manches Geheimnis hinter ihren alten Mauern, denn hier stand bereits seit dem Jahr 854 eine Kirche. Aber erst seit kurzem dürfen wir auch das Dach der Kirche besuchen. Bei den zwanzigminütigen Dachbesichtigungen sind jeweils nur vier Personen zugelassen. Es empfiehlt sich also, einen Platz im Voraus zu reservieren. Man wird die 91 Stufen der Wendeltreppe hinaufgeführt, welche 20 Meter über der High Street auf dem Bleidach der Kirche endet. Von hier führt ein schmaler Gang hinauf zum Glockenturm, wo man eine Pause einlegen und den Ausblick bewundern kann. Der Turm bietet einen schönen Ausblick hinauf zum Observatorium und zur Burg sowie hinunter auf Holyrood und Portobello – ein Abschnitt der Royal Mile, den man normalerweise nicht zu Gesicht bekommt, da der Blick immer von der St. Giles' Cathedral versperrt wird. Unten stehen die Grotesken – der Name für die Wasserspeier, die nicht mehr in Betrieb sind – mit ihren trockenen Mundöffnungen und zornigen Gesichtern aus Stein, die aus der Dachkante herausragen. Einer dieser Wasserspeier befindet sich direkt über dem Eingang zum Treppenhaus und kann ganz aus der Nähe betrachtet werden – er hat ein löwenähnliches Gesicht mit breiten Wangen und großen Augen, das an einen chinesischen Neujahrsdrachen erinnert.

Vom Gang aus gelangt man durch eine kleine Tür direkt in den Glockenturm. Die Holzrahmen im Inneren des Turms erinnern an die Schlussszenen von Hitchcocks Film *Vertigo – Aus dem Reich der Toten*; zum Glück muss man wenigstens keine Treppen steigen. Früher gab es hier 35 Glocken, inzwischen sind es nur noch drei. Sie läuten alle 15 Minuten, man wird also in unmittelbarer Schlagnähe sein. Das grün-goldene Uhrwerk aus dem Jahr 1912 befindet sich in einem Glaskasten, und man kann zuhören, wie es surrt, ganz so, als sei es gerade dem Chambers Street Museum entsprungen. Der Führer zeigt den Besuchern die wertvollen Überreste der Ziffernblätter, die einst den Turm schmückten, und auch den alten Wetterhahn, der den Glockenturm bis ins Jahr 1567 krönte.

Zurück im Treppenhaus sollte man auf die Graffiti achten, die von den Steinmetzen hinterlassen wurden. Vorsicht beim Abstieg: Es ist nicht so leicht, die Wendeltreppe hinunterzusteigen!

## *Die Tempelritter und die Distel*

Der Distelorden, der bis heute existiert, wurde 1687 von König Jakob VII. von Schottland gegründet. Seine Geschichte geht aber bis ins Mittelalter zurück. Einige Historiker behaupten, dass der Ritterorden der Distel eigentlich ein Zweig des Templerordens ist. Die Tempelritter waren im Grunde eine Spezialeinheit der berittenen Soldaten des Mittelalters. Während die Hälfte von ihnen in den Kreuzzügen kämpfte, leiteten die anderen eine Art frühes europäisches Bankensystem. König Philipp IV. von Frankreich schuldete den Rittern eine Menge Geld und beschloss, sie zu foltern und auf dem Scheiterhaufen zu verbrennen, statt die Schulden zurückzuzahlen. Als der Papst 1312 den Forderungen Philipps nachgab und den Orden auflöste, waren die Tempelritter urplötzlich verschwunden. Doch dann tauchten Ritter in Schottland auf, die aussahen wie die Templer und sich dazu verpflichteten, für König Robert Bruce in der Schlacht gegen England zu kämpfen. Da eine ihrer Regeln jedoch darin bestand, „keine anderen Christen zu bekämpfen", unterstützten die Ritter die schottische Armee hauptsächlich hinter den Kulissen. Als Belohnung gestattete König Robert ihnen im Jahr 1334, den Distelorden zu gründen, der fast die gleiche Struktur hatte wie der Templerorden. Im Jahr darauf gestattete Robert dem Distelorden, sich mit dem Orden der Ostritter (den Eastern Knights, einem Zweig des Templerordens) zusammenzuschließen. Wer mehr über den modernen Distelorden erfahren will, sollte die Distelkapelle besuchen, einen kleinen, aber reich verzierten Raum auf der Rückseite der St. Giles' Cathedral. Die Kapelle ist nicht immer geöffnet – man darf sie nur in Begleitung eines Wächters betreten. Die Gewölbedecke der Kapelle ist mit dem kunstvollsten Fadenmuster geschmückt, das ich je gesehen habe; an den Wänden sind wunderschön geschnitzte Kirchenstühle aufgereiht – einer für jeden Ritter und seine Frau sowie zwei für die Angehörigen der königlichen Familie. Auf jedem Stuhl ist das Wappen des derzeitigen Ritters abgebildet; auf den Rückseiten der Stühle prangen die Wappen seiner jeweiligen Vorgänger. Die Ritter, die das Pech haben, kein Familienwappen zu besitzen, dürfen ein eigenes Wappen erfinden. So gibt es springende Jaguare, Erdkugeln mit Regenbögen und ein grünes Monster mit roten Zehennägeln, das durchaus mit Godzilla verwandt sein könnte – ein solches Wappen entspricht zwar nicht ganz dem mittelalterlichen Ritterkodex, aber auch Geheimorden müssen manchmal modernisiert werden.

# DIE MAGDALENENKAPELLE ⑧

## *Der Sitz der Hämmerer*

*41 Cowgate, Edinburgh EH1 1JR*
*scottishreformationsociety.org/the-magdalen-chapel/*
*info@scottishreformationsociety.org*
*Mo bis Fr 10–16 Uhr*
*Bus: 2*

Die Magdalenenkapelle ist ein winziges Gebäude, das versteckt am Ende der Cowgate liegt (kurz bevor die Straße in den Grassmarket mündet). Die Kirche scheint sich unter dem hoch aufragenden Bogen der George-IV.-Brücke zu verstecken, obwohl sie schon im Jahr 1541 – fast dreihundert Jahre zuvor – erbaut wurde. Im Inneren der Kapelle befinden sich die einzigen noch erhaltenen mittelalterlichen Buntglasfenster Schottlands, die vier schlichte, aber sehr schöne Rondelle aufweisen, auf denen die Wappen von Marie de Guise, der „wilden Löwin von Schottland" sowie die Wappen von Michael MacQuhane und seiner Frau Janet Rynd abgebildet sind.

Der wohlhabende Finanzier MacQuhane gab den Bau der Kapelle in Auftrag, als er im Sterben lag, denn er hielt sie „für einen guten Weg, um das ewige Leben zu erlangen".

Er wollte, dass die Hauptkapelle auch von den Hammermen (den Hämmerern) genutzt wurde, einer Art Gewerkschaft von Edinburgher Handwerkern, die „mit Hammer und Hand" arbeiteten, also Schmiede, Waffenschmiede, Spangenmacher, aber auch Sattler, Uhrmacher und (was eher beunruhigend ist) Chirurgen. Am Fenster hängt die steinerne Skulptur eines Hämmerers in traditioneller Kleidung, und auf der geschwungenen Holzwand, die die Kapellenhalle umschließt, sind ihre Wappen aufgemalt. Überall an den Wänden befinden sich *Brods* – dunkle Holztäfelungen mit goldenen Inschriften, die die einzelnen Hämmerer und ihre jeweiligen Geldspenden aufführen, was im Grunde eine höchst dekorative Form der Buchführung ist.

Unter dem Fenster steht ein kleiner dunkler Tisch, auf dem Broschüren und Postkarten liegen: Wie es heißt, wurden hier einst die kopflosen Leichen der hingerichteten schottischen Covenanters aufgebettet. Helen Alexander – die Heldin der Covenanters, die mehrmals inhaftiert wurde, weil sie ihnen Gastfreundschaft gewährte – sorgte dafür, dass die Hingerichteten ein christliches Begräbnis erhielten, statt in Massengräbern verscharrt zu werden. Und so ließ sie ihre Leichen hierherbringen, bevor sie auf dem Friedhof von Greyfriars beigesetzt wurden.

Am Kopfende der Kapelle thront stolz der kunstvoll verzierte, ursprünglich 1708 gezimmerte und im Jahr 2000 restaurierte Stuhl des Diakons. Weil die Hämmerer seit jeher von Buchhaltung wie besessen waren, konnten die Restauratoren alle Materialien aufstöbern, die zur Herstellung des Originalstuhls verwendet wurden, einschließlich den „200 Takets" und dem „russischen Leder für Do."

Man geht davon aus, dass in der Magdalenenkapelle 1560 die erste Generalversammlung der Kirche von Schottland stattfand, die von John Knox höchstpersönlich geleitet wurde.

# RANGER'S LIST OF LADIES ⑨

## *Ein intimer Ratgeber*

*National Library of Scotland George IV Bridge, Edinburgh EH1 1EW*
*0131 623 3700*
*nls.uk – enquiries@nls.uk*
*Mo, Di & Do 9.30–19 Uhr, Mi 10–19 Uhr, Fr & Sa 9.30–17 Uhr*
*Bus: 23, 27, 41, 42, 67*

RANGER'S

IMPARTIAL

LIST

OF THE

LADIES OF PLEASURE

IN

EDINBURGH,

With a PREFACE by a CELEBRATED WIT.

EDINBURGH:

Printed for the AUTHOR. 1775.

PRICE ONE SHILLING.

R*angers vorurteilsfreie Auflistung der Vergnügungsdamen von Edinburgh* ist eine Rezension von 66 Edinburgher Prostituierten aus dem 18. Jahrhundert, die von „Gentlemen" verfasst und 1775 anonym veröffentlicht wurde. In kurzen Abschnitten werden die Adressen, das Alter und das Aussehen der jeweiligen Damen beschrieben. Schauplatz der Rezensionssammlung sind die vielen engen Gassen der Altstadt. Besonderer Wert wird auf den Zustand der Zähne dieser Damen gelegt – vermutlich ein Indikator dafür, wie es um die Sexualgesundheit und Hygiene der Frauen stand. Die Kompetenzen der Damen werden durch die Blume beschrieben: Sie hebt ihre kleinen Amor-Pauken mit großer Gewandtheit oder: Sie versteht die Kraft der Reibung erstaunlich gut. Man nimmt an, dass die Liste von James „Balloon" Tytler – einem Prediger der Church of Scotland, Sohn eines presbyterianischen Geistlichen, Heißluftballonfahrer und Herausgeber der zweiten Ausgabe der in Edinburgh publizierten *Encyclopaedia Britannica* – zusammengestellt wurde. Trotz seiner Behauptung, vorurteilsfrei zu sein, ist das Buch voller abwertender Kommentare. Während die Männer großzügig als „Anbeter der Venus" bezeichnet werden, sind die Frauen bestenfalls „keinen Pfifferling wert". Mrs., alias Lady, Agnew [of] Nether-bow wird als ein „betrunkenes Bündel der Unmoral" beschrieben, „[die] weder Wert auf Anstand noch auf Ehrbarkeit legt und ebenso gern mit einem Schornsteinfeger wie mit einem Lord schläft".

Lady Agnew ist insofern interessant, als der Rest ihrer Beschreibung darauf hindeutet, dass sie möglicherweise zur Prostitution gezwungen wurde – sie wird als die verleugnete (uneheliche?) Tochter eines „verstorbenen, hochwürdigen Baronets" bezeichnet, die von ihrer Familie hinausgeworfen wurde. Das Buchexemplar, das sich im Besitz der National Library of Scotland befindet, trägt auf der Innenseite des Einbands jedoch folgende Inschrift, die 1840 von einem gewissen C. K. Sharpe verfasst wurde: „Ich wollte dieses wertvolle Andenken an eine meiner Cousinen besitzen – aber meine Mutter, die zwei Generationen der Familie Agnew sehr gut kannte, versicherte mir, dass diese Aussage völlig falsch sei – sie habe nie von einer solchen Frau gehört."

## Cock & Trumpet

Das Acheson House – der Hauptsitz der Wohltätigkeitsorganisation *Edinburgh World Heritage* – befindet sich in der 5 Bakehouse Close, 146 Canongate. Früher war es ein bekanntes Bordell, in dem unter anderem auch Robert Louis Stevenson verkehrte. Das Haus war gemeinhin unter dem Namen *Cock and Trumpet* bekannt, ein Bezug auf das Wappen der Familie Acheson, das über der Eingangstür hing.

# DAS GEFÄNGNIS DER COVENANTERS

⑩

## *Der blutrünstige Mackenzie*

*Friedhof Greyfriars, Candlemaker Row, Edinburgh EH1 2QQ*
*Der Friedhof ist von Sonnenaufgang bis Sonnenuntergang geöffnet*
*0131 225 1900 – administrator@greyfriarskirk.com – greyfriarskirk.com/visit*
*Greyfriars Museum: Mitte März bis November Mo bis Fr 10.30–16.30 Uhr & Sa 12–16 Uhr (vor dem Besuch auf der Website nachschauen, da die Öffnungszeiten abweichen können) – Eintritt frei*

Die Covenanters wurden so genannt, weil sie einen Pakt unterzeichnet hatten, der sich gegen die Einmischung der Könige in ihre Religion stellte. Sie waren dagegen, dass dem König göttliches Recht zugesprochen

wurde, und glaubten, dass nur Jesus Christus das Oberhaupt der Kirche sein könne. Die Covenanters galten als militante Fundamentalisten und konnten an Ort und Stelle hingerichtet werden, wenn sie sich weigerten, dem König die Treue zu schwören. Der National Covenant (deutsch: Nationaler Pakt) wurde 1638 in der Greyfriars Kirk unterzeichnet: Im Kirchenmuseum ist eines der seltenen Originalexemplare des Abkommens ausgestellt. Weniger als fünfzig Jahre nach ihrem Aufruf zum Widerstand wurden die Covenanters 1679 in der Schlacht von Bothwell Bridge von König Karl II. besiegt. Die 1.200 Überlebenden wurden unter furchtbaren Bedingungen auf einem Feld innerhalb der Telfer-Mauer gefangen gehalten: Dieses Feld wird heute als Covenanters' Prison (Gefängnis der Covenanters) bezeichnet. Da die Gefangenen kein Dach über dem Kopf hatten und täglich nur eine Handvoll Brot als Verpflegung bekamen, starben viele von ihnen; einige wurden hingerichtet, einige entkamen, andere wiederum wurden freigelassen, nachdem sie dem König die Treue geschworen hatten. Die letzten 257 Covenanters wurden in die amerikanischen Strafkolonien abgeschoben, doch das Schiff ging unweit von den Orkney-Inseln unter, so dass nur 48 Gefangene überlebten. Der Scharfrichter der meisten Covenanters war George Mackenzie, der Advokat des Königs. Er liegt ebenfalls auf dem Greyfriars-Friedhof begraben – direkt neben dem Covenanters' Prison. Es kursieren viele Geschichten über Leute, die sich seltsame Wunden und Abschürfungen zuzogen, weil sie von dem blutrünstigen Poltergeist des Scharfrichters angegriffen wurden, was ihm den Spitznamen „Bloody" Mackenzie einbrachte.

## IN DER UMGEBUNG

### *Das Covenanters-Denkmal*

*87 Grassmarket, Edinburgh EH1 2LJ – Rund um die Uhr zugänglich*
*Eintritt frei – Bus: 2*

An der Stelle, wo die Cowgate in den Grassmarket mündet, erhebt sich ein steinerner Sockel auf dem Straßenpflaster. Er ist mit glasierten Ziegeln versehen, die so angeordnet sind, dass sie ein Märtyrerkreuz bilden. Diese schlichte Gedenkstätte erinnert an die über 100 Covenanters, die zwischen 1661 und 1688 gehängt wurden, weil sie sich weigerten, die Könige des Hauses Stuart als Oberhäupter der presbyterianischen Kirche von Schottland anzuerkennen. Erst vor kurzem wurde auf dem Straßenpflaster der Schatten des Galgens nachgezeichnet; die Namen der hingerichteten (und namentlich bekannten) Covenanters sind auf einer nahegelegenen Gedenktafel aufgeführt.

# DER KOPF VON HAMISH HENDERSON

(11)

## *Ein Poet aus Pappmaché*

*Sandy Bell's Pub, 25 Forrest Road, Edinburgh EH1 2QH*
*0131 225 2751*
*sandybells.co.uk – sandybellsedinburgh@gmail.com*
*Mo bis Sa 12–1 Uhr, So 12.30–24 Uhr*
*Eintritt frei (wir empfehlen aber, ein Getränk zu bestellen)*
*Bus: 2, 23, 27, 35, 41, 42, 45, 67*

© Hannah Robinson

Hamish Scott Henderson (1919–2002) war ein schottischer Dichter, Sammler von Folkmusik, Förderer des schottischen Folk-Revivals, Intellektueller, sozialistischer Agitator, Kriegsheld, Mitbegründer der *University Folksong Society* und leitender Dozent an der School of Scottish Studies. Sein alternatives Büro befand sich im Sandy Bell's Pub. Deshalb steht dort auch eine Skulptur von Hamish, gefertigt aus den Seiten seiner Bücher – sie thront über der Bar und schmiegt sich fröhlich an eine Flasche seines Lieblingswhiskys.

Die Büste wurde von Jan Miller angefertigt, einer Edinburgher Künstlerin und Freundin des Dichters, die einen Großteil ihrer Jugend damit verbrachte (oder vergeudete), Folkmusik in Sandy Bell's Pub zu hören. Jan Miller spielt eine tragende Rolle in der Welt der Folkmusik – ihre Tochter ist die Sängerin Siobhan Miller. Jan erstellte Pappmaché-Figuren von vielen traditionellen Sängerinnen und Sängern, die Hamish förderte und mit denen er Musik aufnahm, zum Beispiel Jeannie Robertson, Jimmy McBeath, Willie Scott, Davie Stewart und Barbara Dickson. Dies ist die zweite Büste, die sie von Hamish schuf – die erste wurde vom National Museum of Scotland für eine Ausstellung „ausgeliehen", aber das Museum verlängerte die Leihdauer auf unbestimmte Zeit. Die Stammgäste des Pubs hatten das Gefühl, dass in ihrer Kneipe jemand fehlte, und gaben daher diese Ersatzfigur in Auftrag. Jan findet, dass die zweite Skulptur Hamish besser wiedergibt. An dem Abend, an dem die Skulptur von Hamish in Sandy Bell's Pub zurückkehrte, war die Kneipe bis auf den letzten Platz gefüllt.

An einer Wand der Bar hängt ein eingerahmtes Bild mit dem Liedtext der alternativen schottischen Nationalhymne *Freedom Come-All-Ye*, die von Hamish Henderson verfasst wurde. Weil der Dichter die Fähigkeit besaß, Kreativität zu wecken und zu beflügeln, bezeichnete der Historiker E. P. Thompson ihn als „ein Instrument, durch das sich Tausende andere artikulieren können". Sein Interesse an Folkmusik entstand, als er sieben Jahre alt war und seine Mutter fragte, aus welchem Buch das Lied stammte, das sie gerade sang – sie antwortete: „Einige der Lieder, die wir singen, stehen nicht in Büchern". In den 1950er-Jahren erhielt er den Auftrag, schottische Folkmusik zu sammeln. Er reiste daraufhin durch ganz Schottland, um nach Sängern zu suchen und mit ihnen Musik aufzunehmen, um ihre Stimmen für die Nachwelt zu bewahren. Und er brachte all diese Künstler dazu, in seinem Büro im Sandy Bell's Pub – der immer noch international als *die* Folkmusik-Bar von Edinburgh bekannt ist – aufzutreten. Fast jeden Abend kann man dort von 21.30 Uhr bis Ladenschluss Livemusik hören. Allerdings ist die Bar oft überfüllt, und die Musik wird gern für alkoholgeschwängerte Diskussionen unterbrochen, die Hamish als „improvisierte Kolloquien" bezeichnete.

# DAS *HUTTON ROOF* VON ANDY GOLDSWORTHY

⑫

## *Panoramablick in die „Tiefen der Zeit“*

*National Museum of Scotland, Chambers Street, Edinburgh EH1 1JF*
*0300 123 6789 – nms.ac.uk/national-museum-of-scotland*
*Täglich 10–17 Uhr. Bei gefährlicher Witterung oder Vereisung ist die Dachterrasse geschlossen.*
*Eintritt frei*
*Bus: 2, 23, 27, 35, 41, 42, 45, 67, CS1*

Jeder kennt das National Museum of Scotland in der Chambers Street, aber nur wenige Besucher schaffen es bis zum Garten der Dachterrasse des Museums. Nein, ich meine nicht das Tower Restaurant mit seiner Terrasse, die einen schönen Ausblick auf die Chambers Street und den Friedhof Greyfriars bietet. Ich meine die Dachterrasse, die sich zwei Stockwerke darüber befindet: die wunderbare überdachte Plattform mit Rundumblick über die Stadt, mit ihren wunderbaren Skulpturen von Andy Goldsworthy. Noch nie da gewesen? Dann suchen Sie sich einen Tag mit gutem Wetter aus und gehen Sie hinauf: Es ist ein großartiger Ort.

Vom Terrassenaufzug, der sich in der Galerie Kingdom of the Scots (in der Nähe des Turmeingangs) befindet, führt ein weiterer Aufzug direkt in den siebenten Stock. Da die Aufzüge häufig ausfallen, muss man vielleicht den Panoramaaufzug (der sich hinter dem Rennwagen befindet) bis zum fünften Stock nehmen und dann die Wendeltreppe hinaufsteigen. Man gelangt auf eine grau gestreifte, von Pflanzen gesäumte Holzterrasse mit weißen Wänden, in deren Mitte vier große Felsblöcke stehen. Man sollte diese Blöcke nicht ignorieren, um nur den Ausblick zu genießen: Es sind die *Hutton Roof*-Skulpturen des Künstlers Andy Goldsworthy. Sie wurden nach dem Edinburgher Geologen James Hutton (siehe Seite 55) benannt, dem ersten Wissenschaftler, der herausfand, dass man die Erdgeschichte nachverfolgen kann, indem man die Erosion von Felsen untersucht.

Goldsworthy, der ausschließlich mit Naturmaterialien arbeitet, entnahm aus einem Steinbruch in der Nähe seines Hauses in Dumfriesshire vier Felsblöcke aus rosafarbenem Sandstein. Der Sandstein entstand aus verdichtetem Sand einer 270 Millionen Jahre alten Wüste. Der Künstler spaltete die Blöcke entlang ihrer Schichtflächen, schnitt in jede Schicht immer kleiner werdende Löcher und baute die Blöcke dann wieder zusammen. Das Ergebnis sieht aus wie ein schichtförmiges Felsenloch, durch das man in die (wie Hutton es nannte) „Tiefen der Zeit“ hinabblicken kann – man kann aber auch seinen Müll hineinwerfen, wenn man glaubt, die Blöcke seien kunstvolle Mülleimer (Aufgepasst, Kinder!). Die Bepflanzung an den Rändern der Dachterrasse ist so angelegt, dass sie die natürliche Landschaft nachbildet, die sich dahinter erstreckt. Wenn man also nach Norden in Richtung Meer blickt, hat man das Gefühl, mitten in der Küstenvegetation zu stehen. Wenn man nach Süden in Richtung Blackford Hill blickt, scheinen die Bergpflanzen zum Greifen nah. Es ist allerdings schwer, sich auf die Pflanzen zu konzentrieren, da der Ausblick so spektakulär ist – hinüber nach Fife, hinunter zu den Bergen und über all die anderen Dächer dieser inspirierenden Stadt. Bei Eiswetter oder Sturm darf man die Dachterrasse leider nicht betreten.

# DIE PARLIAMENT HALL

13

## *Das letzte Parlament*

*11 Parliament Square, Edinburgh EH1 1RF*
*0131 225 2595*
*kglen@scotcourt.gov.uk*
*Mo bis Fr 10–16 Uhr. Eintritt frei.*
*Bus: 2, 23, 27, 41, 42, 45*

Die meisten Einwohner Edinburghs wissen, dass sie das Gebäude des Schottischen Parlaments, das im Jahr 2004 wiedereröffnet wurde, besuchen können. Aber weit weniger Leute wissen, dass sie nach einem zehnminütigen Spaziergang die Royal Mile hinauf zum Plenarsaal gelangen, in dem das letzte Schottische Parlament vor rund 300 Jahren (vor dem umstrittenen Act of Union) tagte – und dieser Saal kann ebenfalls besichtigt werden.

Die Parliament Hall befindet sich gegenüber des Parkplatzes hinter der St. Giles' Cathedral und ist öffentlich zugänglich, wofür jedoch kaum Werbung gemacht wird. Sie wurde als ständiger Sitz des Schottischen Parlaments erbaut; nach der Vereinigung mit England im Jahr 1707 wurde sie von der Fakultät der Juristen betreut und bald danach zum Sitz des Obersten Gerichtshofs erklärt. Das Gebäude sieht aus, als sei es für Besucher geschlossen, aber wenn Sie an der Rezeption um Erlaubnis bitten, dürfen sie diesen außergewöhnlichen historischen Plenarsaal betreten. Hoch über Ihnen erhebt sich ein Dachstuhl aus Hammerbalken – ein selbsttragendes, ohne Nägel erbautes Meisterwerk der Holzkunst, das ebenso eindrucksvoll ist wie das vielbestaunte Polygonal-Dach der Westminster Hall in London. Durch den riesigen Saal tönt das Klacken der polierten Schuhe der Anwälte, die mit wichtiger Miene über die lackierten Holzdielen marschieren und Anrufe auf ihren Handys entgegennehmen. Dank der Größe des Saals können sie akustisch im Verborgenen bleiben, obwohl sie sich in der Öffentlichkeit aufhalten – denn solange sie in Bewegung sind, können ihre streng vertraulichen Gespräche nicht mitgehört werden.

An den Wänden hängen zahlreiche Porträts (viele gemalt von Henry Raeburn) von berühmten Parlamentariern und Anwälten aus Edinburgh, darunter auch eines von Henry Erskine, dem Politiker und Anwalt, der 1788 den Auftrag erhielt, Deacon Brodie zu verteidigen, der in ebendiesem Saal vor Gericht stand. Eine Aufgabe, die Erskine, wie man leider sagen muss, nicht ganz zufriedenstellend ausführte. Wenn man sich genau umschaut, entdeckt man hoch oben in der Wand ein kleines Fenster. Durch dieses Fenster pflegte einst ein Mann, der auf einer sehr hohen Leiter stand, das Gericht zur Sitzung einzuberufen.

Man sollte meinen, dass ein Bauwerk dieser Größe nur schwer zu verschusseln wäre, aber scheinbar hat die Stadtverwaltung von Edinburgh die Parliament Hall versehentlich „verloren". Im Jahr 2006 sollte das Bauwerk für mehrere Tausend Pfund renoviert werden; als die schottische Regierung überprüfte, ob das Gebäude noch im Eigentum der Stadt war, wurde dies von einem Mitarbeiter des Stadtrats irrtümlicherweise verneint. Also wurden die Fakultät der Juristen und die Schottischen Gerichtshöfe ordnungsgemäß als Besitzer in die Eigentumsurkunden eingetragen. Ups! Das wird sicher eine lange Debatte nach sich ziehen ...

# DIE GEWÖLBE UNTERHALB DER BLAIR STREET

14

*Sicher vor der Securitate*

*28 Blair Street, Edinburgh EH1 1QR*
*0131 225 5445 – info@mercattours.com*
*Zutritt nur im Rahmen einer Tour mit Mercat Tours: mercattours.com*
*Bus: 3, 5, 7, 8, 14, 29, 30, 31, 33, 35, 37, 45, 49*

Mit freundlicher Genehmigung von Mercat Tours

Seit Mary King's Close zu einer internationalen Touristenattraktion geworden ist, müssen diejenigen von uns, die gerne in der Tiefe wühlen, noch tiefer hinabsteigen, um die geheime Unterwelt von Edinburgh zu erkunden. Direkt unter der Tron Bar in der Blair Street befindet sich eine unscheinbare Türöffnung, die in eine unterirdische Welt aus höhlenartigen Gewölben führt. Die Höhlen verlaufen zwischen den Tragwerken der South Bridge – der langen, versteckten Brücke, über welche die A7 von der High Street über das Tal (wo die Cowgate verläuft) zur Chambers Street führt. Sie wurde 1788 erbaut, um das Stadtzentrum mit der Southside und dem Universitätsviertel zu verbinden.

Um die Brücke zu stützen, wurden mehrere Ebenen von Gewölbebögen errichtet – insgesamt 19 Bögen, die sich über eine Länge von 300 Metern erstreckten. Die Lücken zwischen den Bögen sahen ganz nützlich aus, sodass man Fußböden errichtete und Räume schuf, die als Lager genutzt oder als Werkstätten an Handwerker vermietet werden konnten. Schon bald gab es eine blühende unterirdische Handwerkswelt mit Schustern, Hutmachern, Schmelzhütten und weiteren Werkstätten. Es gab sogar Austernbars, die eine so ausgefallene Atmosphäre hatten, dass sie zu angesagten Treffpunkten für gut betuchte Leute wurden, die ihr Geld loswerden wollten. Die dunklen, versteckten Gewölbe zogen aber auch Leute an, die nicht gesehen werden wollten. Hier fanden die Versammlungen des *Hellfire Clubs* statt, bei denen sich „zahlungskräftige Personen von Rang" trafen, die an unmoralischen Aktionen teilnehmen wollten. Schon bald versteckten Burke und Hare ihre Leichen dort unten, und es gab sogar einen „Leichendurchgang", der zur medizinischen Abteilung der Universität führte (siehe Seite 175). Die Gewölbe wurden so gefährlich, dass der Stadtrat nur dreißig Jahre nach ihrer Eröffnung beschloss, sie mit dem Schutt zuzumauern, der sich durch die vielen Stadtbrände angesammelt hatte.

Über 150 Jahre später (in den frühen 1980er-Jahren) entdeckte der ehemalige Rugby-Nationalspieler Norrie Rowan, dem die Tron Bar gehörte, einen Durchgang, der von seinem Pub in die Gewölbe führte: Er ließ die Räume – eher inoffiziell – räumen, und schon bald wurden sie von lokalen Bands als Proberäume gemietet. Auch kulturelle Performances und Clubnächte fanden dort statt. Einmal dienten die Gewölbe sogar als Versteck für den rumänischen Rugbyspieler Cristian Raducanu, dem Rowan kurz vor dem Aufstand von 1989 bei seiner Flucht vor der Securitate (der rumänischen Geheimpolizei) half. Seit Kurzem wird die Sache jedoch offizieller: Nun sind auch Archäologen und Historiker involviert. Zurzeit kann man die Gewölbe nur mit Mercat Tours besichtigen, entweder im Rahmen der Tour „Historic Underground" oder – für Leute, die es etwas gruseliger mögen – im Rahmen der Geistertouren, die das Unternehmen anbietet.

# DAS GEMÄLDE *STILL* VON ALISON WATT

15

## *Stoff ohne Körper*

*Kapelle der Old Saint Paul's Church – 63 Jeffrey Street, Edinburgh EH1 1DH*
*osp.org.uk*
*8–18 Uhr*
*Eintritt frei*
*Hinter der Waverley Station (Hauptbahnhof)*
*Bus: 6, 41, 42*

Die Old Saint Paul's Church ist ein verstecktes Juwel. Die heutige Kirche wurde 1883 am ehemaligen Standort der ersten Episkopalkirche Schottlands errichtet, in der seit dem Jahr 1689 Gottesdienste abgehalten wurden. Wenn man die 33 breiten Calvari-Treppen zum ersten Stock hinaufsteigt, findet man ein großes, abgetrenntes Kirchenschiff vor, das bereits dreimal erweitert wurde. Darüber befindet sich ein Polygonal-Dach, auf dessen Hammerbalkendach hölzerne Wasserspeier thronen. In der Ecke gleich neben der Treppe befindet sich eine Gedenkkapelle. Sie wurde zum Gedenken an die Opfer des Ersten und Zweiten Weltkriegs errichtet. In dieser Kapelle befindet sich auch das riesige Gemälde *Still* der Künstlerin Alison Watt.

*Still* ist 3,6 Meter hoch und erstreckt sich über vier Leinwandtafeln, die jeweils 1,8 Meter hoch sind. Es ist ein schlichtes und doch abstraktes Gemälde, auf dem drapierte Stoffbahnen zu sehen sind, gemalt in sanften Weiß- und Grautönen. Die Leinwände schweben über Kopfhöhe und scheinen zu leuchten, obwohl durch das angrenzende Fenster kaum Licht in das Gebäude strömt.

Die dunklen Lücken zwischen den Leinwandtafeln bilden ein Kreuz. Die drapierten Stofffalten scheinen die geisterhaften Spuren einer abwesenden Person zu suggerieren. Das Werk erinnert an die wichtige Rolle, die Gewänder und Stoffe in historischen religiösen Geschichten und Gemälden spielen – die Falten des Kopftuchs der Jungfrau Maria, das Turiner Grabtuch, der Schleier der heiligen Veronika ...

Alison Watt wollte ein Gemälde schaffen, das die Empfindungen reflektiert, die sie selbst beim Betreten der Kapelle verspürte: eine überwältigende Traurigkeit. In ihren frühen Arbeiten konzentrierte sich die Künstlerin hauptsächlich auf weibliche Akte und begann dann – inspiriert von den Werken des Malers Ingres – die Frauen in drapierte Stoffe zu hüllen. Bald konzentrierte sie sich ganz auf den Stoff selbst – den Abdruck, den der Körper auf den Laken hinterlässt –, und ließ das Körperliche schließlich ganz außer Acht, um nur noch die Details der Stoffdrapierungen zu malen.

*Still* ist in vielerlei Hinsicht das erfolgreichste Gemälde von Watts. Es ist lockerer und freier als viele ihrer anderen Bilder. Seine Größe und sein Standort in der Kapelle zwingen den Betrachter dazu, einen Schritt zurückzutreten und das Werk als Ganzes zu bewundern.

Im Jahr 2008 wurde Alison Watt als siebente (und jüngste) Gastkünstlerin an die National Gallery in London berufen, wo sie als Kind das Gemälde *Madame Moitessier* von Ingres gesehen hatte, das eine Dame im blumengeschmückten Kleid darstellt.

# DAS GEDDES-DENKMAL

16

## *Wie ein Bienenstock*

*Trunks Close, 55 High Street, Edinburgh EH1 1SR*
*cockburnassociation.org.uk*
*Zugang während der Geschäftszeiten*
*Eintritt frei*
*Bus: 6, 35*

Die extrem schmale Gasse „Trunks Close" liegt hinter den Stufen zum Moubray House, einem der ältesten Gebäude in der High Street. Das Bauwerk kann zurzeit leider nicht besichtigt werden, obwohl es über eine erstaunliche Renaissance-Decke und Wandmalereien verfügt. Im unteren Bereich des Hauses sieht man das Kellergeschoss des Gebäudes, in dem sich das Büro der *Cockburn Association* befindet – der Bürgerstiftung von Edinburgh, die jedes Jahr Ende September den Tag der offenen Tür (Doors Open Day) organisiert und somit eine wertvolle Wissensquelle in Sachen Architektur ist. Die *Cockburn Association* ist nach Lord Henry Cockburn (1779–1854) benannt, der sich für den Schutz und die Erhaltung der Schönheit Edinburghs einsetzte.

Wenn man am Büro der *Cockburn Association* vorbei nach unten läuft, entdeckt man den Zugang zu einem kleinen, versteckten Garten, der zum Sandeman House gehört, in dem der *Scottish Book Trust* seinen Sitz hat. Der Garten ist fast immer menschenleer und daher der perfekte Ort, um in Ruhe ein Buch zu lesen – vielleicht liegt sogar eines dort,

das man sich ausleihen oder tauschen kann. Am äußeren Rand des kreisförmigen Rasens steht ein großer Hahn aus Bronze (das Symbol der *Cockburn Association*), nahe der Rasenkante erhebt sich die Statue des außergewöhnlichen Universalgelehrten Patrick Geddes, des Begründers der ökologischen Stadtplanung. Dieser Garten ist einer von seinen „Schlüssellochgärten", die Licht und Raum in die überfüllte Altstadt brachten. Die Skulptur stammt von Kenny Hunter, der den Fachbereich für Bildhauerei an der Kunsthochschule Edinburgh leitet. Er hat die Statue von Geddes auf einen bienenstockförmigen Sockel gestellt.

## *Patrick Geddes*

Patrick Geddes (1854–1932) war einer der weltweit einflussreichsten Philosophen der Stadtplanung. Der Sohn eines Soldaten aus Ballater studierte Biologie, Soziologie und Geografie, wurde im Alter von 25 Jahren zum Mitbruder der *Royal Society* ernannt und zählte Charles Darwin, Mahatma Gandhi und Albert Einstein zu seinen Bewunderern. Weil er es sich zur Mission gemacht hatte, die Problematik der Elendsquartiere und der Abwasserentsorgung in der Altstadt von Edinburgh zu lösen, zog Geddes von seinem wohlhabenden Haus in New Town in das Anwesen James Court am Ende der Royal Mile. Er kaufte die Camera Obscura (Lochkamera) neben dem James Court, die es ihm ermöglichte, die Einwohner Edinburghs unerkannt zu beobachten, und öffnete sie als „Aussichtsturm" für die Allgemeinheit. Patrick Geddes war der Meinung, dass man eine Gemeinschaft nur dann verstehen kann, wenn man selbst in und mit ihr lebt. Er bestand darauf, dass es besser sei, zu beobachten, wie die Menschen einen Raum nutzen, um anschließend behutsam und operativ einzugreifen und die bestehende Architektur organisch anzupassen, statt Grundstücke zu planieren und nach dem anorganischen, senkrechten Schachbrettmuster einer typischen New Town (Planstadt) von Grund auf neu zu bauen. Sein Wirken ist auch heute noch in der gesamten Altstadt spürbar: Er bewahrte Gebäude vor dem Abriss, brachte den Verkehr zum Fließen und wandelte ungenutzte oder brachliegende Flächen in Gärten um, die ein wenig Licht und Freiraum in die städtische Enge bringen sollten. Geddes schrieb: „Die Welt ist im Großen und Ganzen eine riesige Kolonie von Blättern, die auf einem Blätterboden gedeiht und diesen Boden bildet – und nicht eine bloße Masse von Mineralien: Und wir leben nicht vom Klirren unserer Münzen, sondern von der Fülle unserer Ernten".

# DER MAURE AUS MAROKKO

## *Märchenhafte Geschichten*

*265 Canongate, Edinburgh EH8 8BQ*
*Die Skulptur des Mauren kann rund um die Uhr besichtigt werden*
*Bus: 35*

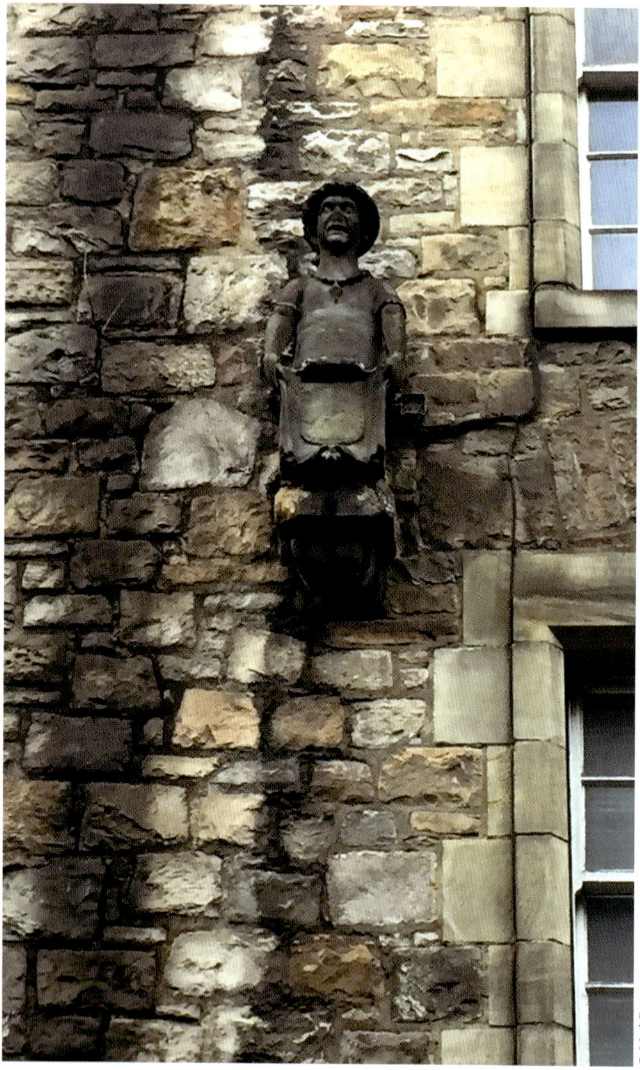

An diesem Haus auf der Royal Mile gehen täglich Hunderte von Menschen vorbei, ohne zu der Skulptur des kleinen Mannes aufzublicken, die auf halber Höhe der Mauer über der Gasse Mid Common Close thront. Der Mann steht auf einer Steinkanzel, trägt einen perlengeschmückten Turban auf dem Kopf und scheint einen Teppich oder ein Stück Stoff in den Händen zu halten. Es gibt viele Geschichten darüber, warum er dort steht – und die meisten sind (wohl eher) nicht wahr.

Im Jahr 1633 löste die Krönung Karls I. in ganz Edinburgh Unruhen aus (so weit, so gut), und ein Student namens Andrew Gray wurde zum Tode verurteilt, weil er das Haus des Bürgermeisters in Brand gesetzt hatte. Am Vorabend seiner Hinrichtung, die an der Old Tollbooth (der Alten Mautstelle) erfolgen sollte, setzte ein Freund von Gray die Wachen unter Drogen, und Gray entkam nach Nordafrika. Dort arbeitete er als Pirat oder als Sklave des Sultans von Marokko, wo es ihm gelang, im Rang aufzusteigen und seine Freiheit zurückzugewinnen.

Zwölf Jahre später kehrte Gray mit einer Gruppe bewaffneter Leute in seine Heimatstadt zurück und sann auf Rache. Sie drohten dem Bürgermeister (zu diesem Zeitpunkt war dies wohl Sir John Smith of Grothill), dass sie die Stadt angreifen würden, wenn er ihnen nicht eine hohe Geldsumme zahle. In jener Zeit wütete die Pest in Edinburgh, und die Tochter des Bürgermeisters war daran erkrankt und lag im Sterben. (Das stimmt, 1645 wütete in Edinburgh tatsächlich die Pest, aber es wird nicht erwähnt, dass John Smith eine Tochter hatte.) Da hatte Gray einen plötzlichen Sinneswandel – manche sagen, weil er herausfand, dass er und John Smith entfernte Verwandte waren.

Gray schlug John Smith ein neues Geschäft vor: Er würde die Tochter des Bürgermeisters mit einem Trank des Sultans (oder Kaisers/Königs) von Marokko heilen, wenn er als Gegenleistung die Begnadigung erhielte. Der Trank wurde ordnungsgemäß verabreicht, und die Tochter des Bürgermeisters erholte sich und wurde wieder vollständig gesund. Der hocherfreute Vater fragte Gray, ob er noch etwas tun könne, um sich erkenntlich zu zeigen: Und so hielt Gray um die Hand von Smiths Tochter an. (Es wird nicht erwähnt, was sie selbst davon hielt.) Das Paar heiratete und bezog ein Haus in der 265 Canongate, wo eine Statue des Sultans (oder Kaisers/Königs) aufgestellt wurde.

Die wahrscheinlichere Version lautet: Eine junge Frau aus Edinburgh wurde an den Harem des Sultans von Marokko verkauft. Sie wurde zur Lieblingsfrau des Sultans, und ihr Bruder nutzte ihren Status und ihre Beziehungen, indem er in der Canongate ein Geschäft für marokkanische Waren eröffnete. Bei der Figur handelt es sich wohl eher um ein altes Ladenschild, das auf einen Teppich- oder Lederhändler im Geschäft darunter hinweist.

# DAS EFEUHERZ VON CHESSELS COURT

18

## *Ein immergrüner Valentinsgruß*

*Chessels Court, Canongate, Edinburgh EH8 8AD*
*0131 4633 866*
*greatbase.co.uk/royal-mile-heart*
*Bus: 35*

In den versteckten Gärten der Royal Mile kursieren viele Geschichten darüber, warum an der Mauer von Chessels Court ein Efeuherz wächst. Aber dies, verehrte Leserin und verehrter Leser, ist die wahre Geschichte einer immergrünen, ewigen Liebe. Als der Efeu im Innenhof noch jung und wild war, verbrachte ein Liebespaar aus der Altstadt von Edinburgh seine unbekümmerte Jugendzeit miteinander. Sie waren erst seit einem Jahr zusammen, als die junge Frau vorschnell beschloss, die Liebe im Keim zu ersticken und damit das Herz ihres Geliebten zu brechen. Aber ihre Liebe war nicht tot, sie schlummerte nur. Elf Jahre später erblühte sie erneut – und dieses Mal schlug sie Wurzeln. Aus Angst vor einer erneuten Abweisung zog der Mann es vor, die Dinge locker zu halten. Enttäuscht suchte sie anderswo nach grünerem Gras und fuhr in den Urlaub. Doch als sie auf den Hof zurückkehrte, hatte ihr Geliebter den Efeu zu einer herzförmigen Liebesbotschaft zurechtgeschnitten, um ihr seine Liebe zu erklären. Als Antwort darauf schmückte sie das Efeuherz mit roten Rosen, und das Paar schwor sich ewige Liebe.

Später zogen die beiden in eine größere Wohnung neben dem Chessels Court um, sodass man die „Herzwohnung" auf der Royal Mile nun mieten und seine eigene Liebes- und Hofromanze aufkeimen lassen kann.

Chessels Court ist eines von mehreren Gebäuden, die von *Edinburgh World Heritage* im Rahmen des Projekts *Twelve Closes* renoviert werden. Das Projekt setzt sich zum Ziel, die kaum genutzten und oft vernachlässigten *closes* (*Gassen*) an der Royal Mile in Zusammenarbeit mit lokalen Gemeinden und Künstlern umzugestalten.

Hinter dem Efeuherz befindet sich das Excise House, das Zielobjekt des letzten Überfalls von Deacon Brodie und seiner Einbrecherbande. William Brodie war in Edinburgh zu jener Zeit als geachteter Schreiner und Stadtrat bekannt. Aber er kopierte die Schlüssel der reichen Häuser, zu denen er aufgrund seines Berufs Zugang hatte, und er und seine Bande machten sich mit den gestohlenen Geldern und Gütern aus dem Staub. Auf diese Weise finanzierte er seine Spielsucht sowie seine zwei Mätressen und fünf unehelichen Kinder. Doch eines Tages schlief Deacon auf seinem Beobachtungsposten ein – und seine Bande wurde erwischt. Er floh nach Amsterdam, wurde aber an Bord eines Schiffes, das in Richtung Amerika fuhr, gefangen genommen. Man fand heraus, dass er ein Doppelleben geführt hatte: tagsüber ein Gentleman, nachts ein Einbrecher. Er wurde verurteilt und in Edinburgh am Galgen von Tolbooth (der nur wenige Meter vom Excise House entfernt stand) gehängt. Seine Geschichte faszinierte den Schriftsteller Robert Louis Stevenson so sehr, dass sie ihn dazu inspirierte, eines der berühmtesten Bücher aller Zeiten zu schreiben: *Der seltsame Fall des Dr. Jekyll und Mr. Hyde.*

# DER JAMES-HUTTON-GEDENKGARTEN ⑲

## *Der Steingarten*

*3 St John's Hill (Zugang über die 46 Pleasance)*
*edinburghgeolsoc.org*
*historicenvironment.scot/visit-a-place/places/holyrood-park*
*Rund um die Uhr geöffnet*
*Bus: 6, 60*

Die riesige weiße Kuppel *Our Dynamic Earth*, eine Hommage an James Hutton, den Vater der Geologie (der in Edinburgh geboren wurde), ist kaum zu übersehen. Aber sein Gedenkgarten ist viel schwerer zu finden. Man erreicht ihn von den Viewcraig Gardens aus, indem man die Treppenstufen hinaufsteigt, die an der ersten Kurve der Holyrood Road beginnen. Am einfachsten ist der Garten jedoch zu erreichen, wenn man den Parkplatz überquert, der sich neben dem Sportzentrum der Universität in der 46 Pleasance (direkt gegenüber dem unteren Ende der Drummond Street) befindet. Man muss unter dem Torbogen hindurch zum hinteren Teil des Parkplatzes laufen und sollte dort auf der linken Seite (zwischen den Parkbuchten 20 und 21) den Zugang zu dem Weg sehen, der zum Garten hinunterführt.

Auf halbem Weg zwischen diesen beiden Ebenen erstreckt sich ein kleiner Kreis aus losen Kieselsteinen, in dem sechs große Steine stehen, die auf den ersten Blick sehr unscheinbar wirken. Doch ebendiese Steine sind die Grundlage der modernen Geologie, des Darwinismus und sogar der Gaia-Hypothese. Die Beobachtung von Steinen wie diesen veranlasste Hutton dazu, seine Plutonismus-Theorie zu entwickeln, die besagt, dass magmatische Gesteine (wie zum Beispiel Granit) aus geschmolzenem Gestein innerhalb der Erdkruste entstehen. Damit widersprach er der früheren Neptunismus-Theorie, die besagte, dass sämtliche Gesteine der Erde vom Meer aufgeschüttet wurden. Hutton berechnete, dass die Erde mehrere Millionen Jahre alt sein musste so alt, dass die Tierwelt sich wandeln und weiterentwickeln konnte. Damit legte er den Grundstein für die Evolutionstheorie Darwins.

Der James-Hutton-Gedenkgarten markiert den Ort, an dem James Hutton von seinem 42. Lebensjahr bis zu seinem Tod im Jahr 1797 lebte (er starb im Alter von 71 Jahren). Der Mann war kein untätiger Steingucker – er war ein Reisender und ziemlicher Trinker und Frauenheld. Angeblich schrieb er seinem Freund James Watt, dem Erfinder der Dampfmaschine, dass er doch lieber eine dampfbetriebene Sexmaschine bauen solle.

Als er hier lebte, konnte Hutton jeden Tag durch das Fenster auf den uralten Vulkan Arthur's Seat blicken. Am östlichen Ende der Salisbury Crags befindet sich ein Ort namens Hutton's Section, zu dem viele Geologen pilgern, denn hier winden sich Flöze aus subvulkanischem Dolerit durch das Sedimentgestein (Sandstein). Der Pfad ist derzeit wegen Erosion gesperrt – aktuelle Informationen erhält man bei den Rangern im Ausbildungszentrum des Holyrood Park. Von der Spitze des Arthur's Seat kann man an klaren Tagen bis hinüber zur Küste nach Siccar Point (bei Cockburnspath) blicken, wo eine der eindrucksvollsten Felsformationen der Welt besichtigt werden kann – die Hutton's Unconformity (Huttons Diskordanz). Der Ausflug lohnt sich, außerdem sind die Felsen nur einen Katzensprung entfernt.

# DAS EDINBURGH-MOSAIK

## *Eine geheime Unterzeichnung*

*Paterson's Land, Old Moray House, Holyrood Road, Edinburgh EH8 8AQ*
*0131 651 6138 – education.school@ed.ac.uk – ed.ac.uk/education*
*Mo bis Fr 8.30–17 Uhr*
*Eintritt frei, aber man sollte sich vor der Besichtigung an der Rezeption melden*
*Bus: 6, 60*

Im Gebäude Paterson's Land, das 1911 erbaut wurde, prangt über der Tür, die sich auf halber Höhe der Haupttreppe befindet, eine 5,5 $m^2$ große Tafel aus kleinen quadratischen Keramikfliesen an der Wand: das sogenannte Edinburgh-Mosaik. Es wurde 1938 von William J. Macaulay geschaffen, einem Studenten der Edinburgher Kunsthochschule, der zuvor Mosaike in Griechenland, der Türkei und Palästina studiert hatte. Die bunten Glasfliesen stellen stark vereinfacht die Stadt Edinburgh im Jahr 1707 dar: Auf der einen Seite befinden sich die steil aufragenden Salisbury Crags, auf der anderen Seite die Burg, und dazwischen das Moray House. Unten erstreckt sich das blaue Meer des Firth of Forth.

Die lateinische Inschrift am Rand des Bildes lautet in deutscher Übersetzung: „Im Garten von Moray House unterzeichneten die schottischen Repräsentanten am 1. Mai 1707 den Act of Union zwischen Schottland und England".

Es mutet seltsam an, dass ein so schönes und friedliches Bild diesen damals äußerst dramatischen und gewalttätigen Umbruch repräsentiert. Der Garten, auf den sich die Inschrift bezieht, ist in Wirklichkeit ein Parkplatz um die Ecke von Paterson's Land (der nächste Eingang befindet sich an der Holyrood Road, die darunter verläuft). Das kleine, unscheinbare Nebengebäude, das an das neue Studentenwohnheim in der Sugarhouse Close angrenzt, wird als Sommerhaus bezeichnet und gehörte einst zu den schönen Gärten des Old Moray House.

Im Jahr 1707 lebte der Earl of Seafield (der Lordkanzler von Schottland) im Old Moray House. Seine Aufgabe bestand darin, das umstrittene Abkommen mit England zu sichern. Die Vereinigung wurde von der schottischen Aristokratie und den herrschenden Klassen unterstützt, doch die meisten Schotten waren voller Leidenschaft dagegen und gaben ihre Einwände durch Krawalle und gewalttätige Proteste auf den Straßen kund (Szenen, die jeder nachvollziehen kann, der sich im Jahr 2014 in Schottland aufhielt). Der Pavillon, der am unteren Rand des Gartens des Lordkanzlers steht, war der perfekte Ort, um sich in zentraler Lage diskret mit den Unionsanhängern zu treffen, ohne allzu große Aufmerksamkeit zu erregen. Während draußen der „Edinburgher Mob" auf den Straßen wütete, wurde der Vertrag unterzeichnet und eilig mit einer Militäreskorte nach Westminster geschickt. So entstand das Vereinigte Königreich ...

## IN DER UMGEBUNG

Das Old Moray House befindet sich an der Stirnseite der Straße Canongate, gleich hinter dem Tor mit den Obelisken-Pfeilern. Das Haus wurde 1618 für Gräfin Mary von Home erbaut und ist das älteste Gebäude der Universität Edinburgh. Über dem Mittelfenster der Südwand prangen die Buchstaben M und H – die Initialen der Gräfin. Im Cromwell-Raum und in den Balkonzimmern im ersten Stock sind einige sehr schöne und seltene dekorative Stuckdecken aus dem 17. Jahrhundert zu sehen.

# DIE DENKMALSAMMLUNG IM HINTERHOF

21

*Ein Altersheim für Steine*

*142–146 Canongate, Edinburgh EH8 8DD*
*Zugang über die Bakehouse Close oder über das Museum of Edinburgh*
*Museum: täglich 10–17 Uhr*
*Bus: 35*

An der unteren Seitenmauer des Museum of Edinburgh befindet sich ein Bogengang, der in eine Gasse namens Bakehouse Close führt. Wenn man hindurchgeht, sieht man auf der rechten Seite eine Pforte. Mit etwas Glück steht sie offen, und man kann den versteckten, mit Steinplatten gefliesten Hinterhof betreten, der sich zu einer Art Altersheim für verwaiste historische Steine entwickelt hat. Hier werden zerbrochene Steine angenommen, gereinigt und gepflegt: bröckelnde Denkmäler, verfallene Statuen, entsorgte Sonnenuhren, zusammengesetzte Bänke und umgestürzte Grabsteine, die von den Müllhalden der Stadt gerettet wurden und hier einen Platz erhalten haben, an dem sie sich in ihrem hohen Alter ausruhen und erholen können. Überall in dem ummauerten Garten stehen Steine, die etwas willkürlich, aber hübsch angeordnet und nach Themen unterteilt sind. Zwischen ihnen befinden sich Blumenbeete und Topfpflanzen, die ein wenig Buntheit in die eintönige Farbwelt bringen. An der hinteren Mauer stehen die Steintafeln aus dem 17. Jahrhundert, in die Symbole und Schlagworte verschiedener Handwerksvereinigungen eingemeißelt sind. Das Wappen der Tailors Hall, der Schneiderei, die sich einst in der Cowgate befand, ziert eine riesige Schere. Die Schuhmacher entschieden sich für ein Wappen, das eine Krone über einem Kordinermesser (Schustermesser) zeigt. Auf einem anderen Stein sind zwei Männer abgebildet, die eine Stange tragen, an der ein Fass hängt – dies waren die sogenannten *stingmen*, die Weinträger, die am Hafen von Leith Getränke auslieferten. Ihr Name leitet sich von dem Begriff *stang* (dem alten Wort für Holzstange) ab. Über einem Fenster in der Wand befindet sich eine Steinmetzarbeit, auf der die Gesichter von drei hübschen jungen Frauen zu sehen sind – das Relief zierte einst ein Mansardenfenster in der Altstadt. Darunter befindet sich das weit weniger freundliche Antlitz eines erwürgten Mannes mit heraushängender Zunge, eine Skulptur, die einst zu einem Anwesen in Dean Village gehörte. In der Mitte des Hofes steht eine Sonnenuhr aus den Saughton Gardens (siehe Seite 237). Sie trägt eine Inschrift, die grob übersetzt lautet: „Achte auf die Zeit, bevor sie dir genommen wird“. Der Erwürgte würde den Worten wohl Recht geben.

In der Nähe des Torbogens, am Eingang des Hofes, stehen drei harmlos wirkende Steine, die einst zum Netherbow Port gehörten, dem Stadttor, das Mitte des 15. Jahrhunderts an der Kreuzung High Street/St. Mary's Street stand. An einem dieser Steine befand sich einst ein Metallspieß, auf dem Köpfe und andere Körperteile von Verbrechern aufgespießt und zur Schau gestellt wurden – als Warnung für alle, die eine kriminelle Laufbahn in Erwägung zogen. In dem Raum, der an den Hinterhof angrenzt, hat das Museum ein interaktives digitales „Fenster zur Vergangenheit“ gestaltet. Es erklärt detailliert die Herkunft der verschiedenen Steine und zeigt, wie der Hof in den Jahren 1648 und 1884 aussah.

# DUNBAR'S CLOSE

(22)

## *Der Mushroom Garden*

*137 Canongate, High Street, Edinburgh EH8 8BW*
*Täglich von Tagesanbruch bis Sonnenuntergang geöffnet. Eintritt frei*
*Bus: 35*

Von der Royal Mile gehen so viele kleine Gassen ab, dass man leicht den Überblick darüber verliert, welche wohin führt. Die meisten Gassen führen über steile Stufen hinunter ins Tal oder in verwinkelte Innenhöfe, in denen einst Feuersbrünste ausbrachen, gestohlene Leichen versteckt wurden und allerlei andere furchtbare Dinge geschahen. Biegt man jedoch in die Dunbar's Close ein (die nach dem Schriftsteller David Dunbar benannt wurde, dem 1773 auf beiden Seiten der Gasse Mietshäuser gehörten) und geht durch den Tunnel, findet man sich in einer ganz und gar stilvollen Atmosphäre wieder. Hier im Hof wurde ein eleganter Miniaturgarten im Stil des 17. Jahrhunderts angelegt, durch den Pfade aus grauem Kopfsteinpflaster und Kies führen, die von niedrigen grünen Buchsbaumhecken gesäumt sind. Diese Wege gliedern den Garten in perfekt symmetrisch angeordnete Reihenbeete, die mit Lavendel, Tulpenbäumen, Schattenmorellen und am Spalier gezogenen Apfelbäumen bepflanzt sind. Im Garten herrscht eine unvermutete Ruhe und Ordnung, so als sei man in einem Jane-Austen-Roman gelandet, obwohl man eigentlich mit einer Folge von True Detective gerechnet hatte. Der Garten wird oft als Mushroom Garden (Pilzgarten) bezeichnet, wird Pilzliebhaber aber eher enttäuschen. Der Name rührt eigentlich daher, dass der *Mushroom Trust* (eine schottische Wohltätigkeitsorganisation, die für mehr städtische Grünflächen kämpft) das Gartengelände davor bewahrte, zugunsten einer Erweiterung des Scotsman-Parkplatzes abgerissen zu werden. Der Trust kaufte das Land und schenkte es dem Grünflächenamt der Stadt Edinburgh, das die Fläche von dem Landschaftsarchitekten Seamus Filor umgestalten ließ.

Filor wählte einen Entwurf aus dem 17. Jahrhundert, weil die Gärten Edinburghs, die sich einst fischgrätenförmig von der zentralen Achse der High Street aus erstreckten, in dieser Epoche am prachtvollsten waren. Neben historischen Pflanzen zierten den Pilzgarten ursprünglich auch schicke Mülltonnen im Stil des 17. Jahrhunderts – bis die örtliche Intelligenzia begann, sie als Toiletten zu benutzen. Man baute eine Treppe hinunter zur Calton Road, die bis hinüber zum Calton Hill führen sollte. Doch die Bauunternehmer in den Führungsetagen verweigerten die Genehmigung, weshalb die Sackgassentreppe heute geschickt durch einen Stechpalmenbusch getarnt ist. Im Internet und sogar vom Stadtrat selbst wird immer wieder der Mythos verbreitet, dass es sich bei dem Park um einen der Gärten von Patrick Geddes handelt. Eine vom *Mushroom Trust* in Auftrag gegebene Untersuchung hat jedoch ergeben, dass bis weit nach Geddes' Tod nur Mietshäuser auf dem Gelände standen. Filors gerade Linien stehen im Gegensatz zur Anti-Schachbrettmuster-Philosophie von Geddes, aber Geddes hätte Dunbar's Close sicherlich mit Wohlwollen betrachtet, da es wirklich eine grüne und ruhige Atempause inmitten des Trubels der Stadt bietet.

# DIE STEINE SCHOTTLANDS

## *Ein Schritt für Schottland, gemeißelt in Stein*

*Östliches Ende des Regents Road Park, Regent Road, Edinburgh [ungefähre Postleitzahl EH8 8EJ]*
*Drei Tore oberhalb des Regent Community Bowling Club*
*Rund um die Uhr geöffnet*
*Eintritt frei*
*Bus: 15, 104, 113, X7*

Der Park, der entlang der Südseite der Regents Park Road verläuft, ist von außen meist nicht zu sehen. Aber der Park hat nicht nur einen schönen Spazierweg mit spektakulärem Ausblick, sondern verfügt auch über eine ganz besondere Kunstinstallation des verstorbenen Künstlers George Wyllie MBE, der zusammen mit den Künstlern Kenny Munro und Lesley-May Miller Steine aus allen 32 Regionen Schottlands zusammengetragen hat. Die Steine sind kreisförmig angeordnet und von einem Stahlring umgeben; im Zentrum des Kreises befinden sich ein Fußabdruck und eine einsame Waldkiefer.

Das Kunstwerk wurde 2002 zum zweiten Jahrestag des schottischen Parlaments eingeweiht. Wyllie sagte: „Dieses Werk ist eine Mahnung an die neue Generation der schottischen Politik – das Zentrum muss alle, die es umgeben, einbeziehen und von ihnen legitimiert werden". Auf dem Steinsockel im Zentrum des Kreises befindet sich ein Fußabdruck; darunter steht das Zitat „Wessen Fuß passt in diese Spur", das aus einem Gedicht von Tessa Ransford (der Gründerin der Scottish Poetry Library) stammt. Die Idee hinter dem Werk ist, dass man seinen Fuß in die Spur setzen und das schottische Parlament anschreien soll, das dann die Stimmen der Schotten aus allen 32 Verwaltungsgebieten des Landes hört.

Wie bereits vermutet, ist Aberdeen durch grauen Granit vertreten. Aus Stirling kommt ein Brocken aus metamorphem Gestein, das aus Tyndrum stammt, wo bereits mehrfach Gold gefunden wurde. Auf dem weißen Sandsteinbrocken aus Midlothian sind Stigmaria – versteinerte Baumwurzeln – zu sehen. Dumfries & Galloway wird repräsentiert von einem Granitstein aus Creetown. Der älteste Stein des Kreises stammt von den Westlichen Inseln – ein 2.700 Millionen Jahre alter rosafarbener und grauer Felsbrocken, der an der Küste von Lewis gefunden wurde.

Wyllie, Munro und Miller arbeiteten mit dem Landschaftsarchitekten Stuart Rogers von der Paul Hogarth Company zusammen. Wyllie wollte unbedingt einen schief gewachsenen Baum für das Zentrum des Kreises finden: Er sollte so aussehen, als sei er frei in der Wildnis gewachsen und nicht von Menschen gepflanzt worden. Die Künstler mussten die Parkverwaltung davon überzeugen, das Kunstwerk nicht zu sehr zu pflegen, denn Wyllie wollte, dass es ganz natürlich wirkte – das Gras, das zwischen den Steinen wächst, ist also durchaus gewollt.

„Ein Schritt für Schottland, gemeißelt in Stein, ein Parlament ohne Thron, ein Land, dass wir alle besitzen können, eine Weisheit, die erkennt, gleich wie wir erkannt worden sind, ein Fortgehen und Heimkommen. Wer von uns wird nun arbeiten, für das Licht, das die Dunkelheit durchdringt, für die Freiheit, die hoch aufsteigt wie die Lerche, für den demokratischen Funken – wessen Fuß passt in diese Spur?" (Auszug aus dem Gedicht *Beschwörung* von Tessa Ransford)

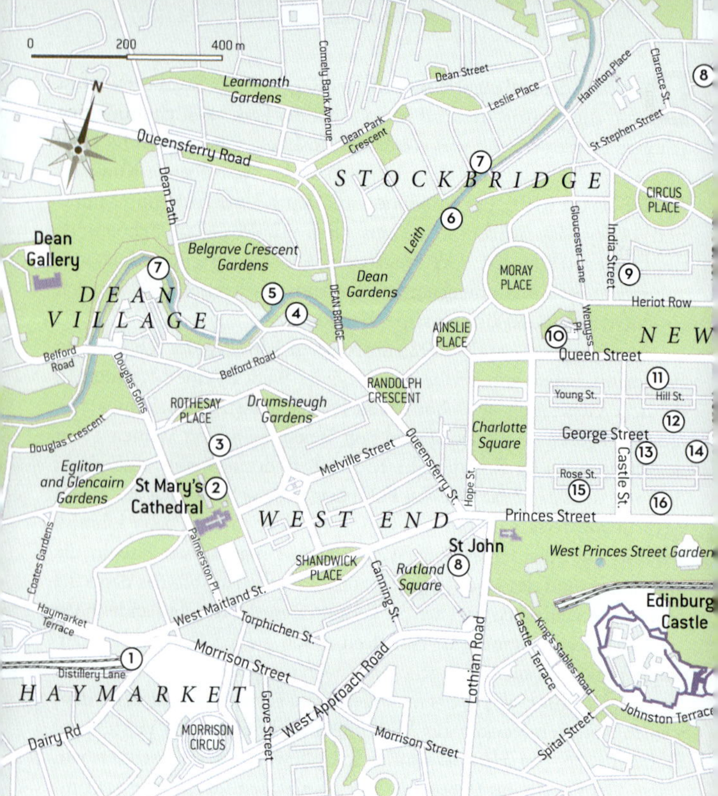
0
200
400 m
N
Learmonth Gardens
Comely Bank Avenue
Dean Street
Leslie Place
Hamilton Place
Clarence St.
St Stephen Street
Queensferry Road
Dean Park Crescent
STOCKBRIDGE
CIRCUS PLACE
Dean Path
Leith
Gloucester Lane
India Street
Dean Gallery
Belgrave Crescent Gardens
Dean Gardens
MORAY PLACE
DEAN VILLAGE
DEAN BRIDGE
Heriot Row
AINSLIE PLACE
Wemyss Pl.
NEW
Queen Street
Belford Road
Belford Road
Douglas Gdns
RANDOLPH CRESCENT
Young St.
Hill St.
ROTHESAY PLACE
Drumsheugh Gardens
Charlotte Square
George Street
Douglas Crescent
Queensferry St.
Melville Street
Castle St.
Egliton and Glencairn Gardens
St Mary's Cathedral
Hope St.
Rose St.
WEST END
Princes Street
St John
West Princes Street Garden
SHANDWICK PLACE
Rutland Square
Coates Gardens
Palmerston Pl.
Canning St.
Edinburg Castle
West Maitland St.
Haymarket Terrace
Torphichen St.
Lothian Road
Castle Terrace
King's Stables Road
Morrison Street
Distillery Lane
HAYMARKET
West Approach Road
Johnston Terrace
Grove Street
Dairy Rd
MORRISON CIRCUS
Morrison Street
Spital Street

# Neustadt

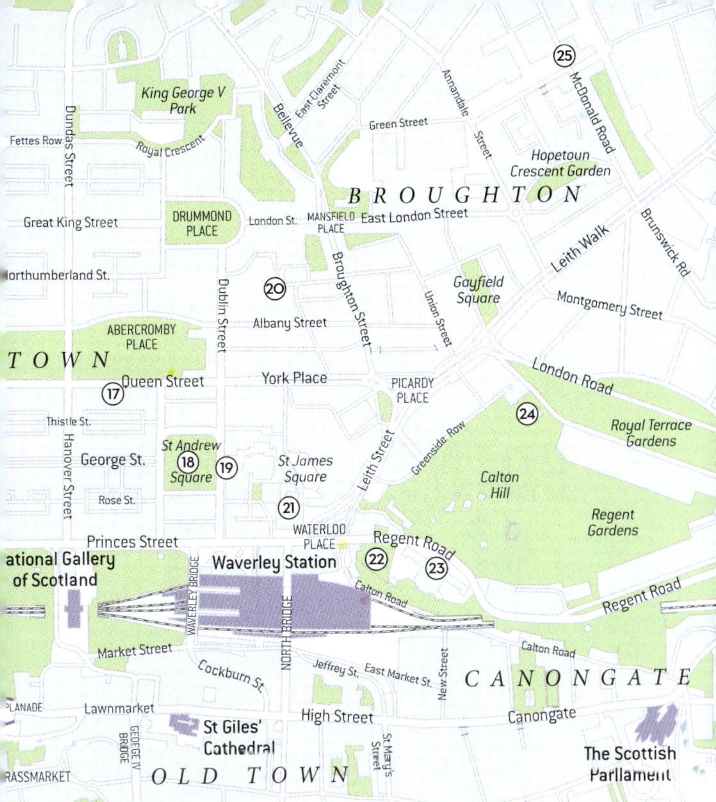
King George V Park
Fettes Row
Dundas Street
Royal Crescent
Bellevue
East Claremont Street
Green Street
Annandale Street
McDonald Road
Hopetoun Crescent Garden
BROUGHTON
Great King Street
DRUMMOND PLACE
London St.
MANSFIELD PLACE
East London Street
Brunswick Rd
Leith Walk
orthumberland St.
Dublin Street
Broughton Street
Union Street
Gayfield Square
Montgomery Street
ABERCROMBY PLACE
Albany Street
TOWN
Queen Street
York Place
PICARDY PLACE
London Road
Thistle St.
Royal Terrace Gardens
Hanover Street
George St.
St Andrew Square
St James Square
Leith Street
Greenside Row
Calton Hill
Rose St.
Regent Gardens
Princes Street
WATERLOO PLACE
Regent Road
ational Gallery of Scotland
Waverley Station
WAVERLEY BRIDGE
NORTH BRIDGE
Calton Road
Regent Road
Market Street
Cockburn St.
Jeffrey St.
East Market St.
New Street
Calton Road
CANONGATE
LANADE
Lawnmarket
High Street
Canongate
St Giles' Cathedral
GEORGE IV BRIDGE
St Mary's Street
The Scottish Parliament
RASSMARKET
OLD TOWN

# DER MEILENPOSTEN AM BAHNHOF HAYMARKET

①

*Weit gefehlt!*

*Haymarket Station, 9 Clifton Terrace, Edinburgh EH12 5LQ*
*Täglich 5.30–0.30 Uhr*
*Bus: 3, 4, 12, 25, 26, 31, 33, 44 and Airlink. Straßenbahn-Haltestelle: Haymarket*

© Hannah Robinson

Am östlichen Seiteneingang des Bahnhofs Haymarket steht eine Säule, die ein wenig wie ein Turm aus einem Schachspiel für Riesen aussieht. Tatsächlich ist sie aber ein Entfernungsmesser der ersten schottischen Intercity-Eisenbahnstrecke, die die Entfernung von 41 Meilen (66 km) bis Edinburgh und 5 Meilen (8 km) bis Glasgow anzeigt. Bei dieser Säule handelt es sich um den Meilenposten Nr. 5, der ursprünglich in Cadder/Dunbartonshire stand. Einige dieser Meilenposten stehen auch heute noch an der Bahnstrecke, andere wurden aus Denkmalschutzgründen entfernt.

Bis zum Jahr 1842 erfolgten Reisen zwischen Edinburgh und Glasgow mit der Pferdepostkutsche oder dem Narrowboat (schmales Binnenwasserboot). 1838 wurde in einem neuen Parlamentsgesetz beschlossen: Die Dampfeisenbahn für Passagiere sollte kommen! Der Bau der 74 Kilometer langen Strecke dauerte vier Jahre, da drei große Tunnel und vier Viadukte errichtet werden mussten, um die Strecke zu ebnen. Am Neujahrstag 1842 wurden die Bürger eingeladen, den gerade vollendeten und eigens für diesen Anlass mit Gasbeleuchtung ausgestatteten Queen-Street-Tunnel zu durchqueren.

Einen Monat später wurde die Eisenbahnstrecke eröffnet: Ihre Endstation befand sich in Haymarket am Westrand von Edinburgh. Täglich verkehrten vier Züge in beide Richtungen; die Fahrtzeit betrug jeweils 2,5 Stunden. Trotz des lautstarken Widerstands religiöser Gruppen fuhren auch sonntags zwei Züge. Das Reisen mit dem Zug wurde schnell beliebt – die Nachfrage von Fahrgästen war dreimal höher als erwartet. Vier Jahre später war die Begeisterung für die Eisenbahn größer als die Sorge, die Princes Street Gardens zu verunstalten, und die Eisenbahnstrecke wurde bis zum heutigen Bahnhof Waverley verlängert. Die Angaben auf den Meilenposten wurden jedoch nie geändert. Selbst an seinem Originalstandort lag der Meilenposten also 170 Jahre lang um über eine Meile daneben.

Weitere Geheimnisse rund um die Eisenbahn werden auf den Seiten 132, 181 und 248 enthüllt.

# DIE GESANGSSCHULE

②

## *Wenn Wände sprechen (und singen) könnten*

*St. Mary's Cathedral, Palmerston Place, Edinburgh EH12 5AW*
*0131 225 6293 – office@cathedral.net*
*Während des Festivals finden einmal täglich (außer sonntags) Führungen durch die Schule statt – die Termine stehen auf der Website. Ansonsten Führungen nur nach Vereinbarung – man sollte eine Spende von mindestens 3 £ pro Person zahlen.*
*Bus: 3, 4, 12, 25, 26, 31, 33, 44, 100. Tram-Station: Haymarket, West End*

Auf dem Gelände hinter der hoch aufragenden St. Mary's Cathedral im Stadtteil West End befindet sich eine kleine Halle, in der die

Chöre proben. Der Saal ist eigentlich nicht öffentlich zugänglich (außer beim Festival im August), aber wenn man eine E-Mail mit mehreren Terminvorschlägen an office@cathedral.net schreibt und ein paar Münzen in die Spendenbox wirft, erhält man eine Führung durch die Schule (wenn nicht gerade die Chöre proben).

Wenn Sie die Werke von Phoebe Anna Traquair noch nicht kennen, können Sie hier eine ihrer Wandmalereien besichtigen, die Sie begeistern wird. Wenn Sie die Arbeiten der Künstlerin schon gesehen haben (wahrscheinlich im Mansfield Traquair Centre am Ende der Broughton Street), dann haben Sie hier die Gelegenheit, die Pinselführung der Künstlerin aus nächster Nähe zu betrachten und sich von den üppigen Juwelenfarben und lebhaften Figuren ihrer Bilder verzaubern zu lassen. Die Gemälde sind eine Illustration des Canticums *Benedicite, omnia opera Domine*, auch bekannt als *Gesang der Schöpfung*. Die Idee der Künstlerin war es, die Wände mit sichtbarem Gesang zu füllen. Und genau dies ist ihr auch gelungen – die Wände scheinen vor Freude zu vibrieren. Der Hauptrefrain lautet übersetzt: „Preiset den Herrn, alle Werke des Herrn, besingt und erhebt ihn über alles […]!"

Das Werk zeigt biblische Szenen vor einer schottischen Landschaft – an der Ostwand des Gemäldes ist das Leaderfoot-Viadukt (das sich in den Scottish Borders befindet) abgebildet. Mitten in der Prozession himmlischer und biblischer Figuren kann man bei genauem Hinschauen rechts von der Tür Gesichter von Persönlichkeiten aus der Zeit der Aufklärung entdecken – Tennyson, Browning und Rossetti, Thomas Carlyle und James Watts. Rechts von der Orgel sieht man Dante, Kardinal Newman und natürlich William Blake, von dessen metaphorischem, farbenfreudigen Stil sich Phoebe Anna Traquair eindeutig inspirieren ließ. Bei genauem Hinschauen wird man gegenüber des Eingangs das Gesicht der Künstlerin selbst entdecken.

Die Song School wurde 1885 erbaut – sechs Jahre nach der Eröffnung der St. Mary's Cathedral – und ist seitdem ununterbrochen in Nutzung. Ende des 20. Jahrhunderts war sie ziemlich angegraut und heruntergekommen, doch 1993 wurden das Gebäude und die darin befindlichen Gemälde mit Hilfe eines finanziellen Zuschusses der Behörde Historic Scotland restauriert. Das Ergebnis ist spektakulär. Die Farben singen lauter, als es jeder Chor es könnte. Es ist fast narkotisierend. Wenn Sie das Gebäude wieder verlassen, werden die Bilder noch immer fröhlich vor Ihrem geistigen Auge tanzen.

In der Kathedrale nebenan befinden sich Buntglasfenster, die von Sir Eduardo Paolozzi entworfen wurden und die Himmelfahrt Jesu darstellen.

# DAS SIR-ARTHUR-CONAN-DOYLE-ZENTRUM ③

## *Eine Studie zum Übersinnlichen*

*25 Palmerston Place, Edinburgh EH12 5AP*
*0131 625 0700*
*arthurconandoylecentre.com – info@arthurconandoylecentre.com*
*Mo bis Do 10–21 Uhr & Fr 10–16 Uhr. Das Teegeschäft schließt um 15 Uhr.*
*Bus: 3, 4, 12, 25, 26, 31, 33, 44, 48 & Airlink. Tram-Station: Haymarket*

Der vielleicht skurrilste Fall, der nie von Sherlock Holmes untersucht wurde, war die Frage, warum der wissenschaftlich hochgebildete

Schöpfer des berühmten Detektivs auch ein leidenschaftlicher Anhänger des Spiritualismus war – also des Glaubens, dass die Toten in irgendeiner Weise weiterleben und man mit ihnen in Verbindung treten kann.

Arthur Conan Doyle verbrachte einen Großteil seines Lebens damit, übersinnliche Phänomene zu untersuchen, zu erforschen und zu verteidigen – Geister, Besessenheit, Telepathie, Medien, Séancen und vieles mehr. Während seines Medizinstudiums an der Universität von Edinburgh von 1876 bis 1881 hörte er Vorlesungen über die Theorie des Lebens nach dem Tod, die sein Interesse weckten. In Ablehnung seiner katholischen Erziehung erklärte er sich 1916 erstmals öffentlich zum Spiritualisten, und zum Ende des Krieges, in dem er seinen Sohn, seinen Bruder, seine beiden Schwager und seinen Neffen verlor, hatte sich sein Glaube vertieft.

Das Sir-Arthur-Conan-Doyle-Zentrum am Palmerston Place ist nach dem Edinburgher Schriftsteller benannt, war aber ursprünglich das Familienhaus von William McEwan, dem berühmten Bierbrauer, der auch Liberalpolitiker und Philanthrop war. Das prachtvolle sechsstöckige Haus aus dem Jahr 1881 verfügt über öffentliche Räume, Dienstquartiere und eine eindrucksvolle Treppe aus geschnitztem Mahagoniholz, über der sich eine Kuppel aus graviertem Glas erhebt. Die Barocktüren im ersten Stock sind mit geschnitzten Gesichtern geschmückt, die entweder die Naturgewalten verkörpern oder – was vielleicht etwas gruselig ist – die Gesichter der Familie McEwan darstellen könnten.

Die Treppe mag in den Himmel führen oder auch nicht – sie führt aber auf jeden Fall zu den Büros verschiedener spiritueller Praktiker*innen, Organisationen und Wohlfahrtsverbände, die das Zentrum beruflich nutzen, darunter Reiki-Meister, Ernährungsberater, Heilpraktiker, Chakren-Ausgleicher, Hellseher, Lebensberater, Pilates-Trainer, Numerologen u. v. m.

Im Erdgeschoss befinden sich eine spirituelle Kapelle mit Buntglasfenstern und eine Bibliothek, in der man spirituelle Veröffentlichungen von verschiedenen Autoren (auch von Conan Doyle selbst – er schrieb viele Bücher zum Thema Spiritualismus) kaufen oder ausleihen kann. An der Wand hängt ein eindrucksvolles metaphorisches Gemälde der Edinburgher Spiritualistin Jane Stewart Smith; es stellt den Sturz des Antichristen in Gegenwart der Krieger des Weißen Kreuzes dar.

Auf der anderen Seite der Halle (hinter den Ausgaben der Zeitung *Psychic News*) befindet sich ein Sherlock-Holmes-Teegeschäft, in dem man Heilkristalle und Sherlock-Souvenirs kaufen kann. Auf dem Kaminsims steht eine Kopie des handgeschriebenen Briefes, den Conan Doyle an Dr. Bell, seinen Medizinprofessor von der Universität Edinburgh, schrieb, um ihm mitzuteilen, dass er die Inspiration für den Charakter des Sherlock Holmes war. „Elementary", wie Dr. Bell zu sagen pflegte.

# WELL COURT

4

## *Vom Pisspott zum Nobelviertel*

*Dean Village, Edinburgh EH4 3BE*
*Das Gebäude kann rund um die Uhr von außen besichtigt werden*
*ewh.org.uk/iconic-buildings-and-monuments/well-court*
*Bus: 24, 29, 36, 42*

Wenn Sir John R. Findlay, der Eigentümer der Zeitung *The Scotsman*, aus seinem hohen Fenster in Drumsheugh Gardens blickte, entsetzte ihn der Zustand der Mietshäuser, die er unten im Dean Valley sah. Der Fluss Water of Leith trieb die Getreidemühlen an und versorgte die Gerbereien mit Wasser, doch seit Telford 1832 seine beeindruckende Dean Bridge gebaut hatte, gab es in der Gegend keinen Durchgangsverkehr mehr. Die Mühlen wurden von den riesigen Supermühlen in Leith verdrängt, und die Region befand sich im Niedergang. Der einzige verbliebene Gewerbebetrieb war die Gerberei Robert Legget & Sons.

Im Jahr 1886 ließ Findlay das Gebäude Well Court als Musterhaus für die Mitarbeiter der Gerberei errichten. Das Bauwerk wurde von Sydney Mitchell entworfen, der später auch den Ramsay Garden oben beim Schloss konzipierte – die beiden Gebäude weisen in ihrem Arts-and-Crafts-Stil viele Ähnlichkeiten auf. Das aus rotem Sandstein mit hohen Türmchen und roten Dachpfannen errichtete Well Court ist um einen gemeinschaftlichen Innenhof herum angelegt. Alle Zwei- und Dreizimmer-Wohnungen sind unterschiedlich gestaltet und vermitteln eine besondere, individuelle Atmosphäre – weit entfernt von eintönigen „Wohnkästen". Ein Saal diente als gemeinschaftlicher Treffpunkt, sonntags stand der obligatorische Kirchgang an, und ein Uhrenturm erinnerte die Mieter daran, unter der Woche bis spätestens 22 Uhr zu Hause zu sein – sonst wurden sie ausgesperrt. Es kursierten viele Geschichten über betrunkene Leute, die durch die Fenster der Erdgeschosswohnungen in das Haus kletterten.

Das Gerben war harte Arbeit draußen in der eisigen Kälte, begleitet von einem schrecklichen Geruch eines Cocktails aus verrottetem Fleisch, Chemikalien und Kalk, der in die Kleidung zog. Die Haare wurden mit Urin von den Tierhäuten entfernt. Deshalb urinierten manche Familien in einen gemeinsamen Nachttopf und verkauften ihre „Spenden" an die Gerberei. Heute riecht es in Dean Village viel besser, und Well Court wurde von *Edinburgh World Heritage* umfassend restauriert. Wenn man durch den Hof zum Flussufer geht, stößt man auf das steinerne Wasserbecken von Sydney Mitchell.

## IN DER UMGEBUNG

Gleich auf der anderen Seite der Steinbrücke von Well Court – dort, wo die Straße Bell's Brae verläuft – befindet sich ein alter Getreidespeicher, in den zwei Steintafeln eingelassen sind. Auf den Tafeln sind zwei gekreuzte, mit Kuchen belegte Bäckerschaufeln zu sehen; darüber befinden sich zwei Gesichter von kuchenverrückten Engeln. Die Inschrift unter dem Bild lautet: „God bless the Baxters of Edinburgh uho bult this hous 1675" (dt.: Gott segne die Baxters von Edinburgh, die dieses Haus 1675 erbauten).

# DIE BALANCIERENDEN STEINE ⑤

## *Ein Balanceakt*

*Water of Leith, Dean Village*
*Selten sichtbar; bei niedrigem Flusspegel rund um die Uhr zu sehen*
*Besichtigung kostenfrei*

Im Frühsommer 2015 konnte man im Water of Leith erstmals ein seltsames Phänomen beobachten. Kleine Steintürmchen tauchten aus dem Wasser auf, so als hätten die Steine im Flussbett beschlossen, eine erstaunliche Zirkusnummer aufzuführen, übereinander zu klettern und einen gefährlichen Balanceakt aufzuführen – vielleicht ein dramatischer Hilferuf oder der Versuch, die Aufmerksamkeit der vorbeigehenden Festivalplaner auf sich zu ziehen?

Die Einheimischen beobachteten, dass sich nahe der Brücke hinter dem Well Court (siehe vorherige Seite) und weiter flussabwärts in Richtung St. Bernard's Well immer mehr Steine übereinander türmten. Auf Facebook und Instagram tauchten Bilder der Steintürme auf. Wer schuf diese Kunstwerke, die aussehen wie Stalagmiten?

Und dann wurde Nick Hortin gesichtet, wie er im Wasser watete und langsam und vorsichtig einen Stein auf den anderen legte – das Rätsel war gelöst. Nick, ein Sozialarbeiter und Teilzeit-Podologe, lebt seit 2007 am Fluss in Dean Village. Er ist ein Typ, der gerne Dinge mit den Händen erschafft, und er liebte schon immer das Wasser: Er und sein Sohn sind begeisterte Kajakfahrer, und in seinem Garten stehen viele bunte Kanus. Aber diese Steinskulpturen zeigen eine ganz andere, meditative Beschäftigung mit Wasser.

Die Idee mit den Steintürmen stammte nicht von ihm: Er hatte ein Poster mit den Steinstapeln des kanadischen Künstlers Michael Grab gesehen, das ihn dazu inspirierte, es auch auszuprobieren. Nick besaß ein Paar Wathosen, die jemand weggeworfen hatte, und dachte, dass sie eines Tages von Nutzen sein könnten. Sieben Jahre später waren sie genau das, was er brauchte.

Die Kunst besteht nicht nur darin, breite, flache Steine zu finden, die viele Berührungspunkte haben und leicht zu stapeln sind, sondern auch solche auszuwählen, die sich eigentlich nicht zum Stapeln eignen und dann den Gleichgewichtspunkt zu finden. Man wird besser darin, je öfter man es macht. Manchmal braucht Nick 15 Minuten, um den Punkt zu finden. Der Akt des Stapelns ist so faszinierend, so hochkonzentriert, dass er auf seltsame Weise entspannend wirkt. Einige der Türme halten nur ein paar Stunden, bis sie vom Fluss weggespült werden, andere haben schon mehrere Monate überlebt. Man kann die Steintürme nur bei niedrigem Wasserstand bauen, also sind in den Wintermonaten weniger Türme zu sehen. Aber wenn der Wasserpegel knapp unter einen Meter fällt, wird Nick wieder draußen im Fluss stehen und in mühevoller Kleinarbeit seine Steintürme stapeln.

# DAS PUMPENHAUS VON ST. BERNARD'S WELL

6

## *Ein Himmelsgewölbe*

*Wanderweg Water of Leith Walkway zwischen der Saunders Street und der Dean Bridge*
*Nächstgelegene Postleitzahl: EH3 6TU – deanvillage.org*
*Das Pumpenhaus hat nur gelegentlich geöffnet: Aktuelle Termine findet man auf der Website von Dean Village*
*Eintritt frei*
*Bus: 24, 29, 36, 42*

Die meisten Edinburgher sind schon einmal an St. Bernard's Well vorbeigegangen: Der romantische Säulentempel thront stromaufwärts von Stockbridge stolz am Ufer des Water of Leith. Was viele jedoch nicht wissen: An bestimmten Tagen kann man das darunter gelegene Pumpenhaus besuchen und sein magisches, mit Edelsteinen geschmücktes Innenleben entdecken, das an die Märchen aus Tausendundeiner Nacht erinnert.

Der römische Rundbau wurde 1789 von dem etwas exzentrischen Lord Gardenstone erbaut, der ein ziemlicher Trinker war und eine „extreme Vorliebe für Schweine" hatte, von denen er offenbar eines in seinem Bett hielt, um sich zu wärmen. Gardenstone ließ das Gebäude erbauen, nachdem er von einer großen Italienreise zurückgekehrt war. Es sollte die Mineralquelle beherbergen, die 1760 von drei Schuljungen entdeckt worden war. Der Rundbau wurde nach einem Entwurf von Alexander Nasmyth errichtet und basierte auf der Architektur des Tempels der Vesta in Tivoli. Gardenstone glaubte, dass das Wasser dieser Quelle so gut wie alles heilen könne, obwohl es einen „widerlichen Geruch nach Wasserstoffgas" hatte und nach „Waschwasser aus einem stinkenden Kanonenrohr" schmeckte.

In der Mitte des offenen Tempeldachs stand eine Skulptur aus Coade-Stein (siehe Seite 284), die Hygieia (die Göttin der Gesundheit) darstellte, die eine Medizinschale in der Hand hielt, aus der eine Schlange fraß. Die Statue wurde jedoch so oft als Zielscheibe für Schießübungen benutzt, dass sie 1887 durch eine Marmorstatue ersetzt werden musste, als der neue Eigentümer – der örtliche Verleger William Nelson – die gesamte Anlage restaurieren ließ. Nelson gab Thomas Bonnar den Auftrag, im Inneren des Gebäudes ein „Himmelsgewölbe" zu errichten. Leider verstarb er in dem Jahr, in dem das wunderbare Gewölbe fertiggestellt wurde.

Der blaue Mosaikhimmel, der sich auf der hoch gewölbten Mosaikdecke erstreckt, ist von winzigen goldenen Mosaiksternen übersät. In der Mitte sendet eine goldene Helios-Sonne Mosaikstrahlen aus, die aus verschlungenen, edelsteinbesetzten Schlangenhautkreisen bestehen und bis zu den Wänden hinunterreichen, wo sie auf ein terrakotta- und cremefarbenes Mäander-Mosaik treffen. Darunter befindet sich eine Wandverkleidung aus Mosaiksteinen, die mit Schlangen, Amphoren, Laternen und Olivenzweigen geschmückt ist.

Der Fußboden ist mit einem ähnlich gemusterten Mosaik aus grauem und weißem Marmor versehen. In der Mitte des Bauwerks steht ein Sockel mit einem Löwenmaul, aus dem Wasser in ein darunter liegendes Becken fließt, wenn man die Handpumpe betätigt. Obenauf befindet sich eine wunderschöne, kunstvoll gemeißelte antike Amphore, über deren Deckel sich Schlangen winden.

# DIE 6 *TIMES* SKULPTUREN

⑦

## *6 x Gormley*

*Verschiedene Standorte am Fluss Water of Leith*
*nationalgalleries.org/visit/scottish-national-gallery-modern-art*
*enquiries@nationalgalleries.org*

Im Jahr 2010 wurden auf dem Weg, der von der National Gallery of Modern Art am Water of Leith entlang zum Firth of Forth führt, sechs lebensgroße gusseiserne Abgüsse vom Körper des Künstlers Antony Gormley aufgestellt. Bis auf den jeweiligen Winkel des Kopfes sehen die Statuen fast identisch aus – und doch verändern sie sich ständig, je nach ihrem Standort und den Wetterverhältnissen. Sie sind menschliche

Messgeräte für den Wasserpegel und können unerwartet starke Emotionen auslösen. Manchmal planschen sie, manchmal drohen sie zu ertrinken; manchmal sind sie hoffnungsvoll und manchmal verzweifelt. Manchmal liegen sie mit dem Gesicht nach unten im Wasser, denn sie sind mit Scharnieren ausgestattet, um bei stürmischem Wetter flach im Wasser liegen zu können. Da die Skulpturen ein wenig schüchtern und scheu sind, folgt hier ein Wegweiser für alle, die sich auf die Suche nach Gormleys Figuren machen wollen:

*6 Times Horizon*: Diese Skulptur steht – im Asphalt der Belford Road versunken – vor dem Modern One, als sei sie in den flüssigen Asphalt gewatet und dabei steckengeblieben. Sie ist bis zu den Brustwarzen, die aus Metallscheiben bestehen, in der Straße versunken und blickt auf den Zebrastreifen, der direkt vor ihr verläuft.

*6 Times Sky*: Diese Figur befindet sich im Water of Leith, nahe der Treppe, die von der Rückseite der Galerie nach unten führt. Die Skulptur steht in einem von Bäumen gesäumten Teich oberhalb des Cauldron Weir – der perfekte Ort zum Planschen für eine Dreivierteltonne Gusseisen. Dieses Viertel wird Bell's Mills genannt und ist nach der hiesigen Mühle benannt, die 1972 explodierte, während sie gerade Holzmehl für die Herstellung von Linoleum mahlte.

*6 Times Ground*: Die Skulptur steht auf der stromaufwärts gelegenen Seite der Stockbridge. Wer von der Galerie aus hierhergelaufen ist, hat bereits St. Bernard's Well (siehe vorherige Seite) und ein Stadtviertel passiert, das einst der Industrieslum von Edinburgh war – hier standen einst acht Getreidemühlen, eine Brauerei und eine Gerberei. Heute ist diese Gegend der landschaftlich schönste Abschnitt des Flusses, eine von Menschenhand geschaffene Idylle aus dem 18. Jahrhundert.

*6 Times Right*: Die Statue befindet sich in der Nähe der Fußgängerbrücke im St. Marks Park, dort wo die Warriston Road über den Fluss führt. Dieses Viertel heißt Powderhall und wurde angeblich nach einer Schießpulverfabrik benannt. Diese Gormley-Figur könnte nach Fröschen Ausschau halten – der alte Name für diesen Standort war Puddocky, denn es ist ein guter Ort, um Kröten und Frösche (schottisch: *paddocks*) zu fangen.

*6 Times Left*: Die Figur steht direkt unter der Anderson Place Bridge neben der Firma Scott Coppola Electricals. Sie watet durch den Stadtbezirk Bonnington, wo der Fluss sein Industrieflair noch immer bewahrt hat. Früher hieß der Ort Bonny Toon und war ein hübsches Mühlendorf zwischen Edinburgh und Leith.

*6 Times Horizon*: Die Statue steht hinter dem Ocean Terminal am Ende eines Pier-Rohbaus und starrt aufs Meer hinaus. Am besten ist sie vom ersten oder zweiten Stock des Parkhauses aus zu sehen. Ist dies ihr Zielort oder will sie noch weiterziehen?

# AUF DEM HOHEN ROSS

⑧

## *Alchemie in Aktion*

*Pferd, Reiter und Adler: Ecke Henderson Place Lane und Silvermills, Edinburgh EH3 5BF*
*Bus: 24, 29, 36, 42*

*Pferd und Reiter: Rutland Court, Fountainbridge, Edinburgh EH3 8EY*
*Bus: 1, 3, 4, 11, 16, 22, 24, 25, 30, 33, 36, 44, 61*
*Tram-Station: West End*

*Die Statuen können rund um die Uhr besichtigt werden.*
*Kostenfrei*

Silvermills, das Stadtviertel unterhalb der St. Stephen Street in Stockbridge, erhielt seinen Namen, weil sich hier im Mittelalter offenbar die alchemistischen Versuchslabors von Jakob IV. und Jakob V. befanden, die beide hingebungsvolle (Amateur-)Alchemisten waren und sich mit Begeisterung der mystischen Metallgewinnung widmeten. 500 Jahre später errichteten Wohnbaugesellschaften jede Menge Luxusapartments in dem Viertel. Im Rahmen dieser Wohnbauprojekte ist eine große Bronzeskulptur entstanden, denn alle Unternehmen, die große Bauprojekte realisierten, waren im Rahmen des Programms Percent for Art (dt.: Kunst am Bau) zur Finanzierung von öffentlicher Kunst verpflichtet.

Mitten in der Luxuswohnsiedlung steht nun also eine überlebensgroße Skulptur, die von dem Künstler Eoghan Bridge geschaffen wurde, der aus Edinburgh stammt. Sie stellt ein großes Pferd dar, das sich nach oben reckt, während der nackte Reiter die Krallen eines fliegenden Adlers umklammert und versucht, mit ihm abzuheben. Da die Skulptur nicht an einer Durchgangsstraße steht – die verwinkelte mittelalterliche Straßenführung wurde beibehalten –, kommen hier nur wenige Passanten vorbei. Und trotz des melodramatischen Geschehens, das sich so nahe vor ihren Küchenfenstern abspielt, nehmen viele Anwohner das Kunstwerk kaum wahr. Mehrere Leute, die ich befragt habe, wussten nicht einmal, dass diese Skulptur überhaupt existiert.

Auf der anderen Seite der Stadt – im Finanzviertel Fountainbridge (wo eine andere Art von Algorithmus-basierter Alchemie praktiziert wird) – steht ein weiteres Pferd von Eoghan Bridge. Es vollführt einen dramatischen Akt auf der Fußgängerbrücke, die über die Western Approach Road führt: Das Bronzeross hockt auf seinen Hinterbeinen und bäumt sich auf, während der Reiter den Kopf des Pferdes mit voller Kraft zurückzieht. Die Skulptur aus dem Jahr 1992 war das erste Reiterstandbild, das seit 70 Jahren in Edinburgh errichtet wurde – seine Vorgänger waren fast durchweg Militärdenkmäler.

Obwohl ihre Köpfe verdrehte Posen einnehmen, die an das Gemälde *Guernica* erinnern, scheinen die Pferde mit ihren Reitern zu kooperieren. Beide Skulpturen wirken wie Zirkusnummern aus dem Rodeo oder Stuntszenen aus einem Western, in dem es dem Helden gelingt, seinen Verfolgern durch außergewöhnliche Geschicklichkeit und Tapferkeit zu entkommen. Die Regale im Atelier des Künstlers sind voller Maquetten: Sie stellen Pferde in den unbeholfensten Positionen dar; manche balancieren in absurden Posen auf ihren Reitern. In jüngster Zeit hat sich Eoghan auf Stiere verlegt, die sicher das Interesse des ein oder anderen Finanzunternehmens wecken werden.

# JAMES CLERK MAXWELL FOUNDATION ⑨

## *Ein Museum mit magnetischer Anziehungskraft*

*14 India Street, Edinburgh EH3 6EZ*
*clerkmaxwellfoundation.org/html/birthplace.html*
*14indiastreet@gmail.com*
*Besichtigung nach Vereinbarung; detaillierte Informationen stehen auf der Website*

Foto mit freundlicher Genehmigung der James Clerk Maxwell Foundation

James Clerk Maxwell war einer der bedeutendsten Physiker aller Zeiten – auf einem Niveau mit Einstein und Newton –, und doch kennt ihn kaum jemand. Im Jahr 1865 entdeckte er, dass Licht eine Welle ist, die sowohl elektrische als auch magnetische Anteile hat – ein gewaltiger Sprung in der Wissenschaft, der direkt zur Entwicklung der Funktechnik (Radar, Radio, Fernsehen und Mobiltelefon) führte. Sogar Einstein sagte einst: „Die spezielle Relativitätstheorie verdankt ihre Entstehung den Maxwell-Gleichungen für elektromagnetische Felder."

Dieser weltverändernde brillante Intellekt entsprang dem Haus in der 14 India Street in der New Town von Edinburgh. Maxwell wurde hier 1831 geboren, und obwohl seine recht wohlhabenden Eltern bald mit ihm auf ihren Landsitz in den Scottish Borders zogen, kehrte er im Alter von zehn Jahren zurück in die Stadt, um an der Edinburgh Academy und später an der Universität von Edinburgh zu studieren.

Einhundert Jahre nach Maxwells Tod wurde die James Clerk Maxwell Foundation gegründet, die plante, das Haus von Maxwell zu kaufen, sobald es auf den Markt kommen würde. Doch als es schließlich zum Verkauf stand, überstieg der Preis des Hauses ihre finanziellen Mittel bei weitem: Die örtlichen Immobilien waren besonders begehrt bei Juristen, da sie im Liefergebiet des Transportkarrens lagen, mit dem die Schriftsätze von Hand an die Anwälte ausgeliefert wurden. Doch die Fortschritte in der Kommunikationsbranche, die ihren Ursprung in den Maxwell-Gleichungen haben (Fax und E-Mail), ermöglichten es den Juristen, weiter wegzuziehen, und der Preis des Hauses in der India Street 14 sank so weit, dass die Stiftung das Gebäude im Jahr 1993 kaufen konnte.

Sie stopften das Haus mit allem voll, was sie von James Clerk Maxwell finden konnten. Viele dieser Gegenstände waren berührend und sehr persönlich: ein „dynamischer Kreisel", mit dem er die „Präzession" anhand seiner Theorie der Farbmischung demonstrierte; sein Aufsatz über ovale Ellipsen, den er im Alter von 14 Jahren verfasste und der kurz darauf der Royal Society of Edinburgh präsentiert wurde; die drei Farbplatten, mit denen er das erste Farbfoto herstellte; ein Stuhl, der von seiner Tante mit einem fast digital wirkenden Muster bestickt worden war, das Licht als Welle darstellt; und Zeichnungen von ihm als Kind, angefertigt von seiner Cousine, der Künstlerin Jemima Blackburn (einer der beliebtesten Illustratorinnen ihrer Zeit). Eine Zeichnung zeigt die beiden in einem Holzfass auf einem See, wobei James sehr ernst dreinschaut und vielleicht gerade über die Wellen nachdenkt, die sein Ruder im Wasser erzeugt. Er soll ein sehr wissbegieriges Kind gewesen sein und die Erwachsenen mit seinen Fragen zu allen möglichen Dingen fast in den Wahnsinn getrieben haben. Zum Glück haben sie ihm nicht den Spaß an der Wissenschaft genommen.

# DIE BIBLIOTHEK DER FEHLER

## *„Keine Raketenwissenschaft“*

*4a Wemyss Place Mews, Edinburgh EH3 6DN*
*libraryofmistakes.com*
*keeper@libraryofmistakes.com*
*Mo bis Fr 9–17 Uhr. Die Bibliothek hat die gleichen Schließtage wie die Londoner Börse.*
*Besichtigung nach Vereinbarung; Zugang nur für registrierte und angemeldete Leser*innen*
*Bus: 19, 29, 42*

Am Ende der Straße Wemyss Place Mews befindet sich eine unscheinbare Tür, an der ein Schild mit der Aufschrift „The Library of Mistakes" (dt.: „Die Bibliothek der Fehler") prangt. Im Obergeschoss befindet sich eine schöne, gemütliche kleine Bibliothek, die jede Menge Bücher über die Geschichte des Finanzwesens bereithält.

Russell Napier – der Leiter und Chef-Fehlersucher der Bibliothek – betont, seine „Bibliothek der Fehler" solle die Illusion zerstören, dass es in den Wirtschaftswissenschaften ausschließlich um harte Zahlen gehe. Wirtschaftsökonomen, so sagt er, sind „neidisch auf die Physiker": Sie wollen unbedingt, dass die Wirtschaftswissenschaft als eine Wissenschaft anerkannt wird, die sich durch solide mathematische Gesetze definiert, obwohl sie in Wirklichkeit eine Sozialwissenschaft ist, die von menschlichen Verhaltensweisen und historischen Mustern bestimmt wird.

Auch wenn Sie sich nicht für finanzielle Gewinne interessieren, können Sie sich als Nutzer der Bibliothek anmelden und die Bücher zu ihrem eigenen Lesevergnügen nutzen. Aber es ist schwer, sich nicht in die Sache hineinziehen zu lassen. An den Wänden und auf den Kaminsimsen stehen amüsante Andenken an finanzielle Fauxpas der Vergangenheit. Ein Porträt von Charles Ponzi, dem einzigen Mann, nach dem ein betrügerisches Investitionsprogramm benannt wurde. Ein Schlüsselanhänger des Konzerns British Leyland, der auf die verhängnisvolle Fusion der größten britischen Automobilhersteller Ende der 1960er-Jahre hinweist. Ein amerikanischer Mini-Football mit dem Sponsorenlogo „Peregrine Hong Kong Sevens" – die arrogante Investmentbank ging bankrott, bevor das Turnier überhaupt stattfinden konnte. Ein Spielkartenset mit Motiven rund um den ersten Börsencrash, der durch die „South Sea Bubble" von 1720 verursacht wurde. Ein gerahmtes Logo des bankrotten amerikanischen Energiekonzerns Enron – die Galionsfigur der kreativen Buchführung, dessen Motto lautete: „Die Möglichkeiten sind endlos."

Einen eher lokalen Bezug liefert die Skizze der Schotten, die im Jahr 1698 voller Eifer das Schiff nach Darien bestiegen – der unglückliche Versuch Schottlands, eine Kolonie zu gründen. Leider handelte es sich bei dem gelobten Land um einen unbewohnbaren, von Krankheiten befallenen Teil Panamas. Bei dem tollkühnen Kolonialisierungsversuch gingen 25 Prozent des schottischen Geldes verloren. Den Investoren (hauptsächlich Landadligen) wurde finanzielle Unterstützung geboten, wenn sie für den Act of Union votierten – daher stammt auch die Zeile „bought and sold for English gold" (dt.: „gekauft und verkauft für englisches Gold") aus einem der Gedichte von Robert Burns. Ein Großteil des Geldes wurde für die Gründung einer neuen Bank – der Royal Bank of Scotland (siehe Seite 106) – verwendet, die später an der Spitze eines noch größeren finanziellen Desasters stehen sollte. Lernen wir nie dazu?

# DIE FREIMAURERLOGE NR. 1

(11)

## *Entschlüsselte Ziffern*

*19 Hill Street, Edinburgh EH2 3JP*
*0131 225 7294 – lodgeofedinburgh.org.uk – Bus: 24, 29, 42*

Die Tür des Hauses in der Hill Street 19 – mit ihren blauen Säulen und den großen Lettern über dem Türrahmen – ist der markante Eingang zur Freimaurerloge Nr. 1. Das georgianische Stadthaus wird auch Mary's Chapel genannt, da sich der ursprüngliche Sitz der Loge in einer gleichnamigen Kapelle in der Straße Niddry's Wynd befand. Die Loge wird als die Nummer 1 aller Freimaurerlogen in Schottland eingestuft und gilt als die älteste Freimaurerloge der Welt. Sie wurde bereits 1504 erwähnt, und in ihrem Besitz befindet sich das älteste existierende Sitzungsprotokoll einer Freimaurerversammlung, die am 31. Juli 1599 stattfand – das Protokoll ist somit das älteste Freimaurer-Dokument der Welt.

Sie war die erste Loge, die auch spekulative Freimaurer aufnahm, also Mitglieder, die keine ausgebildeten Baumeister waren. Manche glauben, das erste Mitglied dieser Art sei Sir Thomas Boswell gewesen, ein entfernter Vorfahre des Biografen von Samuel Johnson; andere meinen, er sei nur für eine einzige Versammlung angemeldet worden. Es gibt jedoch eindeutige Beweise dafür, dass im Jahr 1641 der Naturphilosoph Robert Moray und der schottische Armeeoberst Henry Mainwaring offiziell als Ehrenmitglieder in die Loge aufgenommen wurden. Andere berühmte

Initiierte waren der Prinz von Wales (der 1870 aufgenommen wurde) und die Könige Edward VII. und Edward VIII. (der später abdankte).

Wenn man von der Tür aus weiter nach oben schaut, entdeckt man über dem Fenster ein noch viel markanteres Zierelement: Dort wurde ein auffallender Stern in den Stein gemeißelt, der von einem Kreis umgeben und von Zahlen und Symbolen übersät ist. Die vier Ziffern außerhalb des Kreises zeigen die Jahreszahl 1893 an – das Jahr, in dem Dr. George Dickson, der Meister der Loge, die Anfertigung ebendieses Sterns vorschlug. Sein Entwurf umfasste ein Hexalpha (Hexagramm), einen Stern, der aus zwei einander gegenüberstehenden gleichseitigen Dreiecken besteht.

In der Mitte der zwei Dreiecke befindet sich ein glühendes „G", das Symbol des Großen Architekten, also Gott, der seine Macht ausstrahlt. Das obere Dreieck steht für den Geist, das untere für die Materie, und ihre Anordnung zeigt, dass sie sich in einem ausgewogenen Verhältnis befinden: „Wie oben, so unten". Sie sind von einem Kreis vollkommener universeller Harmonie umgeben. Dies alles sagt dem geschulten Auge, dass dank der Arbeit der Loge in der Welt alles gut läuft. Um den Stern herum stehen die Buchstaben „LEMCN°1", eine einfache Abkürzung für „Lodge of Edinburgh, Mary's Chapel No. 1". Die anderen 16 piktischen Runensymbole sind die Signaturen der damaligen Amtsträger der Loge von Schottland, von denen vier Personen Amtsträger der Großloge waren. George Dickson selbst erscheint oben als ein „H", über dem eine Sonne aufgeht.

## *Das Hexagramm: Ein magischer Talisman?*

Das Hexagramm, auch Sechsstern oder Davidstern genannt, wird aus zwei ineinander verwobenen, gleichseitigen Dreiecken gebildet, die für die spirituelle und die menschliche Natur des Menschen stehen. Seine sechs Zacken entsprechen den sechs Richtungen des Raums (Norden, Süden, Osten, Westen, Zenit, Nadir) und symbolisieren die sechs Tage der Schöpfung; Am siebten Tag ruht der Schöpfer. In diesem Kontext ist das Hexagramm zum Symbol des Makrokosmos (seine sechs 60-Grad-Winkel ergeben in der Summe 360 Grad) und der Einheit des Menschen mit seinem Schöpfer geworden.

Gemäß den Vorgaben des Alten Testaments (Deut. 6, 4-8) findet sich das Hexagramm häufig auf der traditionellen jüdischen Mesusa, einer am Türpfosten befestigten Schriftkapsel. Doch auch christliche und muslimische Völker verwenden es oft als Amulett. Im Koran (38:32 ff.) und in den Erzählungen aus Tausendundeiner Nacht ist es als unzerstörbarer Talisman präsent, der einem zum Segen Gottes verhilft und vor den Geistern der Natur (*Dschinn*) schützt. Ebenso häufig findet es sich auf den Fenstern und Giebeldreiecken christlicher Kirchen, gleich einem symbolischen Verweis auf die universelle Seele, die hier durch Jesus bzw. durch Jesus (oberes Dreieck) gemeinsam mit Maria (unteres Dreieck) dargestellt wird. Beide sind eng miteinander verschlungen und bilden im Ergebnis den allmächtigen, ewigen Vater.

Oft findet man das Hexagramm auch abgewandelt als sechszackigen Stern und sechsblättrige Rosette. Das Hexagramm findet sich zwar in der Synagoge von Kafarnaum (3. Jh.), in der rabbinischen Literatur – genauer gesagt im *Eschkol Hakofer* des karäischen* Weisen Judah Hadassi – taucht es jedoch erst 1148 auf. In Kapitel 242 erhält es einen mystischen, beschützenden Charakter; häufig wurde es in Amulette eingraviert: „Und die Namen der sieben Engel wurden auf die Mesusa geschrieben. Der Ewige schützt dich und dieses Symbol, das ‚Davidschild', enthält am Ende der Mesusa die geschriebenen Namen aller Engel." Im 13. Jh. wurde das Hexagramm zudem zum Attribut eines der sieben magischen Namen Metatrons, des Engels, der mit dem Erzengel Michael, dem Gott am nächsten stehenden Fürsten der himmlischen Heerscharen, verbundenen Präsenz. Die Identifikation des Judentums mit dem Davidstern begann im Mittelalter. 1354 gestand König Karl IV. (Karel IV.) der jüdischen Gemeinschaft von Prag das Privileg zu, ihre eigene Fahne zu führen. Die Juden entwarfen daraufhin ein goldenes Hexagramm auf rotem Grund, genannt *Magen David*

(Schild Davids), das zum offiziellen Symbol für Synagogen der jüdischen Gemeinschaft allgemein wurde. Im 19. Jh. war dieses Symbol weit verbreitet. Die jüdische Mystik sah den Ursprung des Hexagramms direkt in den Blumen, welche die Menora** in Form einer Lilie mit sechs Blütenblättern zieren. Ihre Anhänger glaubten daran, dass es direkt aus den Händen des Gottes Israels stammte; die Lilie mit ihren sechs Blütenblättern gleicht in ihrer Form dem Davidstern und wird im Hohelied Salomos auch mit dem Volk Israel gleichgesetzt.

Neben seiner beschützenden Funktion soll das Hexagramm auch über magische Kräfte verfügen: Dieser Glaube geht auf den *Schlüssel Salomons* (*Clavicula Salomonis*) zurück, eine Reihe von König Salomon zugeschriebenen magischen Schriften, die jedoch vermutlich aus dem Mittelalter stammen – wahrscheinlich aus einer der vielen kabbalistischen Schulen, die es seinerzeit in Europa gab. Der Text ist klar von den Lehren des Talmud und der jüdischen Kabbala inspiriert. Er umfasst 36 Pentakel (voller magischer bzw. esoterischer Bedeutung), über die eine Verbindung zwischen der irdischen Welt und den Ebenen der Seele hergestellt werden soll. Von dem Text gibt es verschiedene Fassungen und Übersetzungen, deren Inhalt zum Teil stark variiert. Auch im Buddhismus und Hinduismus in Tibet und Indien wird das universelle Symbol des Hexagramms verwendet. Hier gilt es als Symbol des Schöpfers und der Schöpfung, für die Brahmanen ist es das Zeichen des Gottes Vishnu. Die beiden verschlungenen Dreiecke waren ursprünglich in Grün (oberes Dreieck) und Rot (unteres Dreieck) gehalten. Später wurden diese beiden Farben durch Weiß (Materie) und Schwarz (Geist) ersetzt. Im Hinduismus verweist das obere Dreieck des Hexagramms auf Brahma, Vishnu und Shiva (was im Christentum dem Vater, dem Sohn und dem Hl. Geist entspricht) und das untere Dreieck auf Shiva, Vishnu und Brahma (Hl. Geist, Sohn und Vater). Der Sohn (Vishnu) befindet sich dabei stets in der Mitte: Er ist Mittler zwischen dem Göttlichen und dem Irdischen.

*Qarajm *oder hebr.* bnei mikra: Söhne der Schriften. *Die karäische Religionsgemeinschaft ist ein Zweig des Judentums, der einzig die hebräischen Schriften als Quelle der göttlichen Offenbarung anerkennt.*

*** Menora: siebenarmiger Leuchter, dessen Arme auf die sieben Geister vor dem Thron verweisen: Michael, Gabriel, Samael, Raphael, Zedekiel, Anael und Kassiel.*

# DIE UMKLEIDERÄUME VON WHITE STUFF

⑫

## *Ein Interieur, das an Narnia erinnert*

*89 George Street, Edinburgh EH2 3ES*
*0131 225 2968 – whitestuff.com*
*Mo bis Sa: 9.30–18 Uhr, So 11–17 Uhr*
*Bus: 10, 11, 12, 16, 24, 29, 42 (Lothian), 100 (Airlink)*

Wenn man an der Edinburgher Filiale von White Stuff in der George Street Nr. 89 vorbeigeht, könnte man denken, man käme nur an einem von vielen großen Modegeschäften der Stadt vorbei. Aber im hinteren Teil der Boutique befindet sich eine Tür, die in eine andere Welt führt. Genau genommen sind es viele Türen und viele Welten. Denn die Umkleideräume von White Stuff sind wahre Garderobenkunstwerke.

Gehen Sie die Treppe hinauf – oder noch besser, nehmen Sie den Aufzug (der mit einem riesigen Sechzigerjahre-Kitschbild einer Nymphe à la Joseph Henry Lynch bemalt ist). Kundinnen, die sich schick einkleiden wollen, gelangen hier in einen Korridor, der von flachen Schränken gesäumt ist und ein wenig an die Secondhand-Möbelläden vom Leith Walk erinnert. Doch wenn man die knarrenden Flügeltüren öffnet, findet man nicht etwa Regalböden mit verstaubten Kleiderbügeln und vergilbten Zeitungen, sondern winzige, individuell gestaltete Umkleideräume vor. Treten Sie ein und probieren Sie Kleidungsstücke in einer typischen Speisekammer aus den 1940er-Jahren, die gefüllt ist mit Birds-Puddingpackungen und Erbsendosen. Testen Sie, wie groß Ihr Po im Spiegel des mit lauter Kuscheltieren gefüllten Umkleideraums aussieht. Oder ruhen Sie ihre müden Glieder auf einem Toilettensitz aus, der in einem mit Kalkfliesen verkleideten Badezimmer – ähm, Umkleideraum – steht und mit jeder Menge Toilettenpapier ausgestattet ist.

Die Garderoben wurden von AMD Interior Architects entworfen, aber einige Kabinen (zum Beispiel diejenigen mit dem Weltraumthema) wurden im Rahmen eines Wettbewerbs von Schulkindern designt. Ihre Originalentwürfe sind auf den Rückseiten der Türen zu sehen.

# DAS FREIMAURERMUSEUM

⑬

## *Eine symbolische Auslese*

*The Grand Lodge of Scotland, Freemasons Hall, 96 George Street, Edinburgh EH2 3DH*
*0131 225 5577 – grandlodgescotland.com*
*Mo bis Fr 9.30–15.30 Uhr. Führungen durch das Gebäude und das Museum finden jeweils um 10 und 14 Uhr statt*
*Eintritt frei, Spenden willkommen*
*Bus: 10, 11, 12, 16, 24, 29, 42*

Obwohl das Freimaurermuseum von Edinburgh in dem Ruf steht, sehr geheim und exklusiv zu sein, besteht das einzige Hindernis für einen Besuch des Museums darin, dass es nur unter der Woche geöffnet hat. Wenn man den Mitarbeitern verspricht, sie nicht mit Fragen über den Da Vinci Code oder satanische Ziegenrituale zu belästigen, kann man die zwei Räume des Museums (die eine vielfältige Sammlung von Freimaurer-Devotionalien enthalten) auch spontan besichtigen – sogar, wenn man eine Frau ist. Die Freimaurerei in Schottland ist seit dem Jahr 1491 historisch belegt. Damals gründeten alle Handwerker des Landes – Bäcker, Bierbrauer, Silberschmiede usw. – Körperschaften, um ihr Handwerk zu schützen und ihre geheimen Rezepte und Fertigkeiten weiterzugeben, denn diese bildeten in der Zeit, als es noch kein Urheberrecht gab, die Grundlage für ihren Lebensunterhalt. Die Angehörigen des Baugewerbes – Architekten, Ingenieure, Steinmetze usw. – taten es ihnen nach. Um etwas mehr Geld zu verdienen, erlaubten sie jedoch auch Nichtexperten, an ihren Versammlungen teilzunehmen, bei denen sie moralische Werte lehrten und Zeremonien abhielten.

Um ihre Geschäftsgeheimnisse vor diesen Amateuren zu schützen, schufen die Freimaurer für ihre festen Mitglieder geheime Logen, in denen sie ihre Pythagoras-Gleichungen und Techniken weitergaben. Um diese Techniken geheim zu halten – und weil viele Mitglieder Analphabeten waren –, entwickelten die Freimaurer eine Symbolsprache und damit einhergehend neue ritualisierte Lernmethoden, wie zum Beispiel Frage- und Antwortbücher. Die zeremoniellen Gegenstände im Museum sind mit eben dieser Symbolsprache geschmückt.

Die Sammlungen von Ziergläsern, Messern, Silberkellen zum Legen von Grundsteinen, Schürzen, Uhren und Medaillen, die als „Juwelen" bezeichnet werden, sind allesamt mit Zirkeln, Zeichenwinkeln und Rechenschiebern verziert. Es gibt auch Bildnisse, die auf den Moralkodex der Freimaurer verweisen: Sie zeigen allsehende Augen, Kampfgefährten und unschuldige Lämmer. Die Sammlung des Museums stammt nicht nur aus Schottland, sondern aus der ganzen Welt – ein Beispiel dafür sind die Juwelen, die die Großloge der Tschechoslowakei als Spende weitergab, bevor ihre Mitglieder von Hitler ermordet wurden.

Die Freimaurer hatten auch prominente Mitglieder, zum Beispiel Robert Burns höchstpersönlich: Man sieht seine Unterschrift im Mitgliedsbuch, seine (ziemlich verkohlte) Schürze und ein Gemälde, auf dem er 1787 als *Poet Laureate* (Nationaldichter) der Canongate-Loge eingeweiht wird. Ein weiteres Porträt zeigt Burns' Freund George Washington bei seiner Aufnahme in die Schottische Loge von Virginia im Jahr 1758. Man findet jedoch kaum Informationen über Dan Brown und die Rosslyn Chapel, und wer auf der Suche nach dem Heiligen Gral ist, sollte das Museum gar nicht erst besuchen.

# DAS LEUCHTTURM-MODELL

(14)

## *Eine „leuchtende" Familie*

*Northern Lighthouse Board, 84 George Street, Edinburgh EH2 3DA*
*0131 473 3100*
*nlb.org.uk*
*enquiries@nlb.org.uk*
*Das Modell kann rund um die Uhr von außen besichtigt werden*
*Bus: 10, 16, 11, 10, 12, 41*

Wenn man von der Eingangstür der Hauptniederlassung des Northern Lighthouse Board nach oben schaut, sieht man ein kleines Leuchtturmmodell an der Hauswand. Es wurde in einer Werkstatt angefertigt, die sich einst in der George Street 84 befand, und steht seit 1950 an seinem Standort. Doch nicht nur dieses Modell zieht die Verbindung zwischen Leuchtturm und Kunst: Robert Louis Stevenson, der berühmteste Literatensohn Edinburghs, sollte eigentlich kein Schriftsteller werden, denn die Stevensons waren eine bekannte Ingenieursfamilie, die vor allem Leuchttürme baute. „Wann immer ich Salzwasser rieche, weiß ich, dass ich nicht weit von einem Werk meiner Vorfahren entfernt bin", schrieb Robert Louis Stevenson. „Wenn an den Küsten Schottlands nach Sonnenuntergang die Lichter angehen, bin ich stolz darauf, dass sie dank meines genialen Vaters noch heller strahlen!"

Der Kohlekessel auf der Isle of May im Firth of Forth war bis zum Ende des 18. Jahrhunderts der einzige größere „Leuchtturm", der die Gefahren an den schottischen Küstengewässern anzeigte. Um dies zu ändern, wurde 1786 das Northern Lighthouse Board gegründet. Die Behörde arbeitete mit allen Stevenson-Ingenieuren zusammen, angefangen bei Robert Louis Stevensons Großvater Robert, der auf vielen britischen Inseln Umbauten an Leuchttürmen durchführte und die Sicherheit auf See damit enorm erhöhte.

Seine größte Ingenieursleistung war der Bau des Leuchtturms auf dem Bell Rock, einer berüchtigten Gefahrenzone vor der Küste von Arbroath. Stevenson entwarf einen Leuchtturm, der so stabil und solide konzipiert war, dass er den widrigen Wetterverhältnissen dauerhaft standhalten konnte – dank seiner Baupläne konnte das gefährliche Projekt überhaupt erst realisiert werden, denn der Bell Rock stand 20 Stunden pro Tag in der rauen Nordsee unter Wasser.

Die Söhne von Robert Stevenson führten sein Erbe fort und traten als Leuchtturm-Ingenieure in seine Fußstapfen. Gemeinsam entwarfen und bauten sie die meisten schottischen Leuchttürme, die bis heute erhalten sind. Sein jüngster Sohn Thomas sorgte dafür, dass die Leuchttürme mit Strom versorgt werden konnten und erfand das moderne Signalfeuer. Doch Thomas war enttäuscht, dass sein Sohn Robert Louis kaum Interesse daran zeigte, die Familientradition weiterzuführen. Glücklicherweise erklärte sich sein Cousin David Alan Stevenson dazu bereit, den Familienberuf in die nächste Generation zu führen – der dioptrische Linsenapparat der 1. Ordnung, den er im Jahr 1889 für den Leuchtturm von Inchkeith entwarf, ist im National Museum of Scotland ausgestellt.

Das Northern Lighthouse Board ist eine arbeitende Behörde und kann daher nicht besichtigt werden, aber am Tag der offenen Tür werden Führungen angeboten.

# DER STRANDGUTSAMMLER

⑮

## *Maritime Poesie*

*Fernsprechamt BT Exchange, 139–157 Rose Street, Edinburgh EH2 4LS*
*Die Illustrationen können rund um die Uhr besichtigt werden*
*Eintritt frei*
*Bus: 10, 11, 12, 13, 16, 22, 25*

Die Gegend rund um das Fernsprechamt BT Exchange im Westblock der Rose Street war schon immer etwas tot. Doch seit Kurzem befindet sich in den Torbögen des alten Fernsprechamtes etwas Neues: Im Jahr 2013 illustrierte die Künstlerin Astrid Jaekel hier das Gedicht *The Beachcomber* (*Der Strandgutsammler*) von George MacKay Brown. Ihr handgeschnittenes Papierdesign wurde von der Firma Pentland Precision Engineering mit all seinen Unvollkommenheiten in Stahlplatten gelasert und anschließend mit rostroter Farbe pulverbeschichtet. Auf diese Weise sind erstaunlich filigrane Fassaden entstanden, die aussehen wie Papierdeckchen, die sich in rostiges Metall verwandelt haben. In seinem Gedicht *The Beachcomber* zählt der Dichter von den Orkneyinseln die täglichen Funde eines Strandgutsammlers auf, die er innerhalb einer Woche am Meer findet. Die Gedichtzeilen wirbeln durch Wellen voller Fischschwärme und Meeresstrandgut. Wenn man genau hinsieht, entdeckt man zwischen den Worten ein paar zusätzliche Elemente, die nicht aus dem Gedicht stammen, zum Beispiel eine Kneipenlampe, ein Telefon und ein Porträt des Dichters selbst. Der Stiefel, den der Strandgutsammler am Montag findet, ist nicht etwa der alte Schuh eines Hafenarbeiters (wie man vermuten könnte), sondern ein sexy kniehoher FMB aus den 1960er-Jahren, als noch „Damen der Nacht" über diese Straße stolzierten. Dazwischen tummelten sich Künstler wie die Malerin Stella Cartwright und ihre Schar von liebestrunkenen Poeten: Hugh MacDiarmid, Norman MacCaig, Sorley MacLean und andere Dichter besuchten seit den 1950er-Jahren die hiesigen Pubs, um zu trinken und über Poesie zu diskutieren. Stella Cartwright, jung, sexy und jederzeit bereit, jemanden unter den Tisch zu trinken, war die Muse und Geliebte vieler dieser Dichter, aber George MacKay Brown verliebte sich wirklich in sie. Trotz ihres unkonventionellen Lebensstils verlobten sie sich. Auch als ihre Beziehung vorüber war, schrieb er jedes Jahr an ihrem Geburtstag ein Gedicht an sie – eine Tradition, die nicht lange währen sollte, denn Stella starb im Alter von nur 47 Jahren, nachdem sie Browns Briefe verkauft hatte, um den Drink zu bezahlen, der sie schließlich umbrachte. In Browns Gedichten war der Tod nie weit entfernt – sein hartes Leben bringt den Strandgutsammler zum Husten, und wenn er ein Stück Holz findet, weiß er bereits, dass es im nächsten Winter genauso gut sein Sarg wie sein Bett werden könnte. Denken Sie nach, lieber Shoppingbummler. Sie wissen nie, was das Meer als Nächstes für Sie anspült.

## IN DER UMGEBUNG

Wenn man sich die grünen Blumenkästen am Ende der Castle Street genau anschaut, entdeckt man noch mehr Gedichtzeilen von George MacKay Brown, diesmal aus dem Gedicht *The Hawk* (*Der Habicht*), die eine Woche im Leben des Habichts beschreiben.

# DER BIBLIOTHEKSRAUM VON DEBENHAMS

16

## *Gladstone versus Disraeli*

*Erste Etage, 109 Princes Street, Edinburgh EH2 3AA*
*0344 800 8877 – debenhams.com*
*Während der Öffnungszeiten ist der Eintritt kostenlos, weitere Details erfährt man auf der Website*
*Bus: 3, 10, 11, 15, 16, 19, 30, 31, 33, 37, 41, 104, 113; Tram-Station: Princes Street*

In der Abteilung für Damenbekleidung im Kaufhaus Debenhams erwartet man nicht unbedingt eine antike Bibliothek, die dem ehemaligen Premierminister William Gladstone gewidmet ist. Aber wenn man durch den Bogen mit der Aufschrift „Through to Library Room & Personal Shopper" geht, steht man mitten in einer Bibliothek mit verschnörkelten Bücherregalen, einem viktorianischen Kamin, Skulpturen von liegenden Hirschen und einer Marmorbüste von Gladstone selbst, der ziemlich mürrisch dreinschaut, weil er hinter glitzernden Abendkleidern und türkisfarbenen Jeggings versteckt ist.

Vielleicht schaut er aber auch so finster, weil Benjamin Disraeli (sein größter politischer Gegner) auf der anderen Seite des nichtpolitischen Stockwerks thront und ihn mit seinem Triptychon aus Glasfenstern, das ihm zu Gedenken errichtet wurde, in den Schatten stellt. Die Glasfenster stellen drei Frauen dar, die jeweils für die Politik, das Britische Weltreich und die Literatur stehen. Zwischen den beiden Politikern befindet sich ein üppig dekoriertes Café mit roten Marmorsäulen, die mit vergoldeten Akanthusblättern verziert sind. Der Grund für diese opulenten Missverhältnisse ist folgender: Das Kaufhaus Debenhams verteilt sich auf zwei Gebäude, die Ende des 19. Jahrhunderts zwei völlig gegensätzliche Nachbarn beherbergten: den Liberale Club und den Conservative Club.

Gladstone und Disraeli hassten sich wirklich. Warum? Die konservative Partei hatte sich wegen der Reform der Getreidezollgesetze, die Premierminister Robert Peel durchgeführt hatte, in zwei Lager gespalten, und die beiden Politiker standen auf entgegengesetzten Seiten. Disraeli hatte die Rebellion gegen Peel (Gladstones Helden) angeführt, die Peels Regierung zu Fall brachte. Gladstone und seine Gruppe von Peel-Anhängern liefen zu den Whigs über und gründeten die neue Liberale Partei. Disraeli war ein extravaganter Dandy. Oscar Wilde war ein Fan von ihm – sein Werk *Das Bildnis des Dorian Gray* war teilweise von Disraelis erstem Roman *Vivian Grey* inspiriert, den der Politiker vor allem schrieb, um sich von seinen Schulden zu befreien. Diaraeli bezauberte Königin Victoria und krönte sie zur Kaiserin von Indien, während sie ihn im Gegenzug zum Earl of Beaconsfield ernannte. Gladstone hingegen war von Natur aus nüchterner und ernster. Sein einziger Ausflug in die Mode bestand darin, dass er einen schweren Handkoffer aus Leder nach sich benennen ließ. Mit Königin Vic verstand er sich nie: Sie beschwerte sich darüber, dass er sie so formell ansprach, als sei sie eine öffentliche Versammlung.

Gladstone war bis zu seinem 84. Lebensjahr Premierminister und verdiente sich während seiner Laufbahn den Spitznamen G.O.M., eine Abkürzung für Grand Old Man (Großer Alter Mann) – Disraeli nannte ihn lieber God's Only Mistake (Der einzige Fehler Gottes).

# DIE GALERIE DER ÄRZTE

(17)

## *Eine hippokratische Residenz*

*11 Queen Street, Edinburgh EH2 1JQ*
*0131 225 7324*
*rcpe.ac.uk/heritage*
*library@rcpe.ac.uk*
*Öffnungszeiten: unter der Woche 10–16.30 Uhr*
*Eintritt frei*
*Bus: 10, 11, 12, 16, 26, 44*
*Tram-Station: York Place*

Ende 2018 eröffnete das Königliche Ärztekollegium (Royal College of Physicians) ein kleines Medizinmuseum, das faszinierende Exponate aus der ältesten medizinischen Bibliothek Schottlands zeigt, die alle sechs Monate ausgewechselt werden. Die Eröffnungsausstellung *Auf der Suche nach dem Elixier des Lebens* befasste sich mit der uralten Kunst der Alchemie. Das Hauptexponat war die „Ripley-Schriftrolle", in der mit verblassten Tintensymbolen und Illustrationen die Schritte zur Herstellung des Steins der Weisen beschrieben wurden. Die Schriftrolle sorgte dafür, dass die Akademiker und Forscher, die das Museum besuchten, von einem steten Strom begeisterter Harry-Potter-Fans umgeben waren.

Wenn man vor dem Besuch eine E-Mail an die Museumsverwaltung schreibt und die Mitarbeiter Zeit haben, kann man an einer Führung durch die angrenzenden Hauptgebäude teilnehmen: Dabei besucht man Thomas Hamiltons eindrucksvollen, 1844 eigens erbauten Hauptsitz (der große Säuleneingang ist von zwei schlangenumwundenen Äskulapstäben flankiert) und die schlichtere palladianische Villa von Robert Adam (eines der ältesten Häuser der New Town) mit ihren anmutigen Deckengesimsen und georgianischen Farbtönen.

Zwischen den beiden Gebäuden befindet sich ein kleiner, bunt leuchtender Arzneigarten mit Pflanzenbeeten, die nach Jahrhunderten geordnet sind. Das älteste ist das antike griechisch-römische Beet, in dem Pflanzen wie zum Beispiel Jungfernrosmarin wachsen, das von Dioskurides als „gut gegen Krämpfe, Rupturen und abgeschnürte Gebärmütter" beschrieben wurde. Im Beet aus dem 20. Jahrhundert findet man Fieberkraut, das laut Mrs. Grieves Buch *A Modern Herbal* „bei hysterischen Beschwerden, Nervosität und Niedergeschlagenheit eingesetzt wird".

Es gibt hier Einiges, das an Hogwarts erinnert, was bei Harry-Potter-Fans für Begeisterung sorgen dürfte. Unter der Queen Street führt ein Geheimgang hinunter in die Privatgärten, wo man Spaziergänge unternehmen konnte, ohne öffentlich gesehen zu werden. Im Cullen Room steht ein eleganter weißer Marmorkamin, der mit viktorianischen Graffiti verziert ist – sie wurden von entschlossenen jungen „Künstlern" aus der Knabenschule Stewart's Melville hinterlassen, die von 1853 bis 1920 in diesem Gebäude untergebracht war.

Das wohl eindrucksvollste Geheimnis erwartet die Besucher, wenn sie die Wendeltreppe zur Zwischenebene der schönen Bibliothek hinaufsteigen. Am äußersten Ende der Bibliothek steht ein Bücherregal mit Glasfront, das sich – natürlich nur mit dem richtigen Schlüssel – öffnen lässt und in einen versteckten Raum führt. Schade, dass dieser nur als Abstellraum genutzt wird. Oder werden dort Wischmopp und Eimer bald zum Leben erwachen?

# DIE GEDENKTAFEL AM SOCKEL DES MELVILLE-DENKMALS

(18)

## *Geschichte „schrittweise" neugeschrieben*

*St. Andrew Square, Edinburgh EH2 2BZ*
*Bus: 10, 11, 12 16, 26, 43, 44, Airlink 100*
*Tram-Station: St. Andrew Square*

Mitten auf dem St. Andrew Square ragt eine Säule auf, die so hoch ist, dass man die Skulptur, die darauf steht, kaum erkennen kann. Es ist die Nelson-Säule von Edinburgh. Die Skulptur, die 46 Meter hoch über der Stadt thront, stellt Henry Dundas dar (den 1. Viscount Melville), Abgeordneter für Midlothian, Innenminister, Generalstaatsanwalt von Schottland, Hüter des Siegels und Präsident der Bank von Schottland.

Trotz all dieser hochtrabenden Titel ist vor allem die Gedenktafel am Sockel des Pfeilers von Bedeutung. Sir Geoff Palmer OBE (Menschenrechtsaktivist und Professor der Heriot-Watt-Universität) kämpft seit 30 Jahren darum, dass diese Gedenktafel Henry Dundas als den Mann beschreibt, der er wirklich war. Nein, nicht als einen Mann, der hohe Staatsämter bekleidete. Auch nicht als den Mann, der wegen Veruntreuung von Geldern der Marineflotte angeklagt wurde, dessen Spitzname „Großer Tyrann" lautete und der das Infanteriebataillon Black Watch losschickte, um die Bewohner des schottischen Hochlandes zu vertreiben – sondern als den Mann, der 15 Jahre lang die Abschaffung des transatlantischen Sklavenhandels verhinderte. Henry Dundas hatte ein großes Interesse

an der Sklaverei. Wie die meisten Vertreter des georgianischen Establishments betrachtete er Sklaverei als notwendig für die finanzielle Stabilität und Wirtschaft Großbritanniens. Er profitierte auch von Investitionen in die Britische Ostindien-Kompanie, deren Kontrollrat er von 1793 bis 1801 leitete.

Als William Wilberforce versuchte, eine Gesetzesvorlage für die Abschaffung des Sklavenhandels im Parlament durchzusetzen, stellte sich Dundas dagegen und sorgte dafür, dass ein kleines, scheinbar harmloses Wörtchen hinzugefügt wurde, bevor das Gesetz durch das Parlament ging: das Wort schrittweise. Wilberforce musste akzeptieren, dass die Abschaffung der systematischen Verschleppung von Afrikanern in die Sklaverei nicht mit sofortiger Wirkung, sondern schrittweise erfolgen würde, um die britische Wirtschaft zu schützen. Man hat errechnet, dass daraufhin etwa 630.000 weitere Männer, Frauen und Kinder unter furchtbaren Bedingungen gefangen gehalten und dazu gezwungen wurden, für den Profit ihrer Herren und des Britischen Weltreiches zu schuften. Nach der Emanzipationsproklamation wurden die Sklavenhalter natürlich für ihre Verluste entschädigt. Beschämend ist, dass die letzte Zahlung im Jahr 2015 geleistet wurde.

Im Jahr 2021 wurde im Anschluss an die Black-Lives-Matter-Bewegung eine Gedenktafel zu Ehren der Opfer der Sklaverei angebracht, aber die Nachkommen von Dundas erhielten im März 2023 die Garantie, dass sie entfernt würde.

Wenn wir nicht erwähnen, in welcher Verbindung Henry Dundas zur Sklaverei stand, glauben die Leute nicht nur, er müsse ein großer Mann gewesen sein, sondern wir lassen damit auch zu, dass weitere Unwahrheiten über Dundas hinzugefügt werden. Der derzeitige (10.) Viscount Melville versuchte, eine Formulierung zu ergänzen, die seinen Vorfahren als einen Mann beschreibt, der „zur Abschaffung der Sklaverei beitrug“. Sir Geoff bezeichnet dies als „eine Beleidigung für Gegner der Sklaverei wie Wilberforce und eine Beleidigung für die Geschichte“.

Im Jahr 1806 wurde Dundas angeklagt, weil er Marine-Gelder in Höhe von 15 Millionen Pfund auf sein eigenes Konto überwiesen hatte, um in die Britische Ostindien-Kompanie zu investieren. Statt sich einem Strafgericht zu stellen, verlangte er, von einer Jury gleichgestellter Kollegen gerichtet zu werden, und wurde (wie vorhersehbar!) vom Oberhaus des britischen Parlaments freigesprochen. Aber alle wussten, dass er schuldig war, und der darauffolgende Skandal zwang ihn zum Rücktritt. Er ist bis heute die letzte Person, die im britischen Unterhaus angeklagt wurde.

Wenn man all dies weiß, versteht man auch, warum Dundas wohl nicht in greifbarer Nähe bleiben wollte.

# DIE STERNENKUPPEL DER ROYAL BANK OF SCOTLAND ⑲

## *Ich seh' den Sternenhimmel*

*36 St. Andrew Square, Edinburgh EH2 2YB*
*rbs.co.uk – Mo, Di, Do & Fr 9–17.30 Uhr, Mi 10–17.30 Uhr, Sa 9–15 Uhr*
*Bus: 10, 11, 12 16, 26, 43, 44 and Airlink 100; Tram-Station: St. Andrew Square*

Der eingetragene Hauptsitz der Royal Bank of Scotland (RBS) ist natürlich eine pompöse Angelegenheit – aber man würde wohl eher ein nüchternes Bauwerk aus Spiegelglas und Stahl erwarten. Stattdessen findet man beim Betreten des Bankgebäudes eine fast arabisch anmutende Kuppelhalle in Gold- und Blautönen vor. Die Kuppel besteht aus Glassternen, die nach oben hin immer kleiner werden und auf eine zentrale Helios-Sonne zulaufen. Dies könnte das (kleinere) Badezimmer von Elton John sein.

Das Gebäude war eines der ersten Häuser in der New Town Edinburghs – eine Erweiterung der Stadt, die dringend nötig war, denn die Edinburgher waren im 18. Jahrhundert in den verseuchten und kriminellen Fischgrätenstraßen des Burgfelsens praktisch wie gefangen. Um dies zu ändern, schrieb der Stadtrat einen Wettbewerb zur Gestaltung eines neuen Stadtbezirks aus. Den Zuschlag erhielt der junge und

unerfahrene Architekt James Craig, dessen rasterförmiger Straßenplan breite Boulevards mit großen Plätzen und weitläufigen Gärten kombinierte. Der Entwurf wurde 1767 genehmigt – zu diesem Zeitpunkt hatte der wohlhabende Lawrence Dundas, der Präsident der Royal Bank of Scotland, bereits einen Blick auf die Baupläne geworfen. Der passionierte Glücksspieler beschloss, auf das Bauprojekt zu spekulieren und erwarb eine alte Taverne am St. Andrew Square 36.

Sein Glücksspiel zahlte sich aus: Im Jahr 1774 besaß Dundas eine stattliche palladianische Villa mitten im Herzen des neuen Stadtbezirks, der zum Geburtsort der Schottischen Aufklärung werden sollte. Doch seine Spekulationen waren nicht immer von Erfolg gekrönt – es heißt, dass er das Haus seiner Familie beim Glücksspiel fast verloren hätte.

Nach seinem Tod wurde die Villa von der RBS übernommen. Doch damit sie zum Hauptsitz der Bank werden konnte, musste sie vergrößert werden. Inspiriert von der klassischen römischen, griechischen und byzantinischen Tradition schufen die Architekten Peddie und Kinnear im Jahr 1857 eine der schönsten Bankhallen in Großbritannien.

Die scheinbar dekorativen Glassterne hatten einen sehr praktischen Nutzen – sie ließen Tageslicht hinein, sodass die Bankangestellten, die unten in der Halle saßen, länger bei natürlichem Licht arbeiten und auf rußige Öllampen verzichten konnten. Auf diese Weise konnte die Bank ihre Öffnungszeiten verlängern.

Abdruck mit freundlicher Genehmigung von RBS © 2020

# MUSEUM COLLECTIONS CENTRE 

## *Ein Blick hinter die Museumskulissen*

*10 Broughton Market, Edinburgh EH3 6NU*
*0131 556 9536*
*MuseumCollectionsCentre@edinburgh.gov.uk*
*edinburghmuseums.org.uk/Venues/Museum-Collections-Centre*
*Besuch nur nach Voranmeldung. Zweimal im Monat finden Führungen statt – die Termine stehen auf der Website.*
*Eintritt frei, Spende erwünscht*
*Bus: 8, 10, 11, 12, 16, 26, 41, 44; Tram-Station: York Place*

Die Museen der Stadt Edinburgh besitzen zusammen über 200.000 Exponate – zu viele, um sie dauerhaft auszustellen, daher wird der Überschuss im Museum Collections Centre sortiert und gelagert. Ein Besuch in diesem Zentrum ist wie ein Blick hinter die Kulissen einer riesigen, völlig chaotischen Filmproduktion. Der Versuch, hier einen roten Faden zu finden, wäre selbst für den erfahrensten Hollywood-Drehbuchautor eine Herausforderung.

Wovon könnte ein Film handeln, in dem die Statue einer römischen Vestalin, das Uhrwerk der St. Giles Cathedral aus dem 18. Jahrhundert, ein kleiner Wald aus Trockenhauben, eine Garderobenstange mit Panto-Kostümen aus dem King's Theatre, eine Tippy-Tumbles-Puppe in Babygröße („She's tricky … she's flippy!") aus den 1970er-Jahren und eine Bank mit alten Fernsehern vorkommen? Vielleicht sind wir versehentlich in Terry Gilliams Gehirn gelandet ...

Die Besucher werden von einem Konservator durch die Nervenbahnen des Zentrums geführt. Diese Konservatoren sind Experten für alles, was das Thema Denkmal betrifft und waren an der Restauration vieler Denkmäler beteiligt, die heute in der Stadt zu sehen sind. Hier erhält man Antworten auf alle Fragen rund ums Denkmal: Nein, es ist nicht wahr, dass der Bildhauer Sir John Steell seine Bucephalus-Statue (die vor den Edinburgh City Chambers steht) mit Schweinsohren versehen hat, obwohl der Bildhauer ziemlich sauer gewesen sein muss, weil seine Arbeit erst nach 50 Jahren bezahlt wurde.

Es gibt auch viele Tiere: Falls Sie die dicken Tauben aus der Elm Row sehen wollen – sie hausen unter dem Dach dieses Zentrums. In der hauseigenen Werkstatt erfolgte auch die Restauration der wunderschönen Drachen von Wardrop's Court in Türkis- und Goldtönen. Wenn Sie Glück haben, wird bei Ihrem Besuch in der Werkstatt gerade etwas Interessantes aufpoliert, geschliffen oder frisch ausgestopft.

Am faszinierendsten sind jedoch die weniger glamourösen Alltagsgegenstände in der Abteilung für Sozialgeschichte, welche den Wandel im häuslichen Leben und im Arbeitsleben katalogisiert: Gadgets aus der Vergangenheit, wie zum Beispiel Bakelit-Radios, gusseiserne Schreibmaschinen und riesige Kinderwagen aus den 1950er-Jahren; Schilder von Geschäften, die heute fast keiner mehr kennt: William Leith & Co., J. Williamson & Son, John Herdman & Sons – all diese Exponate sind bereit dafür, in einem nahe gelegenen Museum präsentiert zu werden, sobald dieses „Action" ruft.

# DER ARCHIVGARTEN 

## *Ein Garten für das kollektive Gedächtnis*

*HM General Register House*
*2 Princes Street, EH1 3YY*
*0131 314 4300 – customerservices@scotlandspeople.gov.uk*
*nrscotland.gov.uk/research/archivists-garden*
*Täglich 9–16.30 Uhr; Eintritt frei*
*Bus: 1, 3, 4, 7, 14, 15, 19, 22, 25, 29, 30, 31, 33, 34, 37, 49, 104, 113*

Zwischen der Princes Street, Bridges und Waverley sind jede Menge Touristen, Pendler und Shopping-Bummler unterwegs.

Wollen Sie dem chaotischen Trubel einmal entfliehen? Dann besuchen Sie den Archivgarten – ein guter Ort, um sich zurückzuziehen und abzuschalten. Der Garten mit seinen schönen Pflanzenbeeten, zwischen denen Spazierwege verlaufen, die von Sitzbänken gesäumt sind, liegt zwischen dem General Register House und dem New Register House. Die beiden Register Houses, die den Garten vor Blicken schützen, beherbergen die sorgfältig geordneten Archive, in denen sämtliche Geburtsregister, Sterbefälle und Eheschließungen in Schottland sowie die Archivakten der Nation katalogisiert sind. Im Garten dazwischen sind Blumen, Gräser und Bäume angeordnet – nicht nach einem linearen, chronologischen oder alphabetischen Archivsystem, sondern in der planlosen und assoziativen Art und Weise, in der das Gehirn Erinnerungen speichert.

Während die Architektur der beiden Gebäude von perfekter Symmetrie und klassischer Komposition zeugt, spiegelt der Archivgarten mit seinen bepflanzten Beeten die Windungen des Gehirns mit seinen mannigfaltigen Strukturen und eigenwilligen Verknüpfungen wider. Die Bepflanzung wurde von David Mitchell vom Royal Botanic Garden Edinburgh kuratiert und soll das kollektive Gedächtnis Schottlands repräsentieren: seine Folklore, seine berühmten Persönlichkeiten, seine Wappen, Stoffe und Tartan-Muster. Seltsamerweise gibt es genau 57 Pflanzensorten – vielleicht sind die Baked Beans von Heinz ja auch im kollektiven Unbewusstsein Schottlands verankert. Die rote Rose, die Eberesche, die Distel und das wilde Heidekraut sind natürlich mit dabei, aber nicht alle Pflanzen wecken so direkte Assoziationen zu Schottland. Manche Pflanzen stammen aus den Sammlungen berühmter schottischer Botaniker, wie beispielsweise die wunderschöne Afrikanische Schmucklilie (*Agapanthus africanus*), die der (aus Aberdeen stammende) Pflanzensammler Francis Masson Ende des 18. Jahrhunderts mit nach Schottland brachte. Und es gibt Pflanzen, die mit Geburt, Heirat und Tod assoziiert werden, wie der Mandelbaum, der so früh blüht, dass er seit langem ein Symbol für Fruchtbarkeit ist – bei Taufen werden immer noch Zuckermandeln verschenkt, bei Hochzeiten werden bis heute Mandelblüten gestreut. Es gibt auch Pflanzen wie Mädesüß und Weißbirke, die zum Färben der Wolle für Tartans und Tweed verwendet wurden.

Wenn Sie also den halben Tag im Scotlands People Centre verbracht und vergeblich versucht haben, Ihren Familienstammbaum ausfindig zu machen, gehen sie mal wieder raus an die frische Luft und vergessen all dies in diesem Garten der kollektiven Erinnerung. Schon Robert Louis Stevenson (der hier ebenfalls gewürdigt wird) schrieb: „Beurteile einen Tag nicht danach, welche Ernte du am Abend eingefahren hast, sondern danach, welche Saat du gesät hast.“

# DIE STATUE VON ABRAHAM LINCOLN (22)

## *Edinburghs düstere Verbindung zur Sklaverei*

*Old Calton Graveyard, 27 Waterloo Place, Edinburgh EH1 3BQ*
*Besichtigung rund um die Uhr möglich*
*Eintritt frei*
*5-minütiger Spaziergang vom Bahnhof Waverley*
*Bus: 6, 15, 25, 34, 34, 43, 45, 104, 113, X25, X26, X44*

Auf dem Old Calton Friedhof liegen viele berühmte Persönlichkeiten der Stadt begraben, zum Beispiel der Philosoph David Hume, der Architekt Thomas Hamilton und der Schauspieler William Woods. Doch unter all diesen Berühmtheiten befindet sich auch ein sehr bedeutender Nicht-Edinburgher: Abraham Lincoln, zu dessen Ehren hier eine Statue aufgestellt wurde. Sie ist das einzige Denkmal außerhalb der USA, das dem amerikanischen Bürgerkrieg gewidmet ist. Sie wurde 1893 geschaffen und war die erste Statue eines amerikanischen Präsidenten außerhalb der USA. Das Denkmal zeigt Abe in dem gleichen dreiteiligen Anzug mit der gleichen Fliege, die er auch auf dem Washington Memorial trägt. In der Hand hält Lincoln den 13. Zusatzartikel zur Verfassung der Vereinigten Staaten von Amerika. Zu seinen Füßen sitzt ein versklavter Mann, der nun frei ist; eine Hand hat er zu einer lobenden Geste ausgestreckt, die andere ruht auf einem Buch. Die Inschrift – ein Zitat aus Lincolns Schriften – lautet: „Um das Juwel der Freiheit in der Familie der Freien zu wahren". Das Denkmal ehrt die Schotten, die gemeinsam mit den Amerikanern für die Abschaffung der Sklaverei und für die Vereinigung der Nord- und Südstaaten kämpften. Sechs von ihnen werden namentlich erwähnt, darunter auch der Hauptfeldwebel MacEwan, dessen Frau sich für die Einführung einer Kriegswitwenrente einsetzte.

## *Verhüllt mit Zuckerguss*

In Edinburgh gab es mindestens sechs „Zuckerhäuser", in denen von Sklaven geernteter Zucker raffiniert wurde. Im Jahr 1817 waren 30 Prozent aller versklavten Jamaikaner im Besitz von Schotten. Die Dundas Street ist nach Henry Dundas (siehe Seite 104) benannt, der sich gegen das Gesetz für die Abschaffung des Sklavenhandels stellte, das William Wilberforce dem Parlament im Jahr 1833 vorlegte – ohne Dundas' „geschickte Behinderung dieses Gesetzes wäre der Sklavenhandel schon 1796, wenn nicht sogar 1792, abgeschafft worden". James Gillespie, der die berühmte High School von Edinburgh erbaute, verdiente sein Vermögen mit dem Tabakhandel. Sir John Gladstone aus Leith, der Vater von Premierminister William Gladstone, besaß zehn Plantagen, deren Sklaven sich gegen seine Grausamkeit auflehnten. Karibische Sklaven wurden von ihren Besitzern zur Jock's Lodge gebracht, um ihnen ein Handwerk beizubringen, damit sie mit höherem Gewinn weiterverkauft werden konnten. Wenn man also die lobenswerte Sache bewundert, für die das Bürgerkriegsdenkmal steht, sollte man auch daran denken, dass diese Stadt nicht immer auf der richtigen Seite kämpfte!

# DIE BRONZETÜREN DES ST. ANDREW'S HOUSE ㉓

## *Hinter verschlossenen Türen*

*2 Regent Road, Edinburgh EH1 3DG*
*Die Türen können am Wochenende (außerhalb der Geschäftszeiten) sowie werktags von 22–6.30 Uhr besichtigt werden.*
*10 Minuten zu Fuß vom Bahnhof Waverley*
*Bus: 6, 15, 22, 25, 34, 45, 104, 113*

Das St. Andrew's House am Rand des Calton Hill ist eines der eindrucksvollsten Beispiele für die moderne Architektur Edinburghs. Es wurde 1938 nach Entwürfen von Thomas S. Tait gebaut – dem Architekten aus Paisley, der auch die Art-déco-Pylone der Sydney Harbour Bridge schuf.

Die Außenfassade des Bauwerks ist voller wunderschöner Details: Die Säulenkappen sind mit Disteln, Rosen und Kleeblättern verziert; die Figuren, die von den hohen Fenstergiebeln herabschauen, symbolisieren die sechs alten Verwaltungsabteilungen des Regierungsgebäudes: Architektur, Staatskunst, Gesundheit, Landwirtschaft, Fischerei und Erziehung.

Eine eindrucksvolle Besonderheit des St. Andrew's House bleibt den meisten Passanten jedoch verborgen: Die großen Bronzetüren sind nur dann zu sehen, wenn das Gebäude offiziell geschlossen ist. Sie sind ca. 2,7 x 3,7 Meter breit, wurden von dem Bildhauer Walter Gilbert entworfen und von seinem Sohn Donald in Bronze gegossen. Die Tafeln der Türen stellen vier schottische Heilige rund um das Andreaskreuz dar, die jeweils eine schottische Volksgruppe repräsentieren: der Heilige Columban, der Heilige Ninian, der Heilige Magnus und der Heilige Kentigern.

Der Heilige Columban, der aus Irland zur Westküste Schottlands kam und das Ungeheuer von Loch Ness vertrieb, repräsentiert die Gälen. Der Heilige Ninian, der den Südwesten Schottlands bekehrte, steht für die Angelsachsen. Der Heilige Magnus von Orkney, der in Schottland Zuflucht suchen musste, nachdem er sich geweigert hatte, an einem Wikingerangriff teilzunehmen, repräsentiert das Wikingerblut. Die Pikten werden vom Heiligen Kentigern vertreten, der auch unter dem Namen Mungo bekannt ist. Der Missionar wurde zum Schutzpatron von Glasgow ernannt, obwohl seine Mutter in Haddington lebte (ihr Vater ließ sie als Strafe dafür, dass sie vergewaltigt worden war, von der Klippe Traprain Law werfen, von der sie nach Haddington floh).

All diese Heiligen wetteiferten um das Amt des Schutzpatrons von Schottland, doch in einem kühnen Akt des Internationalismus wurde 1320 in der Erklärung von Arbroath der Heilige Andreas auserkoren – ein Akt, der die rivalisierenden schottischen Fraktionen vereinte.

Man sieht den Heiligen Andreas an den Türgriffen – er ist auf Fischfang im See Genezareth, als Jesus ihn zu sich ruft und sagt: „Kommt, folgt mir! Ich mache euch zu Menschenfischern!“ Diese Worte sind auf beiden Seiten der großen distelförmigen Türgriffe in die Bronzetafeln graviert. Direkt unter der Achsel von Andreas befindet sich das Schlüsselloch. Man ließ extra einen goldenen Schlüssel anfertigen, mit dem König Georg VI. die Bronzetür im Rahmen der Eröffnungszeremonie aufschließen sollte. Einen Monat vorher brach jedoch der Zweite Weltkrieg aus, sodass der Schlüssel nie zum Einsatz kam.

# DIE GUERRILLA-MOSAIKEN

## *Byzantinische Graffiti*

*Verschiedene versteckte Orte in Edinburgh*
*Besonders viele Mosaike gibt es im Bezirk Canonmills und am Calton Hill*

Durch den alten Eisenbahntunnel bei Tesco Canonmills eilen mit Einkaufstüten beladene Edinburgher, vorbei an grob behauenen Wänden, die mit Graffitis beschmiert sind. Doch an einer Stelle ganz unten im Tunnel ist ein kleiner Mosaikblumenstrauß zu sehen, der aus dem Kies zu wachsen scheint. Die Blüten wurden in mühevoller Kleinstarbeit aus winzigen quadratischen Keramiksteinen gefertigt und sehen aus, als seien sie aus einer Kirche in Ravenna direkt hierher verpflanzt worden.

Wenn man den Water of Leith auf dem Warriston Path überquert, sieht man auf der mit Flechten bewachsenen alten Steinbrücke eine Mosaikkrähe sitzen – nur dass diese hier in roten High Heels herumhüpft: ein Rabenvogel, der sich schick gemacht hat. Eines Tages hat hier jemand ein Gedicht über diese Krähe hinterlassen, geschrieben in altem Schottisch auf braunem Papier: „Diese Krähe, fein aufgeputzt in Stöckelschuhen, rot wie ein Rotkehlchen".

An einem Weg unterhalb der Brücke, der nur von Hundespaziergängern genutzt wird, steht eine Mauer, in der sich ein Grabstein aus Mosaiken versteckt. „Hier liegt/lügt", verkündet die Inschrift in förmlichen Grau- und Weißtönen, mitten im Efeu-Wirrwarr des überwucherten Friedhofs. Das wirft die Frage auf: Was für Lügen erzählen Grabsteine?

Auf dem Calton Hill Way gibt es weitere Mosaiken. In der Gasse hinter der Greenside-Pfarrkirche krabbelt eine winzige römische Maus am unteren Rand der Mauer entlang, entflohen aus dem wunderschönen Mosaik *Ungeputzter Boden*, einem antiken Trompe-l'Œil aus den Abfällen eines Festmahls – das berühmteste Kunstwerk dieser Art befindet sich im Vatikan. Weiter oben am Weg (am Rand der Regent Gardens) hat jemand ein Graffiti-Girl im Banksy-Stil mit Pudelmütze in eine Mauernische gesprüht. In der Mosaik-Sprechblase daneben steht die Frage „Warum ich?". Und direkt neben der Tür zu den Gärten befindet sich ein Mosaikschlüssel, der die Frage aufwirft, warum diese wunderschönen Gärten nur von Leuten besucht werden dürfen, die Privatschlüssel dafür besitzen.

Unten am Hügel, im Tunnel der Broughton Street Lane, prangt das Gesicht von Flora, der römischen Göttin des Frühlings. Aber so wie vielen der Büroangestellten, die sich in diesem Tunnel zum Rauchen unterstellen, hängt auch ihr eine Kippe im Mund: ein Keramik-Statement zur Gesundheit im Laufe der Jahreszeiten und im Zeitalter des Klimawandels.

In jedes dieser Werke wurde so viel Zeit und Kunstfertigkeit investiert, dass sie schon fast nicht mehr als Graffiti bezeichnet werden können. Sie strahlen trotz ihrer widrigen Umgebung eine sanfte Zartheit aus. Und obwohl die Mosaiken nicht ganz legal sind, hat die Stadtverwaltung erst vor Kurzem Sprayschmierereien auf dem „Why-me?"-Mosaik beseitigen lassen.

# DAS FEUERWEHRMUSEUM

(25)

## *Die erste Feuerbrigade*

*Feuerwache, McDonald Road, Edinburgh EH7 4NS*
*facebook.com/museumoffireedin*
*Geplante Öffnung in 2023*
*Mo–Sa 10–17 Uhr*
*Bus: 7,11,14,16, 22, 36, 49*

Die erste städtische Feuerwehr der Welt wurde 1824 in Edinburgh von James Braidwood gegründet: Der 24-jährige Edinburgher revolutionierte die Brandbekämpfung, schrieb die ersten Texte über die Wissenschaft des Feuerlöschwesens und wurde später Direktor der neu gegründeten Londoner Feuerwehr. Hinter der St. Giles' Cathedral steht eine Statue von Braidwood; seine Truppen retteten die Kathedrale vor dem großen Brand von Edinburgh, der nur zwei Monate nach der Gründung der städtischen Feuerwehr ausbrach.

Das Feuerwehrmuseum hat also eine stolze Geschichte! Es soll demnächst an seinen Originalstandort in der Feuerwache MacDonald Road zurückkehren. Dort wird ein maßgeschneidertes Museum eingerichtet, das bald Besucher empfangen soll. Das Museum wird wunderschön restaurierte, alte Feuerwehrausrüstung präsentieren – darunter die erste Handpumpe, die die städtische Feuerwehr im Jahr 1824 erwarb. Sie hatte keine Bremsen, und wenn das Feuer einen nicht erwischte, konnte man ebenso gut von der umhertänzelnden Pumpe erschlagen werden. Für die Betätigung der Hebel (harte Arbeit!) wurden freiwillige Helfer benötigt: Man ermutigte sie, indem man ihnen Freibier in Aussicht stellte, während sie sich abmühten. Da diese Regelung auf Dauer nicht funktionierte, wurde ein Wertmarkensystem entwickelt. Die Wertmarken konnten im Polizeirevier gegen eine finanzielle Belohnung eingetauscht werden. Und: Wenn die erschöpften Feuerwehrleute die Pumpe nach einem Brand zurück zu den Feuerwachen zogen, konnten sie unterwegs in jeder Kneipe kostenlose Erfrischungen zu sich nehmen.

Viele der Museumsmitarbeiter sind (völlig nüchterne) freiwillige Feuerwehrleute im Ruhestand, die nicht nur die Besucher beaufsichtigen, sondern auch erstaunliche Geschichten erzählen – Geschichten voller Tragödien, Schrecken und Heldentum, gespickt mit Galgenhumor und Momenten bizarrer Komik.

Das Museum wird historische Artefakte und Erinnerungsstücke an dramatische Brände ausstellen, zum Beispiel das robuste, aber sehr kleine Sprunglaken, das Braidwood erfunden hat. Mit dabei sein wird hoffentlich auch das eindrucksvolle Actionfoto einer Frau, die dabei ist, auf das Tuch zu fallen, während 15 Männer es festhalten und sich für den Aufprall wappnen. Es wird Originaluniformen aus Braidwoods Zeit geben, mit Lederhelmen, die farblich auf das jeweilige Löschfahrzeug abgestimmt sind. Kinder können moderne Feuerwehruniformen im Miniaturformat anziehen und Atemschutzgeräte anprobieren. Und wenn man durch die Fenster in den Hof schaut, kann man vielleicht ein paar echten Feuerwehrmännern bei der Arbeit zusehen.

# *Der Norden Edinburghs & Leith*

Martello Tower
Imperial Dock
Port of Leith
Ocean Terminal
Albert Dock
Ocean Drive
Victoria Dock
Western Harbour Drive
Newhaven Harbour
Pier Place
Lindsay Road
Commercial Street
Bernard St.
Baltic Street
Hawthornvale
Starbank Road
Trinity Crescent
Portland St.
North Junction Street
North Fort Street
Coburg St.
Constitution Street
LEITH
NEWHAVEN
Ferry Road
Coalie Park
Great Junction Street
Lennox Row
York Road
Craighall Road
Victoria Park
Newhaven Road
Bangor Road
Duke Street
East Trinity Road
Anderson Place
Bonnington Road
Leith Walk
Clark Road
Pilrig Park
South Trinity Road
Warriston Road
Balfour St.
Lorne Street
Easter Road
St Mark's Park
Rosebank Cemetery
Pilrig Street
Almeny Street
Warriston Cemetery
Iona Street
Warriston Gdns
Broughton Road
McDonald Road
Albert Street
INVERLEITH

# PROMENADE RUBBINGS TRAIL 

## *Küstenreliefs*

*Edinburgh Promenade, von Granton nach Cramond*
*kateive.co.uk*
*Bus: 24, 47 (Granton); 16, 27, 47 (Silverknowes); 41 (Cramond)*

Die Küstenwanderung vom Hafen Grantons nach Cramond dauert etwa eine Stunde. Der Wanderweg führt vom Fischereihafen Grantons an den Gastürmen von Pilton vorbei zu den freien Flächen von Gypsy Brae und weiter am Strand von Silverknowes entlang bis zum römischen Dorf Cramond. Unterwegs genießt man herrliche Ausblicke auf den Forth und seine Brücken.

Inmitten dieser schönen Landschaft kann man leicht die kleinen Säulenplatten übersehen, die entlang der Ufer-Reling aufgestellt sind. Derzeit gibt es insgesamt neun Stück. Sie sind mit postkartengroßen Messingtafeln versehen, die gewölbte Muster aufweisen und zum Berühren einladen. Die Muster wurden von einheimischen Schülern der Schulen Pirniehall Primary, Davidson's Mains und Cramond Primary entworfen.

Die Reliefs sind das Werk der Künstlerin Kate Ive, die ein Atelier in der Bildhauerwerkstatt Edinburgh an der Küste von Newhaven besitzt. Ive wurde zur Medailleurin der Britischen Gesellschaft für Kunstmedaillen ernannt – das bedeutet, sie hat sämtliche Techniken an der Königlichen Kunstakademie und bei der Britischen Münzprägeanstalt, der Royal Mint, erlernt. Sie modellierte die Siegerentwürfe in Gipsblöcke, fertigte eine Silikonform an und goss dann heißes Wachs in das Negativ. Im nächsten Schritt überzog die Bronzegießerei Powderhall Bronze das Wachs mit einem Tonschlamm und brannte das entstandene Kunstwerk, bis das Wachs ausschmolz. So entstand das Negativ, in das schließlich die geschmolzene Bronze gegossen wurde.

Die Kinder wurden dazu angeregt, über ihre Umwelt und ihr lokales Erbe nachzudenken. So befinden sich in der Nähe des Hafens von Granton nun Zeichnungen, die das örtliche Meeresleben und die Fischereiindustrie darstellen, darunter auch ein herrlicher Schwarm kleiner Fische, die wie winzige schwimmende Spiegeleier aussehen. In der Nähe von Silverknowes findet man Bilder der örtlichen Gebäude – eines davon stellt die Burg Lauriston Castle dar. In Cramond findet man Bilder über das römische Erbe und das Eisenwerk. Wir empfehlen Ihnen, Papier und Buntstifte mitzubringen – dann können Sie Ihre ganz eigene Drucksammlung mit nach Hause nehmen.

# DIE HAFENHÜTTEN VON GRANTON

②

## *Molenhütten*

*Lower Granton Road, Edinburgh EH5 1EX*
*Rund um die Uhr zugänglich – Zutritt frei*
*Bus: 16*

Während der Hafen von Newhaven von unzähligen Einkaufszentren und Luxusyachten gesäumt ist, hat man am Hafen von Granton das Gefühl, eine Reise in die Vergangenheit zu unternehmen. An diesem Hafen verkehrte seit 1850 die erste

© Hannah Robinson

Eisenbahnfähre der Welt, die zwischen Granton und Burntisland pendelte. Heute wird der Hafen hauptsächlich von Yachtclubs, Ruderern, vereinzelten Fischerbooten und – da das Wasser mittlerweile wieder sauber ist – auch von der lokalen Tierwelt bevölkert: Auf den Bootsstegen im Zentrum des Hafens kann man gelegentlich Seehunde beim Sonnenbaden beobachten. Die beste Zeit für einen Besuch des Hafens ist kurz nach der Flut.

Spaziert man die 800 Meter lange, östliche Hafenmauer entlang, kommt man an zwei großen Betonhütten vorbei, die auf Pfählen an der Hafenkante stehen. Sie sind mit imposanten Graffiti besprüht und werden oft von Saufkumpanen besucht, die sich hier treffen, um zusammen abzuhängen und zu schwatzen. Daher ist es wohl eher keine gute Idee, die Hütten von innen zu erkunden. In den 1930er-Jahren dienten sie jedoch einem weitaus gesünderen Lebensstil: Die erste Hütte war die Umkleidekabine des Schwimmvereins, einer Gruppe hartgesottener Schwimmer, die jeden Tag an der östlichen Mole abtauchten und sich durch das eisige Wasser des Hafens und des Forth quälten. Wenn sie wieder an Land zurückkehrten, wärmten sie sich in der Hütte an einem Holzfeuer auf – wenn man einen Blick hineinwirft, sieht man das Schornsteinloch im Dach. Dieser Brauch war lange Zeit so gut wie ausgestorben, aber seit Kurzem werden wieder unerschrockene Schwimmer gesichtet, die diese Tradition neu aufleben lassen.

Das zweite Häuschen gehörte früher dem Yachtclub. Auf dem Dach befanden sich ein Flaggenmast und eine Kanone, die zum Start der Regatten abgefeuert wurde. Alle zwei Jahre findet die May Week („Maiwoche") statt – dann füllt sich der Hafen mit wunderschönen deutschen Hochseeyachten, die von Helgoland hierher nach Granton gesegelt sind. Das Event war 1969 ins Leben gerufen worden, um die Nachkriegsfreundschaft zwischen Deutschland und Schottland zu fördern, und ist bis heute sehr beliebt. Am Ende der östlichen Mole befindet sich die dritte (und kleinste) Hütte. Sie beherbergt die rote Backbord-Navigationsleuchte, die die Einfahrt in den Hafen weist und von einem Solarpanel auf dem Dach gespeist wird.

Der legendäre Profischwimmer Ned Barnie aus Portobello – der 1950 als erster Schotte durch den gesamten Ärmelkanal schwamm, ein Jahr später als erster Mensch den Kanal in beiden Richtungen durchquerte und 28 Jahre lang als der älteste Mensch galt, der jemals den Kanal durchschwommen hatte – pflegte sich aufzuwärmen, indem er von Granton nach Burntisland an der Küste von Fife schwamm. Für die elf Kilometer lange Strecke benötigte er vier Stunden und 20 Minuten.

# CHALLENGER LODGE

③

## *Ein Hospiz mit Herz*

*St. Columba's Hospice, 15 Boswall Road, Edinburgh EH5 3RW*
*0131 551 1381 – stcolumbashospice.org.uk – info@stcolumbashospice.org.uk*
*Man kann die Lodge vom Café aus besichtigen, das die Besucher mit kostenlosem Tee und Kaffee empfängt*
*Das Iona Café hat täglich 8.30–20.30 Uhr geöffnet*
*Bus: 8, 14, 16*

Das St.-Columba's-Hospiz – ein erstaunliches Werk der modernen Architektur – reiht sich rund um ein klassisches Herz. Das hochmoderne Bauwerk wurde auf dem Gelände einer großen

georgianischen Villa errichtet und soll Patienten und Besuchern eine ruhige, fürsorgliche Atmosphäre bieten. Die äußere Ebene des Gebäudes besteht aus modernen Glasfluren, den Pflegestationen, die geräumig und lichtdurchflutet sind, sowie einem Sandsteinhof, der mit bepflanzten Sichtschutzwänden aus Holz geschmückt ist. Diese Umgebung soll dafür sorgen, dass die Patienten die Privatsphäre und Interaktionen genießen können, die sie benötigen. Die feinsinnige Architektur sowie der Blick auf das Meer und auf den Innenhofgarten tragen dazu bei, die Patienten in den Kreislauf der Natur einzubinden, um ihnen das Gefühl zu vermitteln, Teil eines großen Ganzen zu sein.

Im Herzen des Hospizes steht die eindrucksvolle neoklassizistische Challenger Lodge, in der sich heute die Hospizverwaltung und das Spendenzentrum befinden. Sie wurde 1825 unter dem Namen Wardie Lodge für Thomas Hope (einen Chemieprofessor der Universität Edinburgh) erbaut. Hope ließ seine Nichte Fanny dort wohnen, eine visionäre Gärtnerin, die Gemüse und Blumen in Mischkulturen anbaute und damit sogar Gertrude Jekyll inspirierte.

Das Gebäude wurde in Challenger Lodge umbenannt, als der Meeresforscher Sir John Murray es 1897 erwarb – er benannte die Lodge nach dem Schiff, mit dem er die großen Ozeane der Welt erforschte.

Im Jahr 1929 erwarb die Edinburgh *Cripple and Invalid Children's Aid Society* die Lodge. Die Gesellschaft baute das Gebäude zu einem Internat für Kinder um, die an Behinderungen durch Kinderlähmung litten. Das Internat erhielt gelegentlich Besuch von Prominenten, zum Beispiel Roy Rogers und Bob Hope. In einem Film mit dem Titel *The Chief's Half-Day* (movingimage.nls.uk/film/5905) sind sieben Minuten lang historische Aufnahmen von PC Willie Merrilees zu sehen, der den Kindern den Filmhund vorstellt, der Greyfriars Bobby spielte.

## *Anker und Reling der* RMS Aquitania

In der benachbarten Boswell Road 17 betreibt das Hospiz ein Ausbildungszentrum für medizinische Fachkräfte. Im Garten steht ein Schiffsanker, der von der *HMS Challenger* stammen soll. Die kunstvollen schwarzen schmiedeeisernen Geländer an der Fassade wurden von der *Aquitania* geborgen, die als eines der schönsten Schiffe gilt, die je erbaut wurden.

# STARBANK PARK

4

## *Der geheime Star des Forth*

*Starbank Road, Edinburgh EH5 3BX*
*Rund um die Uhr geöffnet – Eintritt frei – Bus: 11, 16*

Wenn Sie zwischen den Häfen von Newhaven und Granton am Ufer entlangfahren, kommen Sie an einem steil abfallenden Garten vorbei. Auf dem grünen Hang prangt ein großes rotes Blumenbeet

in der Form eines Sterns, flankiert von zwei gelben Mondsicheln, das den achtzackigen „Stern des Meeres" darstellen soll: Er symbolisiert einen Schiffskompass und die Zeiten, als Seeleute die Ozeane nach den Positionen der Sterne navigierten. Der Achterstern kann aber auch andere Bedeutungen haben: Der traditionellen Symbolik nach ist er von Bedeutung für Christen, Freimaurer, heidnische Völker sowie Anhänger der Wicca-Religion und steht für Chaos, Erlösung, Wiedergeburt und den Wechsel der Jahreszeiten.

Viele, die den Stern bewundern, wissen nicht, dass sich am oberen Ende des Ufers ein schöner öffentlicher Park erstreckt. Er steht auf dem alten Gelände eines Privathauses, das 1815 (auf der Hinweistafel steht das falsche Datum) von Pfarrer Walter M. Goalen erbaut wurde. Er war der Onkel von William Gladstone (siehe Seite 101), der im späten 19. Jahrhundert britischer Premierminister war und den Starbank Park als Kind besuchte.

Als Goalen im Jahr 1889 starb, kaufte die Stadt Leith das Haus und die Gärten. Das Haus wurde zunächst als Museum und danach als Pensionärs-Club genutzt, später wurde es in zwei Reihenhäuser aufgeteilt, in denen die Mitarbeiter der Parkverwaltung wohnten.

Als die Stadt die Zahlungen für die Pflege des Parks einstellte, begann er langsam zu verfallen. Im Jahr 2013 waren die Anwohner Janet McArthur und Alastair Robertson so entsetzt über den Zustand des Parks, dass sie sich schriftlich beschwerten. Sie wurden von ihrem Gemeinderat davon überzeugt, ihre Kräfte zu bündeln und einen gemeinnützigen *„Friends-of-the-Park"-Verein* zu gründen: Die Mitglieder treffen sich mittwochs- und samstagvormittags, um sich der Gartenarbeit zu widmen (jeder kann mitmachen). Die ursprüngliche viktorianische Bepflanzung des Parks wurde beibehalten – um die Rosenbeete verlaufen symmetrische Wege, in der Mitte steht eine große Platane. Die *Freunde des Parks* baten das Unternehmen Forth Ports darum, ausrangierte Ruderboote zu spenden, die jetzt als nautische Pflanzgefäße dienen.

Der Park ist ein perfekter Ort, um sich hinzusetzen und die Schiffe auf dem Forth zu beobachten – vor allem im Herbst, wenn die Sonnenuntergänge spektakulär sind.

## IN DER UMGEBUNG

Nebenan befindet sich die (nicht öffentlich zugängliche) Strathavon Lodge, das Wohnhaus von James Young Simpson, der die betäubende Wirkung von Chloroform entdeckte. Vor dem Haus stehen eine Statue seines Hundes, mit dem er viele Chloroform-Experimente durchführte, sowie eine Bank, auf der sein Freund Hans Christian Andersen gern saß – er nannte die Gegend sein „kleines Devon" (siehe Seite 276 für weitere Informationen über „Capital Canines – Bezaubernde Hunde").

# DIE MAUER VON ADVANCED ROOFING

⑤

## *Ein rätselhafter König*

*Ecke Newhaven Road/Stanley Road, Edinburgh EH6 4SJ*
*Kann rund um die Uhr besichtigt werden*
*Kostenfrei*
*Bus: 7, 11*

Aus dem Gebäude der Firma Advanced Roofing befindet sich ein winziger steinerner Königskopf, etwa auf Höhe des Straßenschildes der Newhaven Road. Es ist detailreich gestaltet und trägt eine mittelalterliche, vielleicht an Artus erinnernde Haubenkrone. Wen stellt er dar und warum befindet er sich dort? Schaut man sich die Mauer genauer an, zeigt sich, dass sie voller Schätze ist: Sie enthält eine Steindistel, einen Marmorbrocken mit den Buchstaben ZZA, ein Dreieck mit einer Rosenkrone und die Jahreszahl 1593. Die Ränder von zwei kleinen Fenstern sind mit Kieselsteinen verkleidet. Der Beton um das größere Fenster ist verputzt mit einem fliesenähnlichen Muster und der Abbildung eines Hammers und eines Meißels. Darunter steht die handgeschriebene Jahreszahl 1970; auf beiden Seiten befindet sich außerdem ein großes, geschlängeltes „S." Was könnten all diese Symbole bedeuten? Die Sekretärin von Advanced Roofing wusste nichts von alledem. Aber ein Nachbar auf der anderen Straßenseite erinnerte sich an einen Mann namens Stanley Sutherland, der einst seine Baufirma dort gegründet hatte. Er erzählte mir, Stanley sei ein sehr origineller Typ gewesen: Er habe die Mauer mit eigenen Händen erbaut und mit interessanten Mauerresten aufgefüllt, die er im Laufe der Jahre gesammelt hatte – er sei wie eine Elster gewesen, die ihr Nest mit fremden Juwelen ausstaffierte.

## IN DER UMGEBUNG

### *Die grüne Laterne*

Drei Straßen weiter, vor der York Road Nr. 17, befindet sich ein seltsam verzierter Laternenpfahl. Im Gegensatz zu den anderen olivbraunen Pfosten, die hier stehen, ist dieser in einem leuchtenden Tannengrün gestrichen, hat eine goldene Einfassung und eine große, von oben herabhängende Glaslaterne. Der Pfahl wird Bailies Leuchte genannt, weil er vor dem Haus eines Bailie (Ratsherrn) stand, damit dieser im Notfall schnell gefunden werden konnte. Vor dem Haus des Provost (das schottische Äquivalent des Bürgermeisters) standen zwei Laternenpfähle – einer auf Lebenszeit und ein zweiter, der entfernt wurde, wenn der Provost sein Amt niederlegte. Dieser Pfahl hier steht vor dem Haus von Kenneth W. Borthwick, der von 1977 bis 1980 Lord Provost (Oberbürgermeister) von Edinburgh war.

# DER BAHNHOF NEWHAVEN

⑥

## *Von einem Bahnhof zum anderen*

*Newhaven Business Station, 85 Craighall Road, Edinburgh EH6 4RR*
*0131 554 4257 – newhavenstation.com – info@newhavenstation.com*
*Führungen nach Vereinbarung sowie am Tag der offenen Tür – Eintritt frei*
*Bus: 7, 11*

In seinem Roman *Trainspotting* befasst sich Irvine Welsh unter anderem mit dem Problem, dass mit dem Verlust der alten Eisenbahnlinien im Norden von Edinburgh eine komplette Infrastruktur wegfiel. Dies führte dazu, dass diese Bezirke immer mehr ausgegrenzt wurden und in eine Wirtschaftskrise gerieten. Die daraus entstehende Arbeitslosigkeit führte zu einem Anstieg des Drogenkonsums.

Dies könnte man als eine großartige Metapher für die Deindustrialisierung betrachten. Interessanterweise nutzten bereits in den 1940er-Jahren immer weniger Leute den Zug, um vom Stadtzentrum in die Randbezirke zu fahren, da in jener Zeit viele Wohnsiedlungen erbaut wurden, die näher an den Arbeitsplätzen lagen. Die Beschäftigten gingen nun entweder zu Fuß zur Arbeit oder fuhren mit dem Bus, und schon bald konnten die Bahnlinien keine Gewinne mehr erwirtschaften.

Diese Bahntrassen, an denen immer noch einige alte Bahnhöfe stehen, werden heute als Fahrradwege genutzt. Am schönsten restauriert ist der Bahnhof Newhaven: Er ist der einzige verbliebene von insgesamt fünf Bahnhöfen der Eisenbahngesellschaft Caledonian Railway, die eine Zuglinie zwischen dem Bahnhof Caley (Princes Street) und North Leith betrieb. Der Bahnhof Newhaven wurde im Jahr 1879 erbaut und war die vorletzte Station von Caledonian Railway. Der letzte Zug verkehrte hier am 28. April 1962.

Der Bahnhof wurde von dem pensionierten Feuerwehrmann Richard

Arnott restauriert und ist heute ein moderner Bürokomplex, der mit dem Inventar des alten Bahnhofs eingerichtet ist; auf dem Dach befindet sich immer noch das alte Bahnhofsschild in leuchtendem Blau. Der Bahnhof wurde auf Pfählen errichtet, die fast komplett erneuert werden mussten. Direkt unter dem Gebäude verläuft der Radweg Haymarket/Ocean Terminal. Man kann den Bahnhof am Tag der offenen Tür besichtigen.

## IN DER UMGEBUNG

### *Bahnhof Trinity*

*Am Nordende des Trinity-Pfads; nächste Postleitzahl EH5 3LB*
*Der Bahnhof kann nur von außen besichtigt werden*

Am Ende des Trinity-Pfads (etwa drei Minuten mit dem Fahrrad oder 20 Minuten Fußweg vom Bahnhof Newhaven entfernt) befindet sich ein weiterer alter Bahnhof, der inzwischen als Privathaus genutzt wird. Kurz bevor man in die Trinity Road einbiegt, steht auf einer Steinplattform ein Doppel-Cottage mit einer weißen, gezackten Holzmarkise am Dach. Der Bordstein fungierte früher als Bahnsteig, und das Häuschen mit der Zackenmarkise war der Bahnhof Trinity, der speziell für die Fischerfrauen erbaut wurde, die ihre Fänge zum Verkauf in die Stadt brachten. Für sie gab es separate Waggons; man kann noch immer die kleine Luke (unten rechts im rechten Erkerfenster) sehen, an der sie ihre Fahrkarten kaufen konnten, ohne das Gebäude mit ihren penetrant riechenden Fischkörben betreten zu müssen.

### *Der Bahnhof der Gaswerke von Granton*

*Waterfront Broadway, Edinburgh EH5 1SA*
*Der Bahnhof kann nur von außen besichtigt werden*

Der prachtvollste der verbliebenen Bahnhöfe befindet sich in der Nähe des alten Gasturmes neben dem riesigen neuen Morrison's. Das große Gebäude aus rotem und gelbem Backstein war der Bahnhof der Gaswerke von Granton, der 1903 eigens für die Gasarbeiter errichtet wurde. Der Zugang zum Bahnhof befand sich bei dem Rundbogenfenster unter der Uhr. Auf der Flickr-Seite des Bahnexperten Kenneth G. Williamson (im Album „Edinburgh, Granton & Leith Railways") kann man sich großartige Bilder anschauen: Sie zeigen Gasarbeiter, die sich in ihren dreiteiligen Anzügen auf dem Bahnsteig drängen.

# DER KLEINE LADEN DER ERINNERUNGEN 7

## *In Erinnerungen schwelgen*

*Unit 31 Ocean Terminal, Ocean Drive, Leith, Edinburgh EH6 6JJ*
*07714 783 726*
*comhist@googlemail.com – livingmemory.org.uk*
*Wochentags 10.30–16 Uhr, Sa & So 11–16 Uhr. Eintritt frei.*
*Bus: 11, 21, 22, 34, 35, 36*

Das Einkaufszentrum Ocean Terminal ist eine riesige Shoppingmeile voller moderner Konsumerlebnisse: Hier kann man so ziemlich alles kaufen, was man braucht oder eventuell brauchen könnte. Aber eines der Geschäfte – Unit 31 im ersten Stock des Nordflügels – bietet etwas, das man mit Geld nicht kaufen kann: Erinnerungen. Der Little Shop of Memories (Der Kleine Laden der Erinnerungen) wird von der *Living Memory Association (LMA)*, dem *Verband für Lebendige Erinnerung*, betrieben, einer gemeinnützigen Organisation, die ihr Geschäft ganz ohne Designbudget, Geschäftsstrategie oder PR-Abteilung in ein wirklich bewegendes Erlebnis verwandelt hat.

Ein Teil der *LMA*-Sammlung besteht aus Tonbandaufnahmen von Geschichten und Interviews; der zweite Teil ist ein Archiv von online-katalogisierten Zeitungen und Fotografien. Das Geschäft im Ocean Terminal bietet hingegen handfeste, solide Objekte – es wirkt wie eine Mischung aus Schrottplatz und Sammlersalon und lädt die Shopping-Bummler dazu ein, hereinzukommen, eine Tasse Tee zu trinken und die Sammlung zu durchstöbern. Ein EKCO-Fernseher aus dem Jahr 1951, eine verblichene Dose Meggezones-Pastillen, ein *Doctor-Who*-Jahrbuch aus den 1970er-Jahren – erschöpfte Eltern können es sich auf dem Sofa bequem machen und in den Fotoalben blättern, während die Kinder herumrennen und alte Kuriositäten wie zum Beispiel die mechanische Schreibmaschine untersuchen, auf die Tasten drücken und ihre Großeltern fragen: „Wo ist der Bildschirm?"

Das Geniale an der *LMA* ist, dass sie die Kluft zwischen den Generationen überbrückt. Die Objekte regen gleichzeitig die Erinnerungen der Erwachsenen an und wecken die Neugierde der Kinder. Im Gegensatz zu einer Museumssammlung sind die Objekte hier nicht kostbar: Sie können angefasst und durchgeblättert werden. Eltern, die ihren Kindern sagen, dass sie etwas nicht berühren sollen, werden von den Mitarbeitern beruhigt: „Es ist in Ordnung, sie können es anfassen!" Die Sammlung wächst und wandelt sich ständig, da die Besucher dazu ermutigt werden, ihre eigenen Sachen zu spenden: Scheinbar wertlose Gegenstände, die jahrzehntelang ungenutzt herumlagen, haben nun endlich wieder ein Zuhause und einen Wert.

Sie können die *LMA* unterstützen, indem Sie die Publikationen des Verbandes kaufen, zum Beispiel die Zeitschrift mit dem perfekt passenden Namen *TheLMA*. Das Mietverhältnis des *LMA* im Ocean Terminal ist jedoch unsicher, also sollten Sie vorbeischauen, bevor das Einkaufszentrum renoviert wird.

# DAS TANKSCHIFF DES *VINE TRUST* ⑧

## *Eine gute (Wasser-)Lösung*

*Prince of Wales Dock, Edinburgh EH6 7DX*
*0131 555 5598*
*vinetrust.org – admin@vinetrust.org*
*Besichtigung nach Voranmeldung oder am Tag der offenen Tür*
*Eintritt frei*
*Bus: 11, 16, 22, 35, 36*

Die Leith Docks gehören zu den ältesten Hafenkais Großbritanniens – Archäologen haben hier Überreste von Kaianlagen gefunden, die bis ins 11. Jahrhundert zurückreichen. Im Hafenbecken ankert aber auch ein ungewöhnliches Stück moderner Architektur: Wenn man durch die Tore am Küstenufer und weiter bis zum Kreisverkehr am Ende des Tower Place läuft, sieht man direkt am Dock die *Vine Trust Barge* vor sich liegen.

Der *Vine Trust* ist eine internationale Wohltätigkeitsorganisation, die am Amazonas in Peru und auf dem Victoriasee in Tansania Sanitätsschiffe betreibt, um abgelegenen Gemeinden, die nahe am Wasser liegen, kostenlose medizinische und zahnmedizinische Hilfe zu bieten. Die Organisation operierte bisher von East Lothian aus und benötigte dringend einen zentraleren Hauptsitz, wollte aber die hohen Mieten im Stadtzentrum nicht bezahlen.

Dank seiner weitreichenden Kontakte in der Welt der Seefahrt fand der *Vine Trust* heraus, dass das Verteidigungsministerium im Besitz eines alten, ausgemusterten Tankkahns war, und konnte es dazu überreden, den Kahn für die Zwecke des Trusts zu spenden. Die Mitarbeiter des Trusts brachten den Hafenbetreiber Forth Port dazu, ihnen einen kostenlosen Liegeplatz zur Verfügung zu stellen und sicherten sich die Unterstützung des Architektenbüros Archial, die den Kahn kostenlos zu einem schiffstauglichen Büro- und Unterrichtszentrum umgestalteten. Schon bald besaß der Trust einen neuen, schwimmenden Stadthauptsitz, der mit dem Design Award – dem Designpreis des Glasgow Institute of Architects – ausgezeichnet wurde.

Auf dem Oberdeck erstreckt sich ein wunderschöner langer Raum aus Glas mit einem Fußboden aus rotem Zedernholz, der einen herrlichen Panoramablick bietet und das natürliche, auf dem Wasser glitzernde Licht voll ausnutzt. Unter Deck befinden sich ein Sitzungsraum und ein kleines Kino mit 20 Sitzplätzen. Man kann das Kino auch für private Zwecke mieten – vielleicht für eine romantische Dreier-Filmshow auf dem Tankschiff: zuerst *Young Adam – Dunkle Leidenschaft*, dann die Drama-Romanze *L'Atalante* und zum Abschluss die Tragödie *The Bargee*?

# DIE S. S. EXPLORER ⑨

## *Nur ein Fischdampfer? Hier geschehen verdächtige Dinge!*

*Edinburgh Dock, Bath Road, Leith, EH6 7DW*
*ssexplorer.org*
*info@ssexplorer.org*
*Kostenlose Besichtigung nur nach Voranmeldung – Lichtbildausweis erforderlich. Mindestalter 18 Jahre*
*Bus: 1, 12, 16, 22, 35, 36*

Es weht ein Sturm von der Seite, als ich mich auf den Weg zu den Leith Docks mache, um an Bord der *S.S. Explorer* zu gehen, eines der letzten erhaltenen Dampftrawler (Fischdampfer) der Welt. Ich habe das Gefühl, vor der Küste von Aberdeen zu stehen, wo das Schiff 1955 von der renommierten Schiffswerft Alexander Hall & Co. erbaut wurde. Der korrekte Name des Schiffes – das vom schottischen Innenministerium in Auftrag gegeben wurde – lautete damals *FRS* (*Fishing Research Ship*; dt.: *Fischereiforschungsschiff*). Angetrieben wurde es von einem traditionellen schottischen Kessel und einer Verbunddampfmaschine, die viele hochmoderne Funktionen besaß, wie zum Beispiel einen der ersten Bordcomputer weltweit: den *Elliot*

*Hydroplot 920C*, der die Größe eines Gefrierschranks hatte und Live-Berechnungen auf großen Lochstreifenspulen ausdruckte.

28 Jahre lang fuhr die Explorer durch die eiskalten Gewässer zwischen den Shetlandinseln und Island, um Klimaforschung zu betreiben, Fischbestände und deren Standorte zu überprüfen, die Wasserqualität zu messen – und noch etwas: Seeleute berichten, dass kurz vor dem Auslaufen des Schiffes geheimnisvolle Funkgeräte des Ministeriums an Bord gebracht wurden – vielleicht um russische Militärschiffe auszuspionieren?

Trotz all der Reichtümer im westlichen Kapitalismus, wurde die Besatzung der Explorer nicht besonders gut bezahlt, und der Kapitän sah sich oft dazu gezwungen, seine Mitarbeiter aus Gefängnissen zu rekrutieren. Die Trinker aus Deeside mussten aufpassen, im Pub nicht einzuschlafen, weil es sonst dazu kommen konnte, dass sie mehrere Kilometer weiter draußen auf dem Meer aufwachten.

Die *Explorer* wurde 1984 außer Dienst genommen und lag jahrelang im Meeresarm Cromarty Firth vor Anker. Pläne, sie in ein Museumsschiff umzuwandeln, scheiterten aufgrund fehlender finanzieller Mittel – bis ein Hochseeversorgungsschiff mit der Backbordseite der Explorer kollidierte. Sie trug eine böse Schnittwunde davon, doch die Versicherung zahlte eine Geldsumme, die hoch genug war, um die Explorer zurück in die sicheren Docks von Edinburgh zu verschiffen.

# DER ZITADELLENGARTEN

⑩

## *Eine Zitadelle im Ruhestand*

*1 Dock Street, Leith, EH6 6HU*
*Der Garten kann vom Zaun aus rund um die Uhr besichtigt werden.*
*Besuchstermine können unter der E-Mail-Adresse jwdenholm@icloud.com vereinbart werden.*
*Eintritt frei (eine kleine Spende ist erwünscht)*
*Bus: 16, 22, 35, 36*

Wenn man von dem Tiso-Parkplatz zurückläuft, an der ehemaligen Mariner's Church vorbeigeht und die Dock Street hinaufläuft, gelangt man zu einen alten Torbogen. Hier befindet sich ein hübscher, eingezäunter kleiner Garten mit gepflastertem Steinboden und Treppenstufen, auf denen Blumentöpfe und eine Bank stehen. Dieser Garten war einst der Osteingang zu einem riesigen fünfeckigen Militärzentrum, das sich entlang der Coburg Street bis zur Couper Street und (auf der anderen Seite) entlang der Commercial Street bis zum Cromwell Place erstreckte – der Name Cromwell Place weist bereits darauf hin, welchem Zweck das Gebäude diente.

Oliver Cromwell hatte gerade Karl I. hingerichtet und das Commonwealth gegründet, als die royalistischen Schotten Karl II. als König einsetzten. Cromwell versuchte monatelang erfolglos, sie zu besiegen; doch schließlich begingen die Schotten den Anfängerfehler, hinter ihren Verteidigungsanlagen hervorzukommen, und wurden prompt von Cromwells Armee dezimiert. Leith wurde besetzt, und General Monck, der Offizier von Cromwell, ließ seine Waffen und Pferde in allen sicheren Gebäuden unterbringen, die in der Stadt zu finden waren – so auch in den Gewölben des Trinity House (siehe Seite 157). Doch auch dies war ihm nicht sicher genug, und so schlug er vor, eine befestigte Mauer rund um Leith zu bauen. Der Stadtrat von Edinburgh, der darin ein Potenzial für künftigen Missbrauch erkannte, riet Monck von seinem Plan ab und finanzierte stattdessen den Bau einer teuren Zitadelle.

Als die Zitadelle im Jahr 1656 fertiggestellt wurde, war der Konflikt jedoch bereits abgeflaut. Das Gebäude wurde nie für seine ursprünglichen Zwecke genutzt und nach nur vier Jahren größtenteils wieder abgerissen. Die Gegend entwickelte sich zu einem Industriegebiet, in dem viele Glasmanufakturen und die Druckerei der Zeitung *Mercurius Caledonius* ihren Sitz hatten.

Das Grundstück wird von den Einwohnern der Dock Street 1 als Garten genutzt, und wenn man eine E-Mail schreibt, erhält man eine kleine Führung durch das Gelände. Man kann auf die Spitze des Bogens klettern, einen Blick in das kleine Verlies unter der Treppe werfen und darüber spekulieren, was sich in dem versteckten, türlosen Raum wohl befinden mag ...

## IN DER UMGEBUNG

### *Cant's Ordinary*

Im Einkaufsdorf New Kirkgate mit seinen Boutique-Häusern aus den 1960er-Jahren befindet sich ein Geschäft, an dessen Fassade eine Gedenktafel für Cant's Ordinary („Cants Gasthof") hängt. In diesem Wirtshaus waren schon Cromwell und andere berühmte Gäste wie Maria Stuart (die Königin der Schotten) sowie König Karl II. und Robert Burns zu Gast.

# DAS PORTRÄT VON MARY MORIARTY (11)

## *Die Queen von Leith*

*Leith Theatre, 28–30 Ferry Road, Leith EH6 4AE*
*0131 629 0810 – leiththeatretrust.org – office@leiththeatretrust.org*
*Besichtigung nur während der Vorstellungen – das aktuelle Veranstaltungsprogramm steht auf der Website des Theaters*
*Bus: 7, 10, 14, 21, 34*

Jeder in Leith kennt Mary Moriarty: Sie war über 25 Jahre lang die legendäre Wirtin der Port O'Leith Bar und die Doyenne (Leiterin) des Leith Festivals. Das Porträt von Mary Moriarty, das von Sarah Muirhead gemalt wurde, ist nicht ganz so bekannt wie die Wirtin selbst – es befindet sich im Eingangsbereich des Leith Theatre, das sich wiederum hinter dem Bibliotheksgebäude versteckt.

Da steht sie nun, in einen Mantel aus künstlichem Leopardenfell gehüllt und fröhlich lachend, vor einem rosafarbenen Hintergrund, der von Nippes und Erinnerungsstücken übersät ist. Nicht weit von ihrem Porträt befindet sich eine Statue des Bildhauers Arthur G. Walker: Die Skulptur einer Circe, die auf einem Wildschwein reitet. Und wenn sich die Männer in der Port O'Leith Bar wie Wildschweine oder Schweine aufführten, hatte Mary kein Problem damit, sie rauszuwerfen. „Die Leute kommen in eine Bar, um sich zu amüsieren – wenn du nicht hier bist, um dich zu amüsieren, dann geh!"

Die Bar hatte ein unglaubliches Flair – mein Freund nannte sie *Portal Eith* (dt. in etwa: *leichte Pforte*), denn diese Bar entführte ihre Gäste in eine skurrile Welt voller euphorischem Chaos. Das lag zum Teil an der wilden Mischung von Leuten, die dort hingingen: Arbeiter und Matrosen vom Hafen, Künstler aus den leerstehenden Lagerhallen und Stammgäste des Postamtes, die gerade ihre Renten- oder Sozialhilfeschecks eingelöst hatten. Außerdem war sie in den 1980er-Jahren eine der ersten schwulenfreundlichen Bars in Edinburgh – in dieser Zeit war die Atmosphäre in Leith bei weitem nicht so kosmopolitisch wie heute.

Mary hielt gern ein Schwätzchen mit ihren Gästen. Irgendwann begann sie, die Dichterlesungen und Kunstausstellungen ihrer Kunden zu besuchen und Wein für Ausstellungseröffnungen zu liefern. So kam es dazu, dass sie dem Vorstand des Leith Festivals beitrat. Das Event wurde bereits seit 1907 veranstaltet, aber seine Existenz hing am seidenen Faden. „Im Pub konnte sich fast jeder nützlich machen – Plakate entwerfen, Sachen drucken, Waren ausliefern." Mary nutzte ihr kommunikatives Talent und ihre Energie, und bald erstrahlte das Leith Festival wieder in altem Glanz. Einer der Veranstaltungsorte des Festivals ist das Leith Theatre. Das wunderschöne Theater war wahrscheinlich ein Versöhnungsgeschenk an die Bürger von Leith, weil die Stadt im Jahr 1920 ohne deren einvernehmliche Zustimmung mit Edinburgh zusammengelegt wurde (siehe Seite 167). Das Theater beherbergt das erste zweckgebaute Tonfilmkino Schottlands, das leider nie genutzt wurde. Die Räume hinter der Bühne haben noch Originalschilder an den Türen; es gab zum Beispiel getrennte Zimmer für den Männer- und Frauenchor. Der Raum für den Frauenchor besitzt sogar eine eigene Bar – vielleicht, weil es für Frauen unschicklich war, in der Öffentlichkeit Alkohol zu trinken, vor allem in den auffälligen Kleidern, die sie oft trugen.

# DER *VIM*-STEIN

⑫

## *(Seemanns-)Fluch und Segen zugleich*

*Vorgarten der Leith School of Art, 25 North Junction Street, Edinburgh EH6 6HW*
*0131 554 5761*
*leithschoolofart.co.uk/whats-on*
*Bus: 7, 10, 14, 21, 16, 22, 34, 35, 36*

Im Jahr 1937 segelte ein Schiff namens *Vim* mit einer Ladung Holz an Bord von Norwegen nach Edinburgh. Unterwegs rammte es einen Felsen und drohte auf Grund zu laufen. In das Schiff drang Wasser ein, doch glücklicherweise brach ein Felsbrocken ab und verstopfte das Loch, sodass das Schiff nicht unterging. Schiff und Besatzung gelangten sicher nach Leith, wo die Seeleute den Stein aus dem Rumpf zogen und zum Abendmahlstisch der Norwegischen Seemannsmission von Leith brachten, um Gott für ihre wundersame Rettung zu danken.

Heute befindet sich der *Vim*-Stein im Vorgarten einer Kirche, die eine Kunstakademie beherbergt. Der Stein ist schwer zu finden, selbst wenn man weiß, dass er hier liegt. Gehen Sie zu den drei Silberbirken mit ihrer silbrigen Rinde, die als Symbol für die drei Schutzengel hinter dem Stein gepflanzt wurden.

Auch die Kirche dahinter ist einen Besuch wert, denn sie war die erste norwegische Seemannskirche der Welt – erbaut im Jahr 1868. Die von Storjohann gegründete Norwegische Seemannsmission wollte eine Kirche für die wachsende skandinavische Gemeinde Edinburghs errichten, die vor allem ein Anlaufpunkt für die Seeleute sein sollte, die in ihrem Berufsleben großen Gefahren ausgesetzt waren. Der Originalbauplan stammte von dem dänischen Architekten Johan Schroder und wurde von dem schottischen Architekten James Simpson noch einmal überarbeitet – Simpson verlieh dem skandinavischen Stil der Kirche eine schottische Note. Das architektonische Element der Kirche, das am meisten an Skandinavien erinnert, ist der hohe, schmale Kirchturm, der mit schuppenförmigen Schindeln gedeckt ist. Der Rest des Gebäudes besteht aus massiven schottischen Steinen. Wie in Skandinavien üblich hat die Kirche ein steil abfallendes Dach, auf dem sich kein Schnee ansammeln kann.

## *Die Norweger von Edinburgh*

In Edinburgh leben auch heute noch sehr viele Norweger: Einige sind Seeleute, viele andere sind im Zweiten Weltkrieg, als die Deutschen ihr Heimatland besetzten, nach Schottland geflohen. Jedes Jahr am 17. Mai findet in Edinburgh eine große Parade statt, mit der die Unabhängigkeit Norwegens gefeiert wird – nur die Parade in Oslo ist größer. Die beiden Kulturen sind gar nicht so verschieden: Viele schottische Wörter stammen aus dem Altnordischen – zum Beispiel Begriffe wie *bairn*, *midden*, *muckle* und sogar *kilt* (vom altnordischen Verb *kjalta*, dt.: „falten"). Auch in Norwegen gibt es Öl und Schottenkaros – und genau wie die Schotten lieben auch die Norweger düstere Krimis, ganz zu schweigen von einer gewissen Vorliebe für harte Spirituosen.

# GURU GRANTH SAHIB

## *Ein lebendiges Buch mit weisen Gliedmaßen*

*Guru Nanak Gurdwara, 1 Sheriff Brae, Edinburgh EH6 6EQ*
*0131 553 7207 or 0772 544 1816*
*edinburgh-gurdwara.co.uk – info@edinburgh-gurdwara.co.uk*
*Dewan (Gottesdienst): jede Woche Fr 18–20.30 Uhr, So 10–14 Uhr*
*Wer das Gebäude außerhalb der Gottesdienste besichtigen will, muss sich mindestens einen Tag im Voraus anmelden*
*Eintritt frei – Spenden willkommen*
*Bus: 7, 10, 22*

Ein *Gurdwara* ist eine Gebetsstätte der Sikhs. Der Sikhismus wurde gegen Ende des 15. Jahrhunderts von Guru Nanak, dem ersten der zehn Gurus, begründet. Der elfte Guru hat keine menschliche Gestalt: Er wird verkörpert durch ein lebendiges Buch, das sich im *Gurdwara* – dem „Tor zum Guru" – befindet. Das erste *Gurdwara* Edinburghs wurde 1964 in der Hopefield Terrace 7 in Leith eröffnet. Es befand sich in einer Dachwohnung, die den Brüdern Gholu und Mangal S. Khanda Roudh gehörte. Sie schufen den 23 Quadratmeter großen Gebetsraum, indem sie die Wand zwischen dem Wohnzimmer und einem der Schlafzimmer abrissen. Bereits im Jahr 1976 war die Gemeinde zu groß für die Wohnung und zog in die ehemalige St. Thomas's Church um, die 1840 auf Kosten von Sir John Gladstone, dem Vater von William Gladstone, erbaut worden war (siehe Seite 101). Vorher wurde die Kirche von der Church of Scotland genutzt, die 1975 in die nahe gelegene Junction Road Church umzog.

Die Tore des *Gurdwara* stehen für alle Glaubensrichtungen offen.

Drinnen befindet sich ein wunderschönes Exemplar des *Guru Granth Sahib*, der Heiligen Schrift des Sikhismus. Die Sikhs verehren das handgebundene Buch als den lebendigen Guru, der als reale Person anerkannt und verehrt wird. Der Guru wird jeden Morgen aus dem *sach khand* („Ruheraum“) geholt und auf einem mit Blumen und Zierschwertern geschmückten *takht* („Thron“) platziert.

Ein *Granthi* („Priester“) oder jeder andere Sikh, der dazu in der Lage ist, klappt die Buchdeckel ehrfürchtig auf, ergreift die Seiten (die *angs*, „Gliedmaßen“, heißen) und schlägt sie sanft nach dem Zufallsprinzip auf, wobei das Gebet des Tages zum Vorschein kommt. Die *Gurmukhi*-Schrift des Tages wird der Gemeinde vorgesungen. Die Nummer der jeweiligen *angs* (und der Strophe) werden am Eingang des *Gurdwara* aufgeschrieben, damit die Besucher den ganzen Tag lang die Weisheit des Gurus lesen können.

Das Wort *Guru* bedeutet in Sanskrit: „von der Dunkelheit“ (*gu*) „ins Licht“ (*ru*).

# CARPET LANE TRADERS

## *Wände voller Kunst*

*Die Gasse zwischen Bernard Street und Carpet Lane, Leith, Edinburgh EH6 6SP*
*leithlate.co.uk*
*leithlate@gmail.com*
*Die Gasse ist rund um die Uhr zugänglich*
*Eintritt frei*
*Bus: 22, 35, 36*

An der Giebelseite der Bibliothek in der North Junction Street befindet sich das berühmteste Wandgemälde von Leith. Es wurde von Tim Chalk und Paul Grime gemalt und 2014 von der Zeitung *The Guardian* in die Top Ten der schönsten Wandgemälde der Welt gewählt.

Chalk und Grime gründeten zusammen mit dem Künstler David Wilkinson das *Artists Collective*, das den Zuschuss für ein Kunstprojekt erhielt, welches die damals recht faden Straßen von Leith mit Kunst beleben sollte. Im Jahr 2013 lebte die Straßenkunst wieder auf – gefördert durch die Stiftung *LeithLate*, die von Morvern Cunningham gegründet wurde. Wenn man genau hinsieht, wird man überall in der Stadt Wandmalereien entdecken. Auf der Website von *LeithLate* stehen Stadtpläne zur Verfügung, auf denen die Standorte der Wandgemälde verzeichnet sind. Die Stiftung veranstaltet regelmäßig Touren zur Besichtigung der Wandbilder. Wenn man die kleine Gasse hinaufgeht, die von der Bernard Street zur Carpet Lane führt, entdeckt man Wilkinsons verspieltes Trompe-l'Œil-Wandbild (siehe Abbildung): Es stellt einen Händler aus Leith dar, der eine Teekiste aus einer Tür in der Steinmauer trägt. Auf einer kleinen blauen Tafel oben rechts neben der Tür steht der Name des Kunstwerks: *Carpet Lane Traders* – Die Händler der Carpet Lane.

## IN DER UMGEBUNG

Hinter dem Ocean Terminal an der Marine Parade befindet sich die längste legal bemalte Graffiti-Wand Großbritanniens. Die Mauer, die auf einer von Unkraut überwucherten Industriebrache stand, wurde abgeschliffen und in himmelblauer Farbe gestrichen. Im September 2018 versammelten sich 80 Künstler aus aller Welt zu dem Event „Rock the Dock", um auf beiden Seiten der 165 Meter langen Betonwand ihre Spuren zu hinterlassen. Viele der Originalwerke sind noch vorhanden, aber das Gelände unterliegt einem ständigen Wandel und soll Teil der Straßenbahntrasse werden, die bis nach Newhaven verlängert wird.

# DIE *EVOLUTION-OF-LEITH*-SKULPTUREN

15

## *Hier ist was im Busch*

*Carpet Lane, Leith, Edinburgh EH6 6SE*
*Rund um die Uhr zugänglich*
*Eintritt frei*
*Bus: 16, 22, 35, 36*

An der Stelle, an der die Carpet Lane auf die Maritime Street trifft, steht ein ummauertes Hochbeet, aus dem ein Dickicht aus Gestrüpp und wilden Bäumen ragt. So hübsch das Blattwerk auch sein mag, es verdeckt ein weitaus interessanteres Kunstwerk, das man nur findet, wenn man intensiv danach sucht oder das Heckentauchen liebt. An der Rückwand stehen zwölf zusammengehörige Skulpturen, die den Titel *Evolution of Leith* tragen. Sie wurden von den Künstlerbrüdern Kenny und Gordon Munro im Rahmen des Leith-Projekts von 1987 geschaffen, das ins Leben gerufen wurde, um Baulücken in der damals sehr eintönigen Stadt mit Kunstwerken zu verschönern.

Die Skulpturen bestehen aus flachen quadratischen Tafeln aus verzinktem Stahl. Die Künstler zeichneten ihre Entwürfe mit Kreide auf die Tafeln, schnitten die Designs mit einem Schweißbrenner aus und bogen sie so zurecht, dass sie aussahen, als würden sie – wie Seiten aus einem riesigen Pop-up-Buch – frei im Raum schweben. Die Skulpturenserie verläuft von links nach rechts, beginnend mit einem Weinblattmotiv – das Muster stammt von der Spitze eines nahe gelegenen Gebäudes und lässt auf einen organischen oder römischen Ursprung schließen. Wenn man weiter nach rechts geht (oder besser kriecht), sieht man die aufstrebenden Wirtschaftsbranchen von Leith: die Fischerei, der Schiffsbau und schließlich die Weinbars und die Nouvelle Cuisine – eine Gastronomieszene, die in den 1980er Jahren entstand.

Kenny und Gordon wurden von dem Künstler David Wilkinson, dessen wunderbares Wandgemälde gleich um die Ecke zu sehen ist (siehe vorherige Seite), in das Leith-Projekt mit einbezogen. Sie stammen aus einer kunstaffinen Familie: Ihr Vater Jim war Jazzmusiker, Künstler und Dozent am Edinburgh College of Art; seine Edelstahlskulptur *Quartet* steht heute im schottischen Parlament.

## IN DER UMGEBUNG

An einer Ecke am anderen Ende der Carpet Lane steht das Catchpell House (EH6 6SP). Über der Eingangstür des Hauses befindet sich ein Gemälde, das Menschen in Knickerbockern zeigt, die in einem Hof herumzuhängen scheinen. Tatsächlich spielen sie Catchpell (die schottische Version des Royal oder Real Tennis), denn hier befand sich einst ein Catchpell-Platz. Der Begriff leitet sich von *caich pule* ab, dem alten schottischen/flämischen Wort für „Jagdspiel". Es handelt sich hierbei um ein Indoor-Tennisspiel, das in einem ummauerten Hof gespielt wurde und als eine Kreuzung aus Tennis und Squash bezeichnet werden kann; es wurde oft als Sport der Könige bezeichnet, da es sehr beliebt bei den Mitgliedern des Königshauses war. Der älteste erhaltene Catchpell-Platz wurde im Jahr 1539 erbaut und befindet sich auf der anderen Seite des Firth of Forth im Falkland Palace in Fife.

# DAS GEFÄNGNIS IM POLIZEIREVIER VON LEITH ⑯

## *Zellteilung*

*79 Constitution Street, Edinburgh EH6 7EY*
*Besuch: selten möglich, nur nach Voranmeldung und nur mit Sicherheitskontrolle*
*Kontakt: EdinburghLeithWalkCPT@scotland.pnn.police.uk*
*Besichtigung (manchmal) möglich am Tag der Offenen Tür (Ende September)*
*Bus: 12, 16*

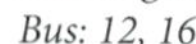

Hinter der Fassade dieses eleganten Bauwerks befinden sich vier Gefängniszellen, die keinen so hübschen Anblick bieten. Sie bilden die oberste Reihe eines Blocks aus 16 Zellen, der seit 1833 als Gefängnis diente und bis 2003 in Betrieb war. Das Gefängnis war bis 2003 der älteste Zellenblock des Landes. In den Zellen wurden ursprünglich Gefangene untergebracht, die auf ihren Prozess im Gerichtssaal nebenan warteten. Die Häftlinge wurden durch den Torbogen unten in das Gebäude gebracht und auf die Zellen verteilt. Da die Viktorianer großen Wert auf Hygiene legten, wurden die Gefangenen nackt ausgezogen, mit Ätznatron übergossen und mit einem Schlauch abgespritzt, bevor sie in Sackleinen gekleidet und läusefrei in ihre persönlichen Unterkünfte geleitet wurden.

Jede Zelle ist in etwa so breit wie die ausgestreckten Arme eines Mannes und gerade lang genug, um darin liegen zu können. Die Zellen waren mit luxuriösen Spültoiletten ausgestattet, die über kleine Gesäßwärmer aus Holz verfügten; die Spülkästen befanden sich außerhalb der Zellen – und damit außer Reichweite der Häftlinge. Die Zellentüren sind sehr dick und haben Gucklöcher, die sehr weit oben angebracht sind; sie wurden in einer Zeit angefertigt, als Beamte noch mindestens 1,79 Meter groß sein mussten, sodass viele Rekruten, die nach 1990 im Gefängnis arbeiteten, auf Zehenspitzen stehen mussten, um nach den Insassen zu sehen. Dies ist einer der Gründe, warum die Zellen im Jahr 2003 nicht mehr den neuen Gesundheits- und Sicherheitsvorschriften entsprachen. Außerdem waren die Türen unzureichend gesichert – sie wurden nur mit einfachen Vorhängeschlössern verschlossen. Das Treppenhaus stellte eine weitere Gefahr dar: Treppen sind gefährliche Orte für den Umgang mit Gefangenen, die sich dagegen wehren, ins Gefängnis gebracht zu werden – vor allem, wenn die Stufen von den Nagelschuhen der Beamten abgenutzt sind. Heute werden in den Zellen keine Verbrecher, sondern Akten verwahrt, und nur eine der Zellen ist öffentlich zugänglich. Aber wenn Sie Glück haben und geduldig auf einen Besichtigungstermin warten, erlaubt die Polizei von Leith Ihnen vielleicht, etwas Zeit im Gefängnis zu verbringen.

## IN DER UMGEBUNG

Im Jahr 1823 wurden die letzten zwei Männer, die in Schottland wegen Piraterie hingerichtet wurden, am nördlichen Ende der Constitution Street gehängt. Der Franzose François Gautiez und sein schwedischer Kumpane Peter Heaman wurden für schuldig befunden, die *Brigg Jane* gekapert, acht Fässer Silber gestohlen, den Kapitän getötet und die restliche Besatzung ausgeräuchert zu haben, indem sie die Seeleute mit Rauchbomben im Laderaum einsperrten. Zehntausende Edinburgher versammelten sich, um zuzuschauen, wie die Piraten über dem Wasser gehängt wurden – die traditionelle Methode, Piraten loszuwerden.

# DAS ALTE RATHAUS VON LEITH ⑰

## *Ein Gerichtssaal im Polizeirevier*

*Polizeistation von Leith, 81 Constitution Street, Edinburgh EH6 6AF*
*Besuch: selten möglich, nur nach Voranmeldung und nur mit Sicherheitskontrolle*
*Kontakt: EdinburghLeithWalkCPT@scotland.pnn.police.uk*
*Besichtigung (manchmal) möglich am Tag der Offenen Tür (Ende September)*
*Bus: 12, 16*

Der Empfangsraum des Polizeireviers von Leith sieht aus wie der Empfangsraum jedes anderen Polizeireviers, die man im Laufe seines Lebens (vielleicht) besucht hat: ein kleines, schmuckloses Zimmer mit diversen Broschüren und Warnhinweisen, ein paar Schreibtische, die durch dickes Glas geschützt sind, und einige Wartesessel aus Plastik. Aber wenn Sie Glück haben und durch die Sicherheitstüren geführt werden, erwartet Sie ein ganz besonderes Erlebnis ...

Das Revier befindet sich in einem großen Bauwerk, das 1827 von R&R Dickson errichtet wurde, um als neues Gerichtsgebäude von Leith zu dienen. Als Leith im Jahr 1833 eine unabhängige Stadtgemeinde wurde, zog der Stadtrat in das Gebäude ein. 1868 ließ er das Haus um eine Terrasse erweitern und schuf so einen Rathauskomplex, dessen Inneneinrichtung James Simpson (der Stadtarchitekt von Leith) übernahm. Als Leith 1920 zwangsweise nach Edinburgh eingemeindet wurde, zog der Stadtrat wieder aus (siehe Seite 167).

Wie eine Marie Celeste, die an der Küste vor Anker liegt, thront der Sitzungssaal der Stadtverwaltung noch genauso im alten Rathaus, wie der Stadtrat ihn vor fast einhundert Jahren verlassen hat. Man erhält einen Eindruck von seiner Größe, wenn man die breite Marmortreppe hinaufsteigt, die von prachtvollen Buntglas-Bogenfenstern mit dem Motiv des Wappens von Leith flankiert wird. Durch einen Wappenbogen, der 1905 errichtet wurde, gelangt man in einen dunklen und staubigen Raum, der mit so viel verschnörkeltem Prunk ausgestattet ist, dass er fast schon lächerlich wirkt: rote Ledersessel, kunstvoll geformte, lange Türklinken, Holzvertäfelungen mit Schnitzereien – und an jeder Wand hängen Gemälde mit goldenen Rahmen, welche die Bürgermeister von Leith in vollem Ornat zeigen. Die Hälfte einer Wand wird von dem Wandbild *Die Ankunft von Georg IV. in Leith* (1822) eingenommen, eine Szene, die von dem Maler Alexander Carse mit großer Kunstfertigkeit auf die Leinwand gebracht wurde. Wenn sie nach oben schauen, können Sie die extrem theatralisch gestaltete Decke bestaunen, die von Thomas Bonnar entworfen wurde. Sie verfügt über drei Stuckrosetten, die von kunstvoll verschlungenen und ineinander verwobenen Blatt- und Blumenmustern in Zartrosa und Mintgrün umrahmt werden.

# TRINITY HOUSE

*Ein verstecktes Museum voller Schätze*

*99 Kirkgate, Leith, Edinburgh EH6 6BJ*
*0131 554 3289 – trinityhouseleith.org.uk*
*Mo bis Fr; Eintritt frei; Spenden willkommen*
*Dienstags finden Führungen statt, die über die Website gebucht werden können. Termine an anderen Tagen bitte fünf Tage im Voraus telefonisch vereinbaren*
*Bus: 1, 7, 10, 12, 14, 16, 22, 25, 35, 49*

Das Trinity House gehört zu den Museen, die viele Leute nicht auf dem Schirm haben, weil es versteckt in einer Seitenstraße von Leith liegt, eingekeilt zwischen dem Einkaufszentrum Newkirkgate und der Pfarrkirche von South Leith. Und auch wer das Museum zufällig beim Parken hinter Farmfoods entdeckt, kann es nicht spontan besichtigen, da Tickets eine Woche im Voraus gebucht werden müssen. Aber wir empfehlen Ihnen dringend, sich ein Ticket für das Museum zu sichern: In dem perfekt erhaltenen, georgianisch-neoklassizistischen Gebäude befinden sich der Hauptsitz der Kapitäne von Leith und eine absolut faszinierende Sammlung rund um die Schifffahrt.

Im Erdgeschoss liegt ein wunderschön eingerichteter Sitzungsraum, der das Andenken an die Schlacht von Camperdown zelebriert. Hier halten die Kapitäne ihre Versammlungen ab. Der Raum verfügt über einen Kamin, auf dem ein kleiner Pinguin steht, der aus dem Zahn eines Wals geschnitzt ist. In der Halle befindet sich eine immer noch gut funktionierende Nostalgietoilette. Am Fuß der Treppe steht eine interessante Wahlurne mit tropischen Samen – sie hat einen Einwurfschlitz, durch den man die Tamarindensamen diskret in die Kammer für „Ja" oder „Nein" werfen kann. Auf der Doppeltreppe befindet sich ein prachtvolles Buntglasfenster zum Gedenken an die Seeleute der Handelsflotte, die im Ersten Weltkrieg ihr Leben verloren.

Aber der Raum im oberen Stock wird Sie geradezu begeistern. Der große Versammlungsraum wird von einem sechs Meter langen Tisch dominiert, auf dem alle möglichen maritimen Erinnerungsstücke und nautischer Schnickschnack herumliegen – Navigations- und Messgeräte (Sextanten, Oktanten, Kompasse, Barometer), lange Segelmacherkauschen aus Leder, ein Sägefischrostrum, die flügelähnliche Flosse eines Fliegenden Fisches und ein drei Meter langer Stoßzahn (Horn) eines Narwals, den dieser einzigartige Wal (auch Einhorn des Meeres genannt) als hochempfindliche Messsonde nutzt.

Überall im Raum stehen Miniaturmodelle berühmter Schiffe. Oben prangt eine verzierte Decke in Korall- und Türkistönen, die mit Goldstuck verziert und mit Neptunfiguren, Delphinen und geknoteten Seilen bemalt ist. An den Wänden hängen nicht nur ein, sondern gleich vier Originalporträts von Henry Raeburn. Auf einem Kaminsims steht ein seltsamer weißer, knorriger Klumpen, der so groß wie eine Kokosnuss ist, sich bei genauem Hinschauen aber als das Trommelfell eines 200 Jahre alten Wals entpuppt.

Auch die Gewölbe können besichtigt werden – sie gehörten zu dem Armenhaus, das 1555 ursprünglich an diesem Standort errichtet wurde. Oliver Cromwells Armee überfiel und beschlagnahmte das Haus im Jahr 1650, um die Gewölbe als Lager zu nutzen.

# DAS BOXMUSEUM

## *Ab in den Ring!*

*Obergeschoss des* Leith Victoria Amateur Athletic Club
*28 Academy Street, Leith, Edinburgh EH6 7EF*
*0131 333 1112 – leithvictoriaaac.com – douglas.lvaac@hotmail.co.uk*
*Eintritt frei, bitte Termin vereinbaren*
*Bus: 21, 25, 34, 35, 49*

Im Jahr 2011 erhielt Douglas Fraser, der Vereinssekretär des *Leith Victoria Athletic Club*, einen Anruf von Ian Mackintosh, einem freiwilligen Mitarbeiter des *Grangemouth Heritage Trust*. Ian hatte in der Sammlung des Trusts einen Silberpokal der *Amateur Boxing Association* aus dem Jahr 1921 gefunden, der mit dem Namen „Alex Ireland" (ein ehemaliger Boxer von *LVAAC*) beschriftet war. Als der Trust die Trophäe an den Verein zurückgab, wurde dem ehemaligen Boxer, Trainer und Olympia-Schiedsrichter Fraser klar, dass er eine Menge Medaillen, Trophäen und Erinnerungsstücke besaß – und dass es höchste Zeit war, etwas damit anzufangen.

Vier Jahre später wurde nach einer kleinen Auffrischung der Sammlung Frasers – ein massiver Silberbecher war völlig schwarz geworden, weil die Jannies (Hausmeister) ihn als Aschenbecher benutzt hatten – über der Bell-Boxschule (am Rand des Leith-Linksparks) ein kleines Boxmuseum eröffnet. Es ist das erste Museum Großbritanniens, das dem Boxsport gewidmet ist – und für seine kleine Größe ist es ein echtes Schwergewicht. *Leith Victoria Athletic* ist nicht nur der älteste Boxverein Schottlands, sondern auch einer der erfolgreichsten von ganz Großbritannien: An der Wand des Clubs hängt eine Liste mit über 120 Titelgewinnern, die Mitglieder des Clubs waren.

Der Club kann sich mit zwei Weltmeistern, drei Olympiasiegern und fünf Medaillengewinnern der Commonwealth Games rühmen. Die Vitrinen des Museums sind vollgestopft mit Silberwaren, Erinnerungsstücken und Fotos von Boxlegenden, die aus dem Verein hervorgingen: Tancy Lee, der im Jahr 1919 – dem Gründungsjahr des Vereins – als Erster den Lonsdale-Gürtel gewann; Alex Arthur, Welt- und Europameister im Superfedergewicht und Goldmedaillengewinner bei den Commonwealth Games von 1998; Steven Simmons, dreimaliger schottischer Meister. Der Verein selbst ist der erste Amateurverein, der in die Hall of Fame Schottlands aufgenommen wurde – eine Ehre, die normalerweise nur einzelnen Boxern zuteilwird.

Die besten Exponate sind jedoch die ganz schlichten: die ehemalige Armeebaracke, die einst unten bei der Victoria-Werft stand – hier nahm der Club seine Anfänge; Lee Sharps Mitgliedskarte aus der Zeit, als er noch ein pummeliges Kind war; und gleich daneben ein Bild, das ihn zehn Jahre später als muskelbepackten Sportler zeigt. Großartige Fotos von Tancy Lee, wie er in den 1920er-Jahren in Polokragen und hochgeschlossenem Trikot posiert. Die vier Bell-Brüder, die in schicken Fünfzigerjahre-Anzügen hoch aufragend neben ihrer stolzen Mutter stehen.

> Der goldene Jüngling auf der Kuppel des Old Quad – eine 1,80 Meter große Bronzeskulptur, die 1888 von John Hutchison geschaffen wurde – ist dem Edinburgher Boxer Anthony Hall nachempfunden.

# HINDUISTISCHES KULTURZENTRUM UND *MANDIR* ⑳

*Eine alte Kirche wird zum Tempel*

*St. Andrew Place, Leith, Edinburgh EH6 7EG*
*0131 677 0905*
*edinburghhindumandir.org.uk*
*info@edinburghhindumandir.org.uk*
*Mo bis Sa 9.30–11.30 & 18–20 Uhr, So 12–14 Uhr*
*Eintritt frei*

Der hinduistische *Mandir* (dt. „Tempel") befindet sich am Rand der Parkanlage Leith Links. Er sieht etwas nüchterner aus als die üblichen indischen Tempel – oft glitzernde Marmorbauten, die mit kunstvoll geschnitzten Gottheiten geschmückt sind. Dieser Tempel befindet sich in einem eindrucksvollen, aber schlichten grauen Steingebäude im neoklassizistischen Stil. Das Bauwerk hat keinerlei Fenster, verfügt jedoch über vier imposante Säulen, die als Stützen für einen schmalen Säulengang dienen. Die einzigen Zierelemente der Fassade sind die buchartigen Schriftrollen an den vier Säulenköpfen.

Das Gebäude wurde 1827 als Kirche (unter dem Namen St. Andrew's United Associate Church) errichtet und wechselte im Laufe der Jahre mehrmals den Besitzer – blieb aber immer eine schottisch-presbyterianische Kirche. Als das Bauwerk 1983 schließlich aufgegeben wurde, verfiel es langsam und wartete in stoischer Ruhe sechs Jahre lang auf seine nächsten Besitzer. Als die hinduistische Gemeinde von Edinburgh das Gotteshaus erwarb, befand es sich in einem sehr schlechten Zustand. Es war schwer, die finanziellen Mittel für die Restaurierung der verfallenen Kirche aufzubringen, aber die Gemeinde hielt durch – und 2011 wurde das Gebäude als Tempel und Kulturzentrum für traditionelle hinduistische Künste wie Musik, Sprache, Tanz und Yoga wiedereröffnet.

Heute ist der ehemals dunkle, ehrwürdige Innenraum von Farben, Klängen und Licht erfüllt. Das Erdgeschoss dient als Kunstzentrum, im ersten Stock befindet sich der Tempel. An Sonn- und Feiertagen ist der Boden vor dem großen Treppenaufgang kniehoch mit Schuhen bedeckt. Wenn Sie Ihre Schuhe dazulegen und die Treppe hinaufsteigen, gelangen Sie in einen hellen Raum, in dem zahlreiche Hindus im Schneidersitz auf weißen Teppichen sitzen und dem Priester lauschen. Auch er sitzt auf dem Boden, umgeben von Musikern, die seine Worte mit Tabla-Trommeln und Taal-Zimbeln musikalisch untermalen.

An einer der Wände stehen hinter einem goldenen Bogenschrein die strahlend weißen Marmorskulpturen von Hindu-Gottheiten, die in Jaipur angefertigt und handbemalt wurden. Sie tragen aufeinander abgestimmte Gewänder, die zu den verschiedenen Festen gewechselt werden. Zu ihren Füßen liegen Opfergaben – indische Süßigkeiten, Früchte und Blumen.

# WANDGEMÄLDE ZUM GEDENKEN AN DAS GRETNA-UNGLÜCK ㉑

*Der Gretna-Gigant*

*Drill Hall, 36 Dalmeny Street, Edinburgh EH6 8RG*
*outoftheblue.org.uk*
*Mo bis Sa 10–17 Uhr (Eintritt frei)*
*Bus: 1, 7, 10, 12, 14, 16, 22, 25, 35, 49*

An der unteren Außenmauer der Drill Hall in Leith befindet sich ein breiter, offener Durchgang, der Pflanzen ein wenig Sonnenlicht bietet und bei Rauchern beliebt ist, die sich hier gern einen Nikotinkick holen. Die hohe Ziegelmauer ist dick mit grauer und weißer Farbe gestrichen, und erst wenn man ein Stück zurücktritt, sieht man das Bild, das auf der Wand prangt – das Gesicht eines lächelnden Mannes mit faltigen Augen, der auf die Passanten herabschaut. Dies ist eine Gedenkstätte für ein schreckliches Unglück, das sich vor über 100 Jahren am 22. Mai 1915 ereignete: das Zugunglück von Gretna, der furchtbarste Unfall in der Geschichte der britischen Eisenbahn, bei dem 227 Menschen ums Leben kamen und 246 verletzt wurden. 102 der Opfer waren junge Soldaten des 7. Leith-Bataillons der Royal Scots, die eine Ausbildung in der Drill Hall hinter sich hatten und auf dem Weg nach Gallipoli (Türkei) waren, um dort zu für Großbritannien zu kämpfen. Die Leichen der Opfer wurden in der Drill Hall aufgebahrt, damit ihre Familien sie identifizieren konnten; anschließend wurden sie auf dem Rosebank-Friedhof (der sich auf der anderen Seite des Leith Walk befindet) beigesetzt. Heute steht hier ein Denkmal mit einem keltischen Kreuz, das in Gedenken an die Opfer des Unglücks errichtet wurde.

Das Wandbild wurde von Guido van Helten gemalt, einem Künstler aus Brisbane, der riesige Gesichter malt, die von Hausgiebeln und Plakatwänden auf der ganzen Welt herabschauen. Als der Künstler in Glasgow war, um für die Commonwealth Games Porträts von Sportlern an die Hauswände zu malen, nahm er Verbindung mit *LeithLate* (eine Organisation für zeitgenössische Kunst) auf. Er bat die Organisation darum, ihm einen freien Platz zur Verfügung zu stellen, an dem er ein sehr persönliches Kunstwerk – ein eigenes Werk, kein Auftragswerk eines Unternehmens – schaffen konnte, solange er sich in Schottland aufhielt. LeithLate machte ihn mit der Drill Hall und mit *Out of the Blue* (der dort ansässigen Organisation für Kunstentwicklung) bekannt.

Van Helten bezieht sich in seinen Werken gerne auf die Orte, an denen er gerade lebt, und als er von dem Zugunglück von Gretna hörte, fühlte er sich dazu berufen, auf dieses Ereignis zu reagieren. Er fand ein Archivfoto von einem der wenigen Überlebenden des Zugunglücks – einem Mann, der sehr alt geworden war, auf dessen Identität jedoch nur die Initialen seines Namens hinwiesen. Guido van Helten fotografierte das Foto mit dem iPhone, nahm Sprühdosen zur Hand und schuf in nur zwei Tages ein Porträt des Mannes – dabei arbeitete er freihändig, ohne vorgefertigte Schablonen, ohne Bleistiftskizzen und ohne Staubtücher gegen Sprühnebel. Das Kunstwerk wurde 2014 zunächst im Rahmen des Forest Fringe Festivals präsentiert und dann zum Herzstück von Gretna 100 auserkoren – dem Gedenkfest, das im Mai 2015 zum 100. Jahrestag der Katastrophe stattfand.

# DIE POLIZEIBOX AM LEITH WALK ㉒

## *Eine Box voller Köstlichkeiten*

*22. Die Polizeibox am Leith Walk*
*Croall Place, Leith Walk, Edinburgh EH7 4LT*
*leithwalkpolicebox.com*
*Öffnungszeiten und Eintrittspreise variieren*
*Bus: 7, 10, 11, 12, 14, 16, 22, 25, 49*

Die Polizeiboxen von Edinburgh sind einzigartig für die Stadt. Andere Städte haben ihre Beton- und Holzboxen in den 1980er-Jahren (als Polizeifunk und Mobiltelefone aufkamen, die die Nutzung dieser Zellen überflüssig machten) fast allesamt abgerissen. Die Polizeiboxen Edinburghs jedoch bestanden aus Gusseisen und erwiesen sich als unzerstörbar: Sie wurden nahe der Stadt Falkirk in der Gießerei Carron (die auch Kanonen anfertigte) nach einem Entwurf von Ebenezer James MaCrae – der in den 1930er-Jahren der Stadtarchitekt von Edinburgh war – geschmiedet. Die Boxen wurden in Anlehnung an die klassizistische Architektur der Stadt errichtet: Sie verfügten über Säulen- und Kassettenfassaden, Andreaskreuz-Fenster, Zierleisten in Form des Edinburgher Wappens und neoklassizistische Schrägdächer mit Blinklichtern, um bei Notrufen die Polizeistreifen zu alarmieren.

Das Innere der Boxen war mit Telefon, Schreibtisch, einem aufklappbaren Stuhl, Ablagefächern und einem Waschbecken ausgestattet. Letzteres wurde anscheinend auch als Toilette genutzt – auch wenn die Einrichtung nicht gerade zukunftsträchtig war, da bald auch Frauen in den Polizeidienst eintreten sollten. Die Boxen waren Polizeistationen im Miniaturformat – manchmal wurden sie sogar als temporäre Arrestzellen genutzt. Es kursieren Geschichten darüber, dass dort sogar Schwäne inhaftiert wurden und dass Polizisten nach durchzechten Nächten in den Boxen kampierten. Einem Gerücht zufolge wurde die Box, die sich über den öffentlichen Toiletten in der Albert Street befindet, zur Überwachung der Cruising-Szene genutzt, da die Toiletten ein beliebter Treffpunkt für anonymen Sex unter Männern waren. 85 der 140 Originalboxen sind bis heute erhalten. Die ersten Boxen wurden in den frühen 1990er-Jahren versteigert und danach vor allem als Kaffee- oder Imbissbuden genutzt – wie zum Beispiel das Tupiniquim, der brasilianische Kiosk am Lauriston Place, oder die „Chocolate Box" am George Square, wo heiße Schokolade und Rocky-Road-Fudge verkauft werden. Doch dann begannen die Edinburgher, die Boxen für vielfältige andere Zwecke zu nutzen. Die Biologin Monty Roy kaufte ihre Box am Leith Walk im Jahr 2012 für knapp 10.000 Pfund. Sie war begeistert, die Auktion gewonnen zu haben, obwohl es hingebungsvolle Arbeit erforderte, den zwei Tonnen schweren, verrosteten Brocken zu restaurieren – seine Farbe blätterte ab, er war von Moos bewachsen und von Taubenkot und Schmierereien bedeckt.

Roy beschloss, einen Pop-up-Gemeinschaftsraum aus der Box zu machen – die Leute konnten Vorschläge zur Nutzung der Box einreichen und den Raum dann für jeweils (maximal!) vier Stunden mieten. Die Box wurde bereits als Kunstgalerie, als Museum für Schülerprojekte, als Zentrale für eine Volksabstimmung und im Rahmen des Kurzfilmfestivals Edinburgh sogar als Miniaturkino (mit nur zwei Sitzplätzen) genutzt.

# DAS E-I-L-SYMBOL

## *Leith klinkt sich aus*

*29 Albion Road, Edinburgh EH7 5QJ*
*Besichtigung rund um die Uhr möglich (bitte respektieren Sie die Privatsphäre der Hausbewohner)*

An der Kreuzung Albion Road/Easter Road hängt – eingeklemmt in dem Spalt, der sich gleich über dem rosafarbenen Erkerfenster aus viktorianischem Sandstein befindet – ein winziges Schild mit den unscheinbaren Buchstaben „E“ und „L“, die durch eine senkrechte Linie voneinander getrennt sind. Diese winzigen Buchstaben befinden sich auf beiden Seiten einer riesigen historischen Grenzlinie: der alten Grenze zwischen Edinburgh und Leith. Die Städte waren bis zum Jahr 1920 noch zwei getrennte *Burghs* (Ortschaften).

Der aufstrebende Stadtbezirk rund um den Hafen von Leith hatte 1833 offiziell den Status eines Municipal Burgh – einer eigenständigen Gemeinde – erlangt. Leith verfügte nicht nur über einen eigenen Stadtrat, einen eigenen Magistrat und eine eigene Polizei, sondern auch über ein eigenes Straßenbahnsystem: Fahrgäste, die von einem Ende des Leith Walk zum anderen fahren wollten, mussten auf halber Strecke in der Pilrig Street umsteigen. Bevor es die Straßenbahn gab, mussten sie die 200 Meter lange Strecke, die zwischen der Pferdebahn von Leith und der mit Seilzugrollen betriebenen Edinburgher Straßenbahn lag, zu Fuß zurücklegen. (Am alten Straßenbahndepot in der Henderson Row sind immer noch die Seilzugrollen zu sehen). Im Jahr 1905 rüstete der Hafen auf ein elektronisches System um, das noch nicht kompatibel mit den Straßenbahnen der Stadt war. Bis ins Jahr 1923, als Edinburgh endlich in der modernen Zeit angelangt war, nannte man diesen skurrilen Verkehrsknotenpunkt „Pilrig Muddle“.

Leith und Edinburgh hatten auch unterschiedliche Schankgesetze – in Leith konnte man eine halbe Stunde länger trinken. Die Boundary Bar am Leith Walk (die heute den unschönen Namen Bier Hoose trägt) lag genau auf der Grenzlinie und hatte zwei Türen – eine befand sich in Leith, die andere in Edinburgh. Um 22 Uhr mussten die Bargäste ihre Pints nehmen und von einem Ende der Bar zum anderen laufen. Vor der Bar trafen sich auch Polizisten, um Gefangene nach Art der Berliner Agentenbrücke auszutauschen.

Am 3. August 1920 fand eine Volksabstimmung statt, in der die Bürger darüber abstimmen mussten, ob die Orte Colinton, Cramond, Gilmerton, Liberton und Leith an die Hauptstadt angegliedert werden sollten. Die Einwohner von Leith stimmten mit einem Verhältnis von 6:1 für die Beibehaltung ihrer Eigenständigkeit. Doch trotz ihrer Entscheidung wurde Leith an Edinburgh angegliedert. Und selbst im Jahr 2020, zum hundertjährigen Jubiläum der Angliederung, wurde in Leith noch immer davon gesprochen, dass die Stadt „zu Grabe getragen“ wurde.

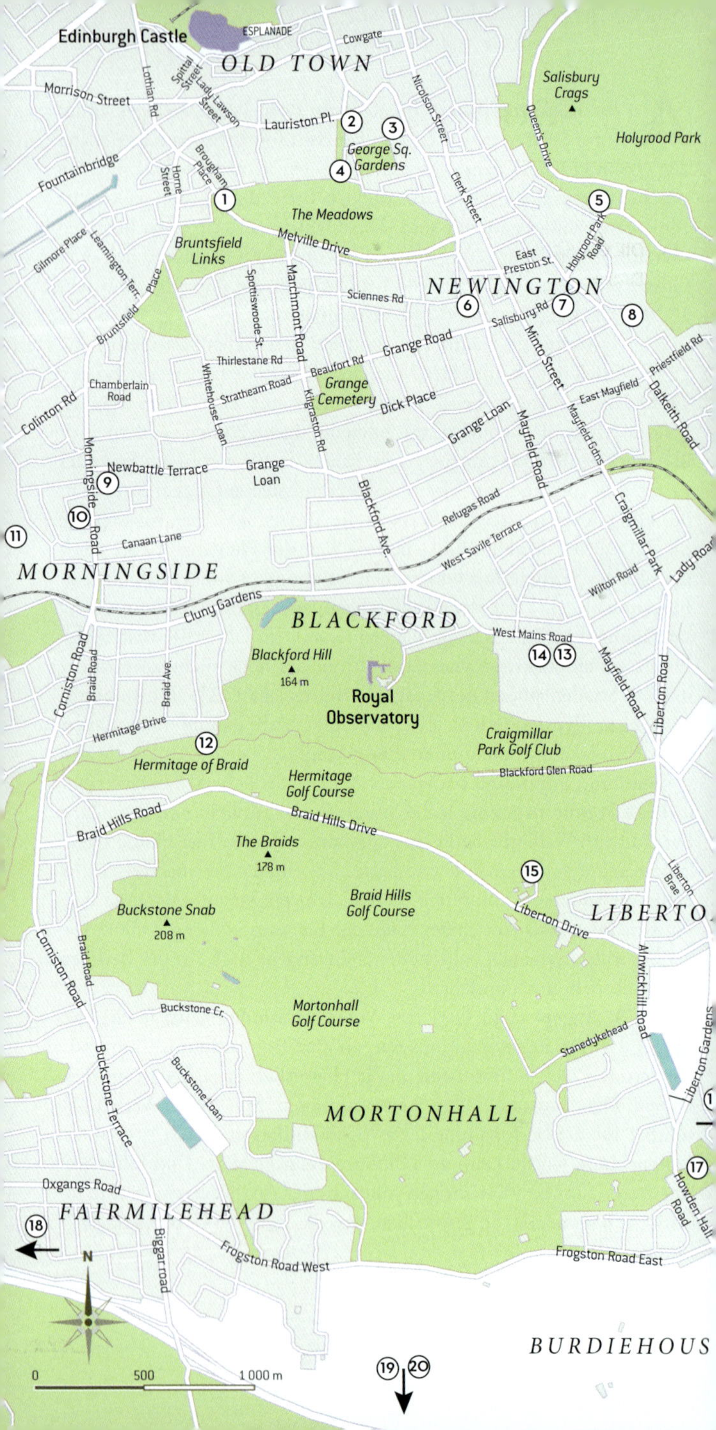

Edinburgh Castle
ESPLANADE
OLD TOWN
Cowgate
Salisbury Crags
Holyrood Park
Queen's Drive
Morrison Street
Lothian Rd
Spittal Street
Lady Lawson Street
Lauriston Pl.
Nicolson Street
George Sq. Gardens
Fountainbridge
Brougham Place
Horne Street
The Meadows
Clerk Street
Melville Drive
Bruntsfield Links
Gilmore Place
Leamington Terr.
Bruntsfield Place
Holyrood Park Road
East Preston St.
NEWINGTON
Sciennes Rd
Spottiswoode St.
Marchmont Road
Salisbury Rd
Grange Road
Minto Street
Priestfield Rd
Thirlestane Rd
Beaufort Rd
Chamberlain Road
Stratheam Road
Grange Cemetery
Dick Place
East Mayfield
Dalkeith Road
Colinton Rd
Whitehouse Loan
Kilgraston Rd
Grange Loan
Mayfield Road
Mayfield Gdns
Morningside Road
Newbattle Terrace
Grange Loan
Blackford Ave.
Relugas Road
Craigmillar Park
Canaan Lane
West Savile Terrace
Lady Road
MORNINGSIDE
Wilton Road
Cluny Gardens
BLACKFORD
West Mains Road
Comiston Road
Braid Road
Braid Ave.
Blackford Hill
164 m
Royal Observatory
Mayfield Road
Liberton Road
Hermitage Drive
Craigmillar Park Golf Club
Hermitage of Braid
Blackford Glen Road
Hermitage Golf Course
Braid Hills Road
Braid Hills Drive
The Braids
178 m
Liberton Brae
Braid Hills Golf Course
Buckstone Snab
208 m
Liberton Drive
LIBERTO
Comiston Road
Braid Road
Buckstone Cr.
Mortonhall Golf Course
Alnwickhill Road
Stanedykehead
Liberton Gardens
Buckstone Terrace
Buckstone Loan
MORTONHALL
Howden Hall Road
Oxgangs Road
FAIRMILEHEAD
Frogston Road West
Frogston Road East
Biggar road
N
BURDIEHOUS
0
500
1 000 m

# Der Süden Edinburghs

# DIE GEDENKSÄULEN DER STEINMETZE

①

## *Ein steiniger Weg*

*The Meadows, Brougham Place, Edinburgh EH3 9HW*
*Die Säulen können rund um die Uhr besichtigt werden. Eintritt frei*
*Bus: 24*

Wenn man vom Tollcross-Ende des Melville Drive in die Meadows einbiegt, sieht man auf beiden Seiten der Straße zwei acht Meter hohe, achteckige Steinsäulen, die sich etwas in den Bäumen verbergen. Dies sind die Gedenksäulen der Steinmetze, die Sir James Gowans – der Vorsitzende der Weltausstellung von 1886 – extra für die Ausstellung entwarf (mehr dazu auf der nächsten Seite).

Die Säulen, die von den Master Builders and Operative Masons of Edinburgh and Leith (den Baumeistern und Steinmetzen von Edinburgh und Leith) errichtet wurden, standen ursprünglich an einer viel prominenteren Stelle – direkt an den Ecken der Lonsdale Terrace –, wurden aber in den 1970er-Jahren an einen Standort versetzt, der etwas weiter von der Straße zurückversetzt war. Heute stehen sie im Schatten der Lindenbäume, die nur Setzlinge waren, als die Säulen errichtet wurden – früher wurden diese Bäume noch von den achteckigen Zwillingssäulen beschattet.

James Gowans war ein ziemlicher Eigenbrötler und besessen von Steinen aller Art. Er wohnte in der Napier Road in einer kuriosen gotischen Pagode namens Rockville, die er für seine zweite Frau errichtet hatte – seine erste Frau kam bei einem mysteriösen Badeunfall ums Leben. Leider wurde die Pagode in den 1960er-Jahren abgerissen, sodass nur noch die markanten Torpfeiler des Bauwerkes erhalten sind. Die Pagode hatte ursprünglich einen fünfstöckigen Turm im orientalischen Stil und bestand aus schachbrettartig angeordneten Steinen, die aus verschiedenen Steinbrüchen in Schottland stammten.

Gowans nutzte diese Steinmuster auch für den Bau der Gedenksäulen. Hier sind die Steine jedoch bandförmig angeordnet: Die Säulen bestehen aus 18 verschiedenen Steinsorten, die jeweils mit den Namen der Steinbrüche beschriftet sind, aus denen sie stammen – Orte wie Dunmore, Polmaise und Whitsome Newton. Gowans wollte vergleichen, auf welche Weise die verschiedenen Steinsorten verwitterten. Er behandelte die Oberflächen der Steine unter Anwendung 14 verschiedener Methoden, die Namen wie *nidged* (scharriert: mit dem Steinmetzeisen bearbeitet), *hammer-daubed* (gehämmert), *fine-broached* (fein gebürstet), *splitter-striped* (splittergestreift) und *stugged* (in regelmäßigen Abständen werden kleine Vertiefungen in eine Steinoberfläche eingearbeitet) trugen.

Auf den Kappen und mittleren Steinbändern der Säulen sind Wappen und Embleme eingemeißelt. Auf jeder Säule sitzt ein Einhorn aus rotem Sandstein: König Robert erklärte das Einhorn Ende des 13. Jahrhunderts zum Nationaltier Schottlands.

## *Die Internationale Ausstellung für Industrie, Wissenschaft und Kunst von 1886*

Am Rande der Wiesenfläche, die den unteren Lauriston Gardens am nächsten liegt, befindet sich eine Sonnenuhr. Sie wurde hier aufgestellt, um an die Eröffnung der Internationalen Ausstellung für Industrie, Wissenschaft und Kunst durch Prinz Albert Victor zu erinnern. Stellen Sie sich vor, Sie reisen durch die Zeit zurück zum 8. Mai 1886. Prinz Albert Victor durchschnitt das Band zur Eröffnung einer riesigen Veranstaltung: Die gesamte Wiesenfläche wurde von einer riesigen, prunkvollen Halle eingenommen, die wie eine Mischung aus dem Bahnhof Waverley und dem Brighton Pavilion aussah und ein prunkvolles, mit Tierkreiszeichen geschmücktes Kuppeltor mit Blick auf den Brougham Place besaß. Es war eine internationale Ausstellung im Stil der Weltausstellung, die 1851 in London stattgefunden hatte, die sich für die Viktorianer zu einem absolut unverzichtbaren Event entwickelt hatte. In den Sommermonaten strömten Tausende herbei, um Neuigkeiten aus Kunst und Handwerk sowie neue Erfindungen und Technologien zu bestaunen. Sie bestiegen die elektrische Eisenbahn, die zwischen dem Brougham Place und Middle Meadow Walk verkehrte und unternahmen eine Reise in die Vergangenheit, während sie durch rekonstruierte Edinburgher Straßen aus dem 17. Jahrhundert (zum Beispiel die Netherbow Port und die Black Turnpike) spazierten. Die Mitarbeiter des Souvenirshops waren komplett im Stil des 17. Jahrhunderts gekleidet. Sogar die Souvenirs waren spektakulär – es gab geschnitzte Elfenbeinkreuze mit winzigen Metall-„Stanhoscopen" im Inneren, durch die man vergrößerte Mikrofotografien von der Ausstellung sehen konnte. Diese Weltausstellung war so großartig, dass die Leute sich wünschten, sie würde länger als nur einen Sommer dauern. Die prunkvolle Ausstellungshalle und all ihre Wunderwerke wurden am 30. Oktober 1886 offiziell geschlossen und verschwanden im Nebel der Zeit – nur die Sonnenuhr, die Gedenksäulen der Steinmetze (siehe vorige Seite) und ein oder zwei andere Relikte (siehe gegenüber) zeugen heute noch von der Ausstellung.

## *Spuren der Großen Ausstellung*

Hinter dem Pavillon-Café (EH9 1JU) steht ein frisch restaurierter Bogen, der aus vier Walkieferknochen besteht. Die Knochen dienten einst als Stangen für das Tipi des Strickwaren-Messestandes der Inseln Shetland und Fair-Isle, der zum Ausstellungsbereich „Frauen in der Industrie“ gehörte. In den Nicolson Square Gardens (EH8 9BH) steht die Säule der Bronze- und Eisenschmiede, das Ausstellungsexponat der Bronzeschmiede von Edinburgh und Leith. Auf jeder Tafel ist das Wappen einer schottischen Stadt abgebildet. An der Spitze schwingt Tubal-Kain (der erste Metallarbeiter/Schmied der Geschichte, eine Gestalt der Bibel) seinen Hammer. Im Café Royal (19 West Register Street, EH2 2AA) kann man die sechs gerahmten Royal Doulton-Fliesenporträts bewundern. Sie zeigen Erfinder wie Michael Faraday und James Watt in den Augenblicken, in denen sie ihre Entdeckungen machten. Oben auf dem Calton Hill, hinter dem Stewart-Denkmal, steht eine portugiesische Kanone, die mit dem königlichen Wappen Spaniens verziert ist.

# DAS ANATOMIEMUSEUM

②

## *Die Anatomie der Forschung*

*University of Edinburgh*
*1. Etage, Eingang 3, Medizinische Schule, Teviot Place, Edinburgh EH8 9AG*
*ed.ac.uk/biomedical-sciences/anatomy/anatomical-museum*
*In der Regel der letzte Samstag im Monat; vor dem Besuch bitte auf der Website und den Social-Media-Kanälen des Museums nachsehen. Juni, Juli & Dezember geschlossen*
*Eintritt frei, Spenden willkommen*
*Bus: 1, 2, 3, 10, 11, 16, 22, 23, 27, 30, 33, 34, 35, 41, 42, 45, 47, 67, 300, x47*

Ein Besuch im Anatomiemuseum ist zeitlich nicht ganz leicht zu planen, da das Museum nur am letzten Samstag im Monat geöffnet hat und im Juni, Juli und Dezember geschlossen ist. Aber Vorausplanung lohnt sich: Es wird eine äußerst eindrucksvolle Ausstellung zu 300 Jahren anatomischer Forschung gezeigt. Als das Museum 1880 in dieses Gebäude verlegt wurde, war Edinburgh das internationale Zentrum der Anatomielehre, und zu den Persönlichkeiten, die diese Artefakte studierten, gehörten Persönlichkeiten wie Charles Darwin, Thomas Hodgkin, James Young Simpson und Arthur Conan Doyle.

Schon der Eingang des Museums sieht atemberaubend aus: Die Tür wird von zwei riesigen Elefantenskeletten bewacht, und man geht durch einen hohen Bogen, in den sich der Kieferknochen eines Wals schmiegt, während ein 3D-Hologramm abwechselnd menschliche Organe, Muskeln und Nervensysteme projiziert. Die Hauptetage des Museums ist voller Skelette, anatomischer Modelle und konservierter Prosektionen (sezierter Leichname). An der hinteren Wand stehen weiße Gipsabgüsse von Köpfen, die für die Forschung der Phrenologie verwendet wurden; darunter befindet sich auch der Kopf von Franz Joseph Gall, des Begründers

dieser heute veralteten „Wissenschaft". Einige Exponate sind nichts für schwache Nerven, doch viele Stücke sind unerwartet schön, zum Beispiel die korallenartigen Harzabgüsse der Lungengefäße.

Zu den prominenten Bewohnern des Museums gehört der sogenannte „Quecksilbermann" – ein in Lack konservierter Leichnam, der das Ergebnis einer frühen Methode zur Untersuchung der Funktionsweise des Körpers ist: der Injektion von Quecksilber, welches die Prozesse der Systeme, in die es eindringt, Schritt für Schritt nachzeichnet. Der Quecksilbermann mag verschrumpelt und schwarz sein, aber er hat Alexander Monro II. dabei geholfen, das Lymphsystem zu analysieren.

Das Museum beherbergt auch das Skelett des berüchtigten Serienmörders William Burke, der noch immer seine Strafe verbüßt, die 1829 über ihn verhängt wurde: Er wurde gehängt, seziert und im Museum ausgestellt – genauso wie die Leichen, die er so übereifrig geliefert hatte.

## *Lieferluken*

Im Hörsaal für postgraduierte Juristen im Old College an der West College Street befindet sich eine Falltür, hinter der sich eine Steintreppe verbirgt. Diese Treppe führt zu einem unterirdischen Gang, der einst direkt zur Cowgate und den Gewölben unterhalb der South Bridge führte (siehe Seite 45). Hier wurden die Leichen diskret durch die unterirdischen Tunnel zur medizinischen Fakultät gebracht. Bis zum Inkrafttreten des Anatomiegesetzes von 1832 durften nur die Leichen hingerichteter Mörder seziert werden. Da die anatomische Forschung in einer entscheidenden Phase war, entwickelte sich ein Markt für frische Leichname. Dies begann mit Grabplünderungen, wie sie von Leichenräubern, den sogenannten *Resurrectionists* („Auferweckern"), praktiziert wurden, und steigerte sich bis zum gezielten Mord, wie ihn Burke und Hare verübten: Tod durch Ersticken (um die Anzeichen von Gewalt zu minimieren) wurde in jener Zeit „Burking" genannt. Ihr Hauptkunde war der extravagante Chirurg Dr. Robert Knox, der am 4 Newington Place wohnte. Seine Praxis befand sich hinter dem Centre for Carbon Innovation. Wer einen Blick in den Keller unter der Treppe wirft, wird dort eine ziemlich verdächtig aussehende Luke in der Wand entdecken. Obwohl ein beliebter Reim lautete: „Burke ist der Metzger, Hare ist der Dieb, Knox der Typ, der das Fleisch kauft", wurde nur Burke hingerichtet, während Hare entkam und das Gericht Knox für unschuldig befand. Die Einwohner von Edinburgh waren mit dem Urteil alles andere als einverstanden. Ein wütender Lynchmob verfolgte Knox, der zwar entkommen konnte, aber aus dem Royal College of Surgeons und der *Royal Society of Edinburgh* ausgeschlossen wurde und ein Lehrverbot in ganz Schottland erhielt.

# SCHATZTRUHE GEORGE SQUARE ③

## *Miniaturkunstwerke*

*Informatikforum, 10 Crichton Street, Edinburgh EH8 9AB*
*Exhibition Gallery, Main Library, George Square, Edinburgh EH8 9LJ*
*0131 650 8379 – libraryblogs.is.ed.ac.uk – is-crc@ed.ac.uk*
*Die Öffnungszeiten der Bibliothek variieren, in der Regel hat sie von 7.30–2.30 Uhr geöffnet*
*Eintritt frei*
*Bus: 41, 42, 67*

*The Next Big Thing … is A Series of Little Things*, Susan Collis, (2017) Bronze. Foto: Abdruck mit freundlicher Genehmigung der Universität Edinburgh

Der George Square ist voller versteckter Kunstwerke und interessanter Objekte, die man leicht übersehen kann, weil sie so klein sind und überall Studenten herumwuseln. An sonnigen Tagen muss man vielleicht ein oder zwei Schritte gehen, um die Skulptur *Haynes Nano Stage* zu finden, die sich direkt vor dem Informatikforum an der Ecke Crichton Street/Charles Street erhebt. Fotos davon sind – zumindest in Bezug auf die Größe der Skulptur – oft irreführend: Was man sucht, hat in etwa die Größe eines Bildbandes. Denn genau das ist die Skulptur: ein in Edelstahl gegossenes Buch.

Der Bildhauer David Forsyth wollte mit dieser Skulptur darauf anspielen, dass der Paperback Bookshop von Jim Haynes (der in den 1960er-Jahren an dieser Stelle stand) eine Bühne für viele kulturelle Aktivitäten bot. Haynes lebt heute in Paris, wo er literarische Sonntagstreffen veranstaltet, an denen jeder teilnehmen kann, der ihm eine E-Mail schickt und einen Beitrag leistet – aber in den 1960er-Jahren war sein Buchladen das Zentrum einer berühmten Gegenkultur: der Beat-Szene Edinburghs. Besonders berühmt ist der ausgestopfte Kopf eines indischen Nashorns, der aus der Fassade des Geschäfts ragt und so aussieht, als sei das Nashorn gerade aus der Buchhandlung gestürmt und in der Wand stecken geblieben. Wenn Sie um die Ecke schauen und zum Bristo Square blicken, sehen Sie einen (viel kleineren) Bronzekopf, den der Bildhauer William Darrell geschaffen hat. Der Kopf thront – weit außerhalb der Reichweite – hoch oben an der Wand.

Wenn man von hier aus zur McEwan Hall geht, könnte man meinen, jemand sei mit einer undichten Dose bronzefarbener Farbe über den Platz gelaufen: Hierbei handelt es sich um das Kunstwerk *The Next Big Thing ... is A Series of Little Things* der Künstlerin Susan Collis.

Auch wenn man den George Square umrundet, sollte man die Augen offenhalten: Hier stehen interessante Gedenktafeln für alle möglichen ehemaligen Studenten der Universität – die Schriftsteller Sir Walter Scott und Robert Louis Stevenson; die Autorin Jane Welsh Carlyle; Medizinstudenten wie Benjamin Rush, der zu den Unterzeichnern der Unabhängigkeitserklärung der USA gehörte; James Africanus Horton, Edinburghs erster afrikanischer Absolvent und der erste westafrikanische Schriftsteller, der die Unabhängigkeit Afrikas forderte; und eine letzte Gedenktafel, die an den Wirtschafts- und Geschichtsstudenten Julius Kambarage Nyerere erinnert, der später zum ersten Präsidenten von Tansania ernannt wurde. Im Garten, der sich in der Mitte des Platzes erstreckt, befindet sich ein kleines Labyrinth aus Hecken, in dem man sich leicht verlaufen kann. Wenn Sie wieder herausgefunden haben, geht es weiter zur Universitätsbibliothek. Im Eingang der Bibliothek befindet sich ein winziges Museum, das Wechselausstellungen des Universitätszentrums für Forschungssammlungen zeigt.

# DIE VERBORGENE GARTENKAPELLE DES HEILIGEN ALBERTUS MAGNUS ④

## *Ein lichtdurchlässiger Tempel*

*Katholisches Kaplansamt des Heiligen Albertus, George Square Lane, Edinburgh EH8 9LD*
*(Eingang abgehend von der George Square Lane, gegenüber von Peter's Yard Café)*
*0131 650 0900 – scotland.op.org/edinburgh*
*Täglich 8–18 Uhr (während der Gottesdienste geschlossen); Eintritt frei*
*Bus: 23, 27, 35, 41, 42, 45, 47, 67*

Wenn man den Middle Meadow Walk herunterläuft, ist die Kapelle des Heiligen Albertus Magnus nur einen Steinwurf entfernt. Und doch ist sie fast unsichtbar, denn sie verbirgt sich geschickt hinter der Mauer, die am Ende der George Square Lane verläuft.

Wenn Sie durch das Tor mit der Aufschrift St. Albert's Catholic Chaplaincy (Katholisches Kaplansamtes des Heiligen Albertus) gehen, kommt die Kapelle zum Vorschein – ein auffallend schönes, modernes Bauwerk, das sich perfekt in die Umgebung einfügt und doch in völligem Gegensatz zu den hohen Wohnhäusern dahinter (Überreste des ersten georgianischen Platzes von Edinburgh) steht. Eine Seite der Kapelle besteht aus einer hellen, dicken Steinwand. Über der Kapelle scheint ein hölzernes Segeldach zu schweben, das von vier oxidierten, stählernen „Baumstämmen" gehalten wird. Der Giebel besteht aus Glas, wodurch die ganze Kapelle hell und ätherisch wirkt. Eine solche Architektur würde man eher an der Küste von Los Angeles vermuten und nicht im Herzen der Altstadt von Edinburgh.

Doch auch das Innere der Kapelle ist atemberaubend: Die Seitenwände bestehen aus Holzlatten, die sich zur Decke hin wölben und sowohl seitlich als auch von oben Licht in das Gebäude fluten lassen. Wir sind so sehr Kirchen mit schmalen Buntglasfenstern (die kaum Licht hineinlassen) gewöhnt, dass es zunächst wie ein Schock wirkt, in einer so lichtdurchfluteten Kirche zu stehen – vor allem dann, wenn man die Kapelle nachmittags besucht.

Da der Garten in einem Landschaftsschutzgebiet liegt und eine große Platane beherbergt, konnte das Planungsamt von Edinburgh nur eine geringe Baufläche für die Kapelle bereitstellen. Aber die Einschränkungen haben die Erbauer nur zu noch größerer Kreativität inspiriert. Der Glasgiebel ist fast unsichtbar; das Vordach ragt über die Mauern hinaus bis in den Garten hinein, ohne die kostbare Platane zu berühren, und schafft damit eine Illusion von weitem Raum.

Der schlichte und dezente Baustil der Kapelle, der fast völlige Verzicht auf Dekorationselemente und der eingeschränkte Einsatz von Baumaterialien entsprechen ganz der Philosophie der Dominikaner. Alles in der wunderschönen Kapelle ist handgefertigt; außerdem bietet sie allerlei clevere praktische Funktionen – zum Beispiel können die Kirchenbänke verkürzt werden, um mehr Platz für große Zeremonien zu schaffen. Der Beichtraum ist hinter einer unsichtbaren Tür links vom Eingang versteckt. Die Architekten Simpson & Brown arbeiteten eng mit den Bauherren der dominikanischen Gemeinschaft zusammen, die sich gut in Architektur auskannten und sehr praktisch veranlagt waren. So wurde das Gebäude nicht nur mit zahlreichen Architekturpreisen von RIBA und RIAS ausgezeichnet, sondern das Kaplansamt erhielt auch einen ScottishGovernment/RIAS client award.

# DER INNOCENT-TUNNEL & DER SCOTLAND-STREET-TUNNEL

⑤

## *Doppelter Tunnelblick*

*Innocent-Eisenbahntunnel, neben der Kreuzung East Parkside/Holyrood Park Road, Edinburgh EH16 5XN*
*Rund um die Uhr geöffnet*
*Eintritt frei*
*Bus: 2, 14, 30, 33*

*Tunneleingang Scotland Street, zu sehen von Gleis 19, Bahnhof Waverley, Edinburgh EH1 1BD*
*Bus: 3, 14, 29, 30, 31, 33, 37, 49*
*Tram: St. Andrew Square. Zug: Waverley Station*

Unterhalb der Straßen im Zentrum Edinburghs verlaufen zwei interessante alte Eisenbahntunnel. Der erste – der Innocent-Tunnel – ist als Radweg für die Öffentlichkeit zugänglich; der zweite – der Scotland-Street-Tunnel – ist abgesperrt. Beide wurden im Abstand von etwa zehn Jahren von viktorianischen Ingenieuren erbaut. Sie haben jedoch ein so starkes Gefälle, dass eine Hochdrucklokomotive nötig war, um die Züge die Gleise hinauf zu ziehen.

Die Stelle an der Holyrood Park Road, unter der sich der Anfang des Innocent-Tunnels befindet, wird von einem schmalen viktorianischen Briefkasten markiert. Der Tunnel ist Teil der alten Strecke, die einst zwischen St. Leonard's und Dalkeith verlief. Er wurde 1829 von James Jardine erbaut und war der erste öffentliche Eisenbahntunnel in Schottland. Der Tunnel führt über eine Strecke von etwas mehr als 500 Metern mit einem Gefälle von 1:30 bergab, bevor er unterhalb von Samson's Ribs am Rand des Holyrood Park wieder auftaucht. Ursprünglich war er für den Transport von Kohle gedacht, doch bald schon wurde er auch für den Personenverkehr genutzt – hauptsächlich von Zuggästen, die Tagesausflüge nach Portobello unternahmen. Es gibt verschiedene Theorien darüber, wie der Innocent-Tunnel zu seinem Namen kam. Eine lautet, dass er so genannt wurde, weil es während seiner Erbauung keine tödlichen Unfälle gab. Eine andere Theorie besagt, dass der Tunnel so viele Bedarfshalte zuließ, dass sich keiner die Mühe machte, extra Tickets auszustellen. Oder, die wahrscheinlichste Theorie: Die Pferdebahn, die auf der Strecke verkehrte, fuhr so langsam, dass die Leute unterwegs absprangen und Brombeeren oder Gänseblümchen sammelten, um dann wieder in die fahrende Bahn einzusteigen. Wenn man durch den Tunnel in die Tiefe läuft, fühlt er sich nicht ganz so unschuldig an – die Temperaturen sinken merklich und durch die Röhre pfeift ein starker Luftzug. Als der Tunnel in den 1980er-Jahren wiedereröffnet wurde, gab es Gerüchte, dass quer über den Weg verlegte Drähte Fahrradunfälle hervorrufen könnten. Könnte man den Scotland-Street-Tunnel betreten, würde man ein noch stärkeres Gefälle von 1:27 vorfinden. Mit 910 Metern ist er zudem fast doppelt so lang wie der Innocent-Tunnel. Der Bau des Scotland-Street-Tunnels verlief nicht ganz reibungslos: Obwohl man eigens den renommierten Bauingenieur George Buchanan engagiert hatte, um die Anwohner von New Town zu beschwichtigen, die besorgt darüber waren, dass unter ihren Häusern ein Tunnel gegraben wurde, geriet einer der Tunnel in Schieflage und eine riesige Wasserwelle brach durch die Mauern, überflutete die Häuser in Canonmills und tötete dabei vier Bergleute. Nur zwei Wochen nach der Eröffnung des Tunnels im Jahr 1847 riss das Seil, das die Züge zog. Die unheilvolle Strecke wurde stillgelegt und durch eine neue Route ersetzt; im Jahr 1868 wurde der Tunnel komplett für den Personenverkehr gesperrt.

# DER JÜDISCHE FRIEDHOF VON SCIENNES ⑥

## *Der erste jüdische Friedhof Schottlands*

*Sciennes House Place, Edinburgh EH9 1NN*
*Der Friedhof ist öffentlich nicht zugänglich, er kann nur von außen durch den Zaun betrachtet werden*
*Bus: 42, 67, 29*

In einer versteckten Seitenstraße von Sciennes, verborgen hinter einer Reihe von Wohnhäusern, eröffnete die Hebräische Gemeinde von Edinburgh (deren Synagoge sich nicht weit von hier befindet; siehe nächste Seite) im Jahr 1816 einen winzigen Friedhof, der für lange Zeit der einzige jüdische Friedhof in Schottland sein sollte.

Die Straße hieß damals Braid Place; in der Nähe befand sich eine Gasse, die von der Causewayside zum Friedhof führte; sie wurde in den 1960er-Jahren jedoch abgerissen. Heute ist der Friedhof mit seinen rund 20 Grabsteinen für die Öffentlichkeit gesperrt, kann aber durch den Zaun betrachtet werden. Viele der hebräischen Inschriften sind inzwischen verwittert, doch gelegentlich tauchen auch Namen in englischer Schrift auf – Lipman, Ezekiel, Ashenheim. Jüdische Familien aus ganz Schottland erwarben hier Grabstellen, da es im 19. Jahrhundert nördlich der Grenze keinen anderen geweihten Boden gab.

Die erste jüdische Grabparzelle – eine Felsenhöhle, die Herman Lyon für seine Familie erwarb –, befand sich an der Ostseite des alten Stadtobservatoriums auf dem Calton Hill. Lyon, der 1788 aus Deutschland nach Schottland kam, war Zahnarzt und Podologe – oder „Hühneraugen-Operateur", wie er sich selbst gern nannte. Heute sind alle Spuren seiner Familiengruft auf dem Calton Hill verschwunden, aber einige seiner Nachkommen liegen hier in Causewayside. Auf dem Friedhof befinden sich auch Gräber von prominenten Mitgliedern der jüdischen Gemeinde Edinburghs, zum Beispiel das Grab der Schriftstellerin Muriel Spark, das des Physikers Max Born (der mit dem Nobelpreis ausgezeichnet wurde) und die letzte Ruhestätte des konservativen Politikers Malcolm Rifkind.

Die Gegend von Causewayside war früher das Zentrum einer florierenden jüdischen Gemeinde: Hier befanden sich drei koschere Metzgereien, ein koscherer Fish-and-Chips-Laden in der Davie Street und die Bäckerei Kleinberg in East Cross Causewayside. Als die Bäckerei im Jahr 2005 geschlossen wurde, mussten die Leute, die koscheres Roggenbrot oder Challa-Hefezöpfe kaufen wollten, ihre Waren aus Manchester anliefern lassen – bis die deutsche Bäckerei Falko Konditormeister in Bruntsfield eröffnet wurde, die den Mangel an ungesäuertem Brot wieder ausglich. Jetzt geht jeden Freitagmorgen ein Mitglied der jüdischen Gemeinde in die Filiale, um den Ofen anzuzünden, und der Bäckermeister stellt zertifiziert koschere Challa-Zöpfe für die Schabbat-Feste in Edinburgh her.

Gegenüber vom Jüdischen Friedhof befindet sich das Sciennes Hill House. Hier traf Walter Scott einst auf den Dichter Robert Burns, der beim Anblick von Banburys Gemälde eines toten Soldaten in Tränen ausbrach. Es war ihre erste und zugleich auch letzte Begegnung.

# DIE BUNTGLASFENSTER DER SYNAGOGE VON EDINBURGH

7

*Fenster zur Seele*

*4a Salisbury Road, Edinburgh EH16 5AB*
*ehcong.com*
*Besuche können im Voraus per E-Mail vereinbart werden: secretary@ehcong.com (eine kleine Spende wird dankbar angenommen)*
*Bus: 2, 14, 30, 33*

Wenn man vom Royal Commonwealth Pool nach Westen fährt, kann es passieren, dass man die einzige Synagoge Edinburghs – ein ganz besonderes Art-déco-Gebäude – vollkommen übersieht und daran vorbeifährt. Sie steht hier seit 1932, als die Hebräische Gemeinde von Edinburgh (EHC) ihre Blütezeit erlebte und die 2.000 Sitzplätze der Synagoge immer voll besetzt waren.

Die erste Erwähnung eines jüdischen Einwohners in Edinburgh stammt aus dem Jahr 1691. Nach und nach wuchs die jüdische Gemeinde, bis 1825 in Richmond Court (nicht weit von hier) die erste Synagoge errichtet wurde, die 67 Sitzplätze bot. Um die Jahrhundertwende gab es im Süden der Stadt vier oder fünf verschiedene Synagogen. Dr. Salis Daiches, der damalige Rabbiner der EHC, plante den Bau einer großen Synagoge, die alle jüdischen Gotteshäuser miteinander vereinen sollte.

Als die Synagoge fertiggestellt wurde, war sie das einzige rote Backsteingebäude in Edinburgh. Ihre heutige Einstufung als Baudenkmal der Klassifizierung Grade II ist jedoch auf die beeindruckenden Buntglasfenster zurückzuführen, die das Gebäude zieren: Die sechs Fenster im kleinen Gebetssaal wurden von dem großen schottischen Künstler William Wilson geschaffen, der gebürtiger Edinburgher war und als Grafiker, Aquarellist und Glasmaler arbeitete. Die anderen Fenster rund um die Synagoge stammen von verschiedenen Künstlern; zwei wurden von dem Architekten Henry Joseph selbst angefertigt. Die Herkunft der anderen 13 Fenster bleibt jedoch – trotz umfangreicher Nachforschungen der Historikerin Bobbi Smith – ein Rätsel. Die Fenster, die Motive aus der hebräischen Bibel zeigen, zum Beispiel die Stämme Israels, die Menora und den Davidstern, wurden im Laufe der Jahre von Gemeindemitgliedern gestiftet. Über die Spender wurde Buch geführt, aber (sehr zur Enttäuschung von Bobbi Smith) nicht über die Künstler, die die Fenster schufen.

Die jüdische Gemeinde von Edinburgh ist inzwischen auf weniger als 150 Mitglieder geschrumpft, so dass die EHC die Größe des Hauptgebetssaals halbieren musste. Manche befürchten, dass die Gemeinde in den nächsten zehn Jahren ganz aussterben könnte. Aber es gibt auch einige Lichtblicke. Im Jahr 2009 wurden einige Fenster der Synagoge von zwei muslimischen Jugendlichen mutwillig zerstört. Die Schottisch-Islamische Stiftung bot daraufhin an, das Gebäude bewachen zu lassen, und schrieb an die EHC: „Wir möchten Sie wissen lassen, dass die muslimische Gemeinschaft Abscheu und Entsetzen über diesen Akt des Vandalismus empfindet und voll und ganz hinter Ihnen steht. Es ist falsch, ein Gebäude gewaltsam zu beschädigen. Die Tatsache, dass es sich um einen angesehenen Ort des Gebets, des Glaubens und der Spiritualität handelt, macht dieses Verbrechen noch abscheulicher."

# DIE STATUE VON HUANG KUANG ⑧

## *Der erste chinesische Student der westlichen Medizin*

*Konfuzius-Institut Schottland, Abden House, 1 Marchhall Crescent, Edinburgh EH16 5HP*
*0131 662 2180 – info@confuciusinstitute.ac.uk – confuciusinstitute.ac.uk*
*Die Statue kann rund um die Uhr besichtigt werden*
*Kostenfrei*
*Das Abden House ist während der offiziellen Öffnungszeiten (Mo bis Fr 9.30–18 Uhr) zugänglich; man sollte jedoch vor dem Besuch anrufen und sich anmelden*
*Bus: 2, 14, 30, 33*

Versteckt neben den Pollock Halls – in einem viktorianischen Wohngebiet namens Blacket – befindet sich ein großes Jakobinerhaus namens Abden. Es ist der Sitz des Konfuzius-Instituts Schottland, einer eindrucksvollen Einrichtung, die die Bildungs-, Wirtschafts- und Kulturbeziehungen zwischen Schottland und China fördert. Die Organisation steht hinter allen großen schottisch-chinesischen Kulturveranstaltungen, wie zum Beispiel der Ausstellung der Terrakottakrieger-Laternen im Old Quad, der Inszenierung des *Sommernachtstraums* durch die Pekinger Filmakademie und dem britischen Filmfestival Cinema China.

Gegenüber vom Eingang des Instituts steht eine zwei Meter hohe Bronzestatue, die einen bescheiden wirkenden Mann mit Brille in langen chinesischen Gewändern mit einem Buch unter dem Arm darstellt. Es ist die einzige Statue in der gesamten Universität, die einem Studenten gewidmet ist. Sein Name ist Huang Kuang: Er war der erste Chinese, der im Westen studierte. Er promovierte 1857 an der Medizinischen Fakultät Edinburgh, führte in seinem Heimatland neue chirurgische Methoden ein und spielte eine entscheidende Rolle bei der Bekämpfung der Cholera-Epidemie, die China 1870 heimsuchte. Die Statue wurde dem Konfuzius-Institut von der Stadt Zhuhai (Provinz Guangdong) gestiftet und 2007 im Rahmen einer großen Eröffnungszeremonie von Alex Salmond, dem ehemaligen Premierminister, enthüllt.

Auch das Abden House ist ein interessantes Bauwerk;. Man kann es nach Voranmeldung besichtigen oder einen der vielen Chinesisch- und Kalligrafie-Kurse sowie die Wirtschaftsvorträge des Instituts besuchen, die in dem Gebäude stattfinden. Alle Räume bieten einen eindrucksvollen Ausblick auf den Hügel Arthur's Seat, der hinter den Fenstern aufragt. In der kleinen Bibliothek steht eine Sammlung von englischen und chinesischen Romanen bereit, außerdem gibt es Bücher zu den Themen chinesische Kunst, Wirtschaft, Politik und Religion sowie Kochbücher und DVDs in chinesischer Sprache.

## *Der erste zentrumsnahe Villenvorort Edinburghs*

Das Abden House liegt am Rand des Denkmalschutzgebietes Blacket: Dieses Stadtviertel besteht aus fünf Straßen mit 140 gut erhaltenen, prachtvollen viktorianischen Villen und ist im Grunde eine sehr noble Wohnsiedlung. Dr. Joseph Bell, der Lehrer von Arthur Conan Doyle, der angeblich ein frühes Vorbild für Sherlock Holmes war, lebte einst in diesem Stadtviertel. Man kann immer noch die fünf *gate piers* sehen – die Pfeiler der Pförtnerhäuser, die die Wohnsiedlung umgaben. Die Hauptpfeiler befinden sich an den Rändern der Siedlung an der Kreuzung Blacket Avenue/Minto Street sowie an der Dalkeith Road.

# DER BOHRSTEIN

9

## *Ein Denkmal für Marmion*

*Gegenüber von 122 Morningside Road, Edinburgh EH10 4BY*
*Rund um die Uhr zugänglich. Eintritt frei*
*Bus: 5, 11, 15/15A, 16, 23, 36, 45*

In der Schutzmauer der ehemaligen Pfarrkirche von Morningside (gleich oberhalb der Stelle, wo die Morningside Road die Straße Newbattle Terrace kreuzt) thront knapp über Kopfhöhe ein uralter Felsbrocken. Ein Stück darunter befindet sich eine vergoldete Tafel, auf der zu lesen ist, dass dies der Stein ist, „auf dem die Königliche Standarte zum letzten Mal vor der Schlacht von Flodden, 1513, auf dem Burgh Muir zum Aufmarsch der schottischen Armee gehisst wurde". Danach wird eine Passage aus *Marmion* zitiert, einem Epos von Sir Walter Scott, das von einem fehlerhaften Helden namens Marmion handelt, der versucht, seinen Nebenbuhler loszuwerden, indem er ihn fälschlicherweise des Verrats beschuldigt. Marmions Plan geht nach hinten los: Er verliert nicht nur das Mädchen, sondern findet auch den Tod in der Schlacht von Flodden (der verheerendsten Schlacht der schottischen Geschichte):

*Das Höchste und Innerste ward verlangt,*
*Die Königliche Flagge schwebte weit,*
*Der Mast ein starker, gerader Kiefernbaum,*
*Tief in einem massiven Stein verankert.*
*Er zeigt sich noch in der Erinnerung,*
*Jedoch gekrümmt unter dem Gewicht der Flagge.*

Ein *Bore Stane* („Bohrstein") ist ein Stein, der durchbohrt wird, damit ein Fahnenmast eingesetzt werden kann. Aber dieser Stein scheint kein solches Loch zu haben, geschweige denn eines, das groß genug wäre, um eine ganze Kiefer aufzunehmen. Historiker vermuten, dass es sich bei der Flodden-Legende um Folklore handelt, die Scott in seinem mythologischen Epos mit Details ausschmückte, und dass der Stein in Wirklichkeit wohl eher der Deckel eines Steinsargs oder einer steinernen Kiste war. Immerhin: Er befindet sich auf dem höchsten Punkt des Burgh Muir, des 13 Quadratkilometer großen Gemeindelandes, das sich nördlich bis zur Forest Road und östlich bis zur Dalkeith Road erstreckt. Hier versammelten die schottischen Könige ihre Truppen vor der Schlacht, sodass es durchaus möglich ist, dass hier Flaggen gehisst wurden.

## IN DER UMGEBUNG

Die Morningside Road war die Hauptstraße, die breit genug für Pferdekutschen war und nach Süden führte. Wenn Sie die Straße überqueren und den Hügel hinunterlaufen, stoßen Sie an der Kreuzung zum Morningside Place auf einen alten, in die niedrige Mauer eingelassenen Meilenstein, auf dem geschrieben steht: „Eine Meile von Tollcross".

# SPRINGVALLEY GARDENS

⑩

*Eine Cowboystadt wie aus dem Wilden Westen*

*Morningside, Edinburgh EH10 4QG*
*Rund um die Uhr zugänglich*
*Eintritt frei*
*Bus: 11, 15, 15A, 23, 38, 41*

Die meisten Einwohner von Morningside wissen nicht, dass sich gleich hinter ihrer Hauptstraße eine kleine Gasse befindet, in der es wie im Wilden Westen aussieht. Filmstudenten wissen davon – das Viertel diente als Kulisse für so manchen Westernfilm voller schießwütiger, whiskyschlürfender und von Huren besessener Cowboys. John Hannah drehte dort eine Nachtclubszene für eine Folge der Fernsehserie *Rebus*. Country-Sänger haben in der Gasse ihre Albumcover fotografiert und Musikvideos gedreht. Und sogar das eine oder andere Hochzeitsfoto wurde hier schon geschossen.

Aber diese Cowboy-Gasse war ursprünglich nicht als Westernkulisse konzipiert. Die Wild-West-Kulisse wurde 1995 von Michael Faulkner gebaut, einem Möbelhändler, der einen Themenpark für seine „Pine-Country"-Holzmöbel im Südstaaten-Stil errichten wollte. Michaels Vater war Lord Faulkner, der für kurze Zeit der letzte Premierminister von Nordirland war.

Michael und seine Frau Lynn McGregor, die vom Inhaber des Nachbargeschäftes Lawnmower Services als „echte Künstler" bezeichnet werden, engagierten einige befreundete Kulissenbauer (die gerade am Bau von EuroDisney mitgewirkt hatten), um die perfekte Szenerie für ihr Möbel-Imperium zu errichten. Die Gasse wurde in nur wenigen Monaten erbaut, sah mit ihren kleinen, holzverkleideten Häuschen aus wie eine winzige Wild-West-Grenzstadt und entwickelte sich schnell zu einer Künstlergemeinschaft, in der zahlreiche Kunsthandwerker arbeiteten. Es gab ein Gefängnis, eine Handelsstation und einen Saloon, der eigentlich die Feuertreppe der Bibliothek war. Leider war die großartige und kreative Vision der Möbelhändler von kurzer Dauer – nur vier Jahre später öffnete IKEA seine Türen, und die florierende Tischlerei wurde zu Sägemehl.

Jetzt rollen hier nur noch Steppenläufer durch, und der ein oder andere Mechaniker passiert die Gasse auf dem Weg zu seiner Werkstatt. Nach seinem Bankrott zog Michael zurück auf die Insel Islandmore und ließ sich im Ferienhaus seiner Familie nieder. Dies war ein noch wilderer Westen, ohne Strom und fließendes Wasser. Doch der Unternehmer baute das Grundstück aus und veröffentlichte das Buch *The Blue Cabin*, in dem er dokumentierte, wie er dieses neue „Grenzgebiet" für sich erobert hatte.

## IN DER UMGEBUNG

In die Mauer des Hofes sind einige seltsam geformte Steine – Kreuze, Bögen und Lilien – eingelassen, die von großem Interesse für Historiker und Architekturstudenten sind. Man nimmt an, dass es sich um Überreste der Holy Trinity handelt: der Kirche des Universitätskrankenhauses, die im 15. Jahrhundert erbaut wurde und an der alten Straße Leith Wynd stand, die heute die Rückseite des Bahnhofs Waverley bildet.

# DER GEFLIESTE KORRIDOR

(11)

## *„Decorum est“*

*Royal Edinburgh Building*
*Royal Edinburgh Hospital, Morningside Terrace, Edinburgh EH10 5HL*
*0131 537 6000 – francespriest.co.uk – mail@francespriest.co.uk*
*Rund um die Uhr geöffnet – Bus: 5, 11, 16, 23, 36, 38*

Krankenhäuser (vor allem moderne Krankenhäuser) können sehr sterile, labyrinthartige Gebäude sein, die ausschließlich auf praktische Aspekte wie räumliche Anordnung und Kostenplan ausgerichtet

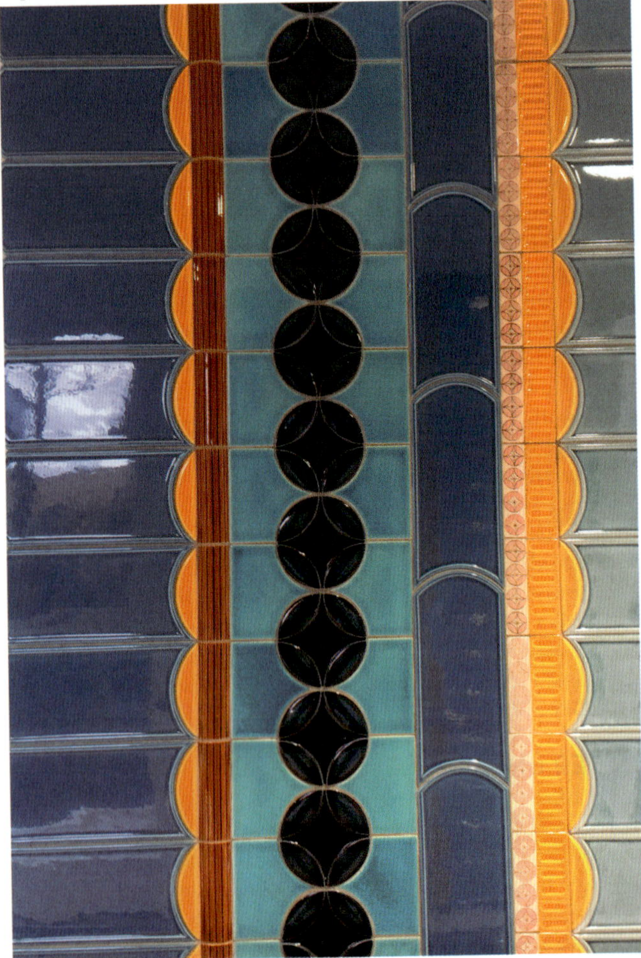

sind. Kunst und Gestaltung stehen nur selten im Vordergrund. Aber der Psychiatrie-Pionier Thomas Clouston erkannte schon in den 1880er-Jahren, dass eine schön gestaltete Umgebung sehr wichtig für das psychische Wohlbefinden von Patienten ist, als er das nahe gelegene Craig House im Vorort Craiglockhart zu einem psychiatrischen Krankenhaus umbaute. Berühmte Patienten seines Krankenhauses waren unter anderem die Kriegsdichter Wilfred Owen und Siegfried Sassoon. Als die *Gesundheitsstiftung Edinburgh & Lothian* die Keramikkünstlerin Frances Priest beauftragte, ein Werk für das Psychiatrische Krankenhaus Royal Edinburgh Hospital zu entwerfen, ließ sich die Künstlerin vom gefliesten Treppenhaus des Craig House inspirieren.

Frances spielte mit den petrol- und ockerfarbenen viktorianischen Fliesenmustern, die sie auf Archivbildern entdeckt hatte: Sie vergrößerte sie, ordnete sie neu an und fügte kräftigere Orange- und Türkistöne hinzu. Der Fliesenspezialist Craven Dunnill Jackfield aus Shropshire goss 2.500 Fliesen aus den Gussformen der Originale, die Frances entworfen hatte. Das Ergebnis: Der sterile Korridor mit den weißen Fenstern verwandelte sich in einen lebendigen, freundlichen Raum, in dem das Sonnenlicht auf dem glänzenden Lack der Zinnglasuren tanzt. Und wenn man genau hinsieht, kann man zwischen den kunstvollen Reproduktionen auch die 300 nicht ganz so perfekten, aber ebenso schönen Originalfliesen entdecken, die Frances Priest von Hand gefertigt hat.

## IN DER UMGEBUNG

### *Laubstreu-Skulpturen*

*cyrenians.scot/community-and-food/community-gardens*
*Di, Mi & Fr 10–16 Uhr*

Auf dem Gelände des Royal Edinburgh Hospital gibt es einen Gemeinschaftsgarten: ein aktiv bewirtschafteter Schrebergarten mit Gemüsebeeten, Bienen, Wildblumen und menschlichen Skulpturen aus Hühnerdraht und Laubstreu. Die Statuen sind in so lebensechten Posen gestaltet, dass man glaubt, sie greifen gerade wirklich nach einem entlaufenden Huhn oder stolpern, während sie mit der Schubkarre herumlaufen. Der Garten wird von Mitarbeitern des Krankenhauses und freiwilligen Helfern bewirtschaftet und von den *Cyrenians* verwaltet, einer Wohltätigkeitsorganisation, die zur Bekämpfung von Obdachlosigkeit gegründet wurde und heute vor allem in den Bereichen psychische Gesundheit und seelisches Wohlbefinden arbeitet. Der Garten steht für jeden offen – die Öffentlichkeit ist herzlich eingeladen, ihn zu besuchen. Die *Cyrenians* arbeiten mit Patienten, Beschäftigungstherapeuten des NHS, Ärzten, Studenten und der örtlichen Gemeinde zusammen und bieten Gartentherapien, Imkerkurse, Kochkurse im Freien sowie Zutaten für Kräuterheilmittel an.

# DIE VERSTECKTE EREMITAGE

⑫

## *Küche, Diele, Mord*

*Old Hermitage House, Hermitage of Braid, 69a Braid Road, Edinburgh EH10 6JF*
*0131 529 2401 – fohb.org – naturalheritageservice@edinburgh.gov.uk*
*Öffnungszeiten des Hauses: Mo bis Fr 9–16 Uhr – Eintritt frei*
*Bus: 5, 11, 15, 16*

Die Hermitage of Braid in Morningside ist ein beliebtes Ziel für Hundespaziergänger, birgt aber einige geheime Schätze, die nur die neugierigsten Hunde entdecken. Einige Hunde springen die steilen

Terrassen des ummauerten Gartens aus dem 18. Jahrhundert hinauf und entdecken dort das beeindruckende Doocot (Taubenhaus), das so groß ist, dass es 1.965 Taubennester oder mehrere mittelgroße Familien beherbergen könnte. Andere erschnüffeln vielleicht das viktorianische Eishaus, dessen kleiner vergitterter Eingang sich an dem Hang oberhalb des großen Gebäudes versteckt: Hier wurden einst Wildfleisch, Sorbets und Eiscreme gelagert – auf Eis, das wahrscheinlich aus dem nahe gelegenen Ententeich gehackt wurde. Schwieriger aufzuspüren ist das alte Wasserpumpensystem des kleinen Flusses Braid, das sich zwischen dem Stallgebäude und dem ummauerten Garten erstreckt. Wer genau hinschaut, wird am Ufer zwei marode, kugelförmige Backsteinkonstruktionen entdecken, in deren Mitte Kanonenkugeln zu stecken scheinen: Dies sind die Ventile eines ausgeklügelten hydraulischen Widders (Staudruck-Wasserheber), der die Kraft des Baches nutzte, um das Wasser bergauf in einen Speichertank zu befördern. Das Wasser floss aus dem Fluss in ein breites Rohr, das mit einem schmaleren Rohr verbunden war. Dieses Rohr baute Druck auf und schloss sich plötzlich, sodass das Wasser stoßartig durch das schmale Rohr nach oben gedrückt wurde. Sobald der Druck abfiel, öffnete sich die Sperre wieder und der Zyklus wiederholte sich – ein äußerst praktisches, wenn auch etwas lautstarkes System, das die Förderer der Hermitage of Braid wieder in Betrieb nehmen wollen, um den ummauerten Garten mit Wasser zu versorgen.

Die faszinierendste Einrichtung des Anwesens befindet sich jedoch im Keller des Old Hermitage House, das 1775 von Charles Gordon of Cluny erbaut wurde. Gordon war bekannt für seinen Geiz – er weigerte sich oft, „aus dem Bett aufzustehen, weil er es sich nicht leisten konnte". Im Untergeschoss des Besucherzentrums befindet sich am Ende der Diele die viktorianische Küche, die gelbe Wände hat und trotz ihrer beträchtlichen Größe seltsam beengend wirkt. In die Rückwand ist ein gusseiserner Cookson-Herd eingebaut, daneben befindet sich die runde, pechschwarze Tür zum Brotofen. Man sollte sich die Verzierung auf der Vorderseite des Ofens genauer ansehen: Was auf den ersten Blick wie ein tanzendes Paar aussieht, ist in Wirklichkeit eine hexenähnliche Frau, die einen Mann erwürgt. Niemand scheint den Ursprung dieses Bildes zu kennen – obwohl ein Einheimischer sich daran erinnert, von einer Frau gehört zu haben, die ihren Mann ermordet und im Blumenbeet vor dem Old Hermitage House vergraben hat.

## IN DER UMGEBUNG

Auf dem Gelände vor der Braid Road 66 stehen die Hanging Stones, die Henkersteine, die die Stelle markieren, an der am 25. Januar 1815 zwei Straßenräuber gehängt wurden: die letzte Hinrichtung in Schottland aufgrund von Wegelagerei.

# DAS GEOLOGIEMUSEUM COCKBURN

(13)

## *Mineralien und Fossilien*

*School of GeoSciences, The University of Edinburgh, Grant Institute, King's Buildings, West Mains Road, Edinburgh EH9 3JW*
*0131 650 8536*
*geos.ed.ac.uk/public/cockburn – cockburn.museum@ed.ac.uk*
*Eintritt frei, Besuch nur nach Voranmeldung oder am Tag der Offenen Tür (September)*
*Bus: 24, 38, 41, 42, 67*

Angesichts der stolzen Geschichte der Geologie, die Edinburgh vorzuweisen hat (und die auf den großen Geologen James Hutton selbst zurückgeht), ist es nicht verwunderlich, dass die School of Geosciences eine beeindruckende Sammlung alter Steine besitzt. Da es sich um ein Studienmuseum handelt, wird keine öffentliche Werbung dafür gemacht, aber jeder kann das Museum besuchen, man muss sich nur vorher anmelden. Man wird wahrscheinlich von Gillian McCay durch die Ausstellungen geführt, die in den Schreibtischschubladen ihres Zimmers eine bunte Mischung von außergewöhnlichen Dingen herumliegen hat: einen versteinerten Ichthyosaurier, die Hälfte eines Meteoriten und einen Axtkopf aus Feuerstein, an dem das Namensschild seines ehemaligen Besitzers Charles Lyell befestigt ist – er war einer der großen Paten der Geologie, der die Verbindung zwischen dem Werk von Hutton und Darwin zog.

Die Mineralien- und Fossiliensammlungen, sorgfältig in Vitrinen angeordnet, wurden von viktorianischen Ehrenmännern wie Dr. James Currie gestiftet, der eine Vorliebe für glitzernde Mineralien hatte: Sein schwarz glänzender Manganit-Stein sieht aus wie ein kristalliner Klumpen aus verschiedenen Lakritzsorten. Unter jeder Vitrine befinden sich mehrere mit Filz ausgekleidete Schubladen, in denen die beschrifteten Mineralien aufbewahrt werden. Wer nach einem bestimmten Gestein sucht, wird das namentlich beschriftete Exemplar hier auf jeden Fall finden.

In einer Ecke steht die weiße, klassizistische Büste eines bedeutenden Mannes. Niemand weiß, wer dieser Mann ist (die Skulptur wurde zufällig aus einem Müllcontainer gerettet), doch er erinnert ein wenig an den Geologen Hugh Miller. Für die Kuratoren des Museums ist jedoch nur der schwarze Sockel unter der Büste von Interesse: ein massiver Block aus Torbanit (auch bekannt als Boghead-Kohle), dem Ölschiefer, aus dem die meisten Steinhalden in West Lothian bestehen (siehe Seite 215).

In der oberen Etage befindet sich ein Raum, in dem 3D-Gipsabdrücke topografischer Karten präsentiert werden. Eine zeigt das Gebiet von Assynt mit Suilven und Quinaq sowie die Moine-Überschiebung (Moine Thrust), wo ältere Gesteinsschichten über jüngeres Gestein geglitten sind, was eine Zeit lang zu großer Verwirrung unter den Geologen führte.

Hier gibt es Fossilien von so ziemlich allen Lebewesen, die sich jemals bewegt haben. Zu den schönsten Exponaten gehören die versteinerten Fische von Dura Den, die mit ihren schwarzen Schuppen und gekrümmten Wirbelsäulen über Scheiben aus gelbem Sandstein gleiten. Dies waren Fische, die lappenartige Flossen entwickelten und damit aus dem Wasser krochen. Nun ja, in Fife kann man schon mal verzweifeln.

# DIE ZOOLOGISCHEN SKULPTUREN ⑭ VON PHYLLIS BONE

## *Ein Zoo aus Stein*

*Ashworth Laboratories, King's Buildings, West Mains Road, Edinburgh EH9 3JT*
*nhc.ed.ac.uk*
*Die Skulpturen im Freien können rund um die Uhr besichtigt werden.*
*Kostenfrei*
*Bus: 24, 38, 41, 42, 67*

Vor den Ashworth Laboratories stehen kleine, aber wunderschön gestaltete Tierskulpturen. Sie wurden für die neue zoologische Abteilung in Auftrag gegeben, die in den 1920er-Jahren im Old College untergebracht war und keinen Platz mehr hatte, als sich die Verhältnisse nach dem Krieg wieder normalisierten. James Ashworth, ein Professor für Naturgeschichte und Spezialist für die Nervenfasern von Polychaeta-Ringelwürmern, konnte sowohl den *Carnegie Trust* als auch J. D. Rockefeller davon überzeugen, den Bau der hochmodernen Ashworth Laboratories zu finanzieren.

Die von Sir Robert Lorimer und John F. Matthews entworfenen Baupläne, die auf Ashworths Skizzen basierten, sahen ein praktisches, geräumiges, gleichmäßig beleuchtetes – aber etwas langweiliges Gebäude vor. Doch dann kam Phyllis Bone ins Spiel: Die Absolventin des Edinburgh College of Art wurde von Lorimer ausgewählt, um die Tierskulpturen für das Nationale Schottische Kriegsdenkmal zu gestalten. Bone hatte bei Édouard Navellier in Paris Tiermalerei studiert. Ihre Arbeiten waren sowohl wissenschaftlich fundiert als auch auffallend modern.

Bone modellierte die Tiere in Ton und ließ die so entstandenen Skulpturen von der Töpferwerkstatt Holyrood Pottery in Kunststein (ähnlich dem Coade-Stein: siehe Seite 284) gießen. Ihre Kreaturen repräsentieren verschiedene zoogeografische Regionen: Das Rentier, der Steinadler und der Eisbär stammen aus der Paläarktis. Biber und Bison stammen aus der Nearktis. Erdferkel, Schimpanse und Löwe stehen für die äthiopische Region (jetzt Afrotropis). Die orientalische Region, auch bekannt als Orientalis, ist mit einem Nashorn, einem Tiger und einem Elefanten (dessen riesige Füße von Seilen umschlungen sind) vertreten. Aus Australien kommt ein Känguru, aus Südamerika ein Neunbinden-Gürteltier und aus Neuseeland ein Paar Brückenechsen. Die wirbellosen Tiere bilden eine eigene Gruppe: ein Mistkäfer, eine Krabbe und ein wirbelnder Oktopus.

An der Haupttreppe im Inneren des Gebäudes befinden sich weitere Skulpturen von Phyllis Bone – auf den Endstücken der Metallbalustrade hocken winzige Eulen, Katzen und Affen aus Bronze. Es gibt auch eine Replik von Hugo Rheinholds berühmter Skulptur des Darwin-Affen: ein Schimpanse, der auf einem Bücherstapel sitzt und einen Schädel betrachtet, wobei er sich wahrscheinlich fragt, warum er als Affe und nicht als Menschenaffe klassifiziert wird.

Im Jahr 1944 wurde Bone als erste Frau in die Royal Scottish Academy gewählt. Auf die Frage, warum sie immer nur Tiere modelliere, antwortete sie: „Mich interessieren all diese Kreaturen, die scheu vor uns fliehen oder uns heftig bedrohen. Ich bin fasziniert von ihren Formen und rhythmischen Bewegungen, die einzeln und in Kombination so dekorativ und skulptural wirken."

# DER LIBERTON-TURM

(15)

## *In luftiger Höhe*

*7 Liberton Tower Lane (abgehend vom Liberton Drive), Edinburgh EH16 6TQ*
*libertontower.com – info@libertontower.com*
*Eintritt frei, Besuch nur nach Voranmeldung*
*Der Turm kann für 175 £ pro Nacht gemietet werden (Mindestaufenthalt 3 Nächte)*
*Bus (zehn Gehminuten entfernt): 7, 37, 47, 67*

Für eine Ferienunterkunft ist der Liberton Tower ziemlich spektakulär. Der gold-ockerfarbene Festungsturm thront hoch oben auf einem Hügel südlich von Edinburgh. Seine Eingangstür befindet sich fünf Meter über dem Boden und ist nur über eine lange hölzerne Außentreppe zu erreichen, die auf halber Höhe des Turms in den zweiten Stock führt. Der Turm war ursprünglich von einer hohen, sternförmigen Mauer umgeben und von einem Wassergraben umschlossen, über den eine Zugbrücke führte. Mit der Wehrhaftigkeit nahm man es damals in den 1490er-Jahren sehr genau.

Heute kommt man viel leichter in den Turm hinein – zumindest, wenn er nicht gerade vermietet ist. Auf der Website findet man die Termine, zu denen der Turm öffentlich besichtigt werden kann. Der Hauptempfangsraum ist mit Steinplatten gefliest, mit ockerfarbenen Wänden und Balkendecken. Trotzdem ist er sehr gemütlich. Die Wände sind anderthalb Meter dick und haben nur wenige schlitzförmige Fenster. Unter dem langen Esstisch befindet sich eine ebenso lange Falltür, die zur darunter liegenden Küche führt, sodass man hier keine Gäste bedienen kann, ohne ständig die schmale Treppe hoch- und runterlaufen zu müssen. Ursprünglich gab es auch in der Küche eine Falltür, die zum Tierstall im Erdgeschoss führte. Weil es dort unten keine richtige Tür gab, wurden die Tiere einfach hinauf- und hinuntergezogen.

Wenn man sich die Wand, die vom Eingangsbereich zum Empfangsraum führt, genau anschaut, entdeckt man ein kleines Loch – das sogenannte „Gutsherrenloch". Es war hinter einem Wandteppich verborgen und ermöglichte es dem Gutsherrn, heimlich die Gespräche seiner Gäste zu belauschen.

Das Quartier des Gutsherrn befand sich im Schlafzimmer hinter dieser Wand, von dem aus man auch auf das Dach gelangt. Wenn Sie die Leiter hinaufsteigen, gelangen Sie auf den Wehrgang, der um das Dach herumführt – dort bietet sich ein herrlicher Ausblick auf den Süden von Edinburgh. Man blickt auf den Blackford Tower im Westen und auf die Burg Craigmillar Castle (siehe Seite 271) im Osten, die zur selben Zeit wie der Turm erbaut wurde. Außerdem kann man von hier aus Edinburgh Castle, die Region Fife, den Firth of Forth, East Lothian und die Nordsee sehen. So konnten herannahende Feinde rechtzeitig entdeckt werden.

Wer glaubt, dass besagte Feinde Leprakranke waren, die wie in einem mittelalterlichen Zombiefilm gegen die Mauern stürmten: Der Name „Liberton" leitet sich – entgegen der landläufigen Meinung – nicht von „Lepers' Town" (wörtlich: „Ort der Leprakranken") ab. Der Ort heißt wahrscheinlich Liberton, weil das Land in der Umgebung des Turms im 11. Jahrhundert dem schottischen König David I. gehörte und die „befreiten Männer", die David zur Bewirtschaftung der Region anheuerte, *Libertines* genannt wurden.

# GILMERTON COVE

16

## *Die größten Schätze ruhen unter der Erde*

*16 Drum Street, Gilmerton, Edinburgh EH17 8QH*
*hello@gilmertoncove.co.uk – gilmertoncove.co.uk*
*Einstündige Führungen nach Voranmeldung. Die Termine für die Führungen stehen auf der Website*
*Die Führungen eignen sich nicht für Kinder unter fünf Jahren*
*Bus: 3, 7, 18, 29*

Unter der Hauptkreuzung von Gilmerton, einem kleinen Vorort im Süden von Edinburgh, erstreckt sich ein Netz unterirdischer Höhlen, das als Gilmerton Cove bekannt ist. Der Eingang zu den Höhlen ist sehr unscheinbar: Er befindet sich gegenüber von Royal Bingo und oberhalb des Wettbüros Ladbrokes in einem ehemaligen Bergarbeiterhaus. Wer sich für eine Führung anmeldet, erhält vor Ort einen Schutzhelm für die niedrigen Gewölbe und wird bei Fackelschein die Treppe herunter in die finstere Grotte geführt. Man sollte sich warm anziehen, denn hier unten ist es kühl, und im schwachen gelben Licht der Fackeln beginnt der Atem zu kondensieren.

Trotz umfangreicher Nachforschungen weiß niemand so recht, wann, warum und von wem dieses geheimnisvolle Labyrinth aus sieben Sandsteinhöhlen erschaffen wurde. Im Jahr 1724 behauptete ein Schmied namens George Patterson, sein „unterirdisches Haus" in weniger als fünf Jahren eigenhändig aus dem Felsen gehauen zu haben. Abgesehen davon, dass dies physisch nahezu unmöglich ist – die Gewölbe bestehen nicht aus weichem, porösem Sandstein, sondern aus einer harten, unnachgiebigen Sandsteinart –, gehen Archäologen davon aus, dass die Höhlen bereits 300, wenn nicht sogar 2.000 Jahre vor Mr. Patterson existierten.

In den Höhlen befinden sich steinerne Kirchenbänke, Holztische, ein Verlies (oder Brunnen), in Stein gemeißelte Symbole und Felsplatten mit tiefen, schüsselförmigen Mulden. Es gibt verschiedene Theorien darüber, wie die Gewölbe einst genutzt wurden: (a) als Kultstätte römischer Soldaten, die vor etwa zweitausend Jahren in den Braid Hills stationiert waren; (b) als geheime Kapelle der Covenanters, die 1638 von König Karl I. geächtet wurden; (c) als Hexenzirkel, für deren Abhaltung die Lothians berühmt waren; (d) als geheimes Räubernest des Hellfire Club (der im 18. Jahrhundert das Pendant zum Bullingdon Club war); (e) als Sezierraum für die Leichen, die die Serienmörder Burke und Hare an Ärzte lieferten; (f) als Treffpunkt der Freimaurer oder der Tempelritter; oder (g) als Folterkammer eines Bergarbeiters à la Josef Fritzl.

Der *Gilmerton Heritage Trust* möchte weitere Nachforschungen anstellen und einige der noch verschütteten Passagen durchbrechen, aber dies würde leider zum Zusammenbruch der Gilmerton-Kreuzung führen. Solange nicht genug Geld zur Verfügung steht, um professionelle Statiker einzuschalten, müssen sich die Historiker mit wagen Theorien begnügen, deren Liste immer länger wird ...

# DER ÖLBRUNNEN DER HEILIGEN KATHARINA

17

*Schwarzes Gold*

*41 Howden Hall Road, Edinburgh EH16 6PG*
*Rund um die Uhr zugänglich. Kostenfrei*
*Bus: 7, 37, 47, 67*

Das Skurrilste am Ölbrunnen der Heiligen Katharina ist sein Standort: Er liegt hinter dem Parkplatz des Toby Carvery Pubs in Liberton. Zugegeben – dies ist eine recht große Filiale von Toby: Sie befindet sich im ehemaligen Haus von Sir William Rae, dem Lord Advocate (Chefjustiziar), der den Prozess gegen den Serienmörder William Burke leitete.

Der familienfreundliche Pub liegt in der Nähe des Krematoriums von Moreton, doch die meisten Gäste der Kneipe sind nicht darauf aus, den Garten hinter dem Pub zu erkunden. Aber wer es doch tut, findet auf der Wiese mitten im Gras ein Gebäude vor, das wie eine kleine Steinvilla für Feen aussieht. Der Eingang ist jedoch verschlossen. Auf dem Türsturz über dem Dach steht die Jahreszahl „1563", aber es gibt Aufzeichnungen, die belegen, dass dieses Gebäude schon viel früher existierte.

Im Inneren des Bauwerks sieht man ein paar Blätter, Steine und Stöcke in einer Substanz liegen, die wie schwarzes, abgestandenes Wasser aussieht. Aber die Oberfläche ist nicht verschmutzt: Es handelt sich um Öl. Das Wasser, das hier austritt, sprudelt durch Ölschiefer, löst das Bitumen aus den Schichten des erodierenden Sedimentgesteins und treibt es an die Oberfläche.

Vor dieser geologischen Entdeckung erklärte man sich das Öl des Brunnens mit folgender Legende: Im 11. Jahrhundert brachte die Heilige Katharine (mit e am Ende) heiliges Öl mit nach England, das sie am Berg Sinai in Ägypten von der tropfenden Leiche Katharina von Alexandriens (mit a am Ende) – die im 4. Jahrhundert den Märtyrertod gestorben war – abgezapft hatte. Als sie den Hügel von Liberton überquerte, blieb Katherine müde von der Wanderung stehen und war von der Aussicht auf die Stadt so angetan, dass sie das kostbare Öl versehentlich fallen ließ und auf den Boden verschüttete. Wie durch ein Wunder entsprang dort ein Brunnen mit einer nie versiegenden Quelle des schwarzen Goldes.

Das Öl galt viele Jahrhunderte lang als Heilmittel für Hautkrankheiten aller Art, insbesondere für Ekzeme, Krätze und angeblich auch Lepra. Bedauerlicherweise stellte sich jedoch heraus, dass das Gerücht, Liberton sei eine Leprakolonie, leicht übertrieben war. Weniger geplagte Besucher des Ölbrunnens waren zum Beispiel der Philosoph und Dichter Hector Boece (15. Jahrhundert) sowie Jakob IV., der 1617 eine Steintreppe vor dem Brunnen errichten ließ, die 1650 jedoch von Cromwells Soldaten zerstört wurde.

Das aktuelle Gebäude wurde 1889 errichtet (der datierte Türsturz stammt von einem anderen Bauwerk). In dieser Zeit wurde das Schieferöl entdeckt; im Jahr 1851 wurde in Bathgate die erste Mineralöl-Verarbeitungsanlage der Welt errichtet und die heilige Kraft des Brunnenöls begann allmählich zu schwinden.

# MALLENY GARDEN

## *Der geheime Garten von Balerno*

*Blue Cottage, Balerno, Edinburgh EH14 7AF*
*0131 665 1546*
*nts.org.uk/Property/Malleny-Garden*
*Täglich 10–17 Uhr (bzw. bei Sonnenuntergang, falls dieser früher einsetzt)*
*Bus: 44 [Lothian], 44, 66 [First Edinburgh]*

Der Malleny Garden liegt hinter dem Currie Rugby Club am Stadtrand von Edinburgh und hat das perfekte Flair eines Geheimgartens. Man erreicht ihn über einen langen Waldweg, der über den Bavelaw Burn führt. Den Eingang des Gartens bildet ein kleines prachtvolles, schmiedeeisernes Tor, auf dem ein Adler mit ausgebreiteten Schwingen prangt – das Wappen der Gore Brown Hendersons, die den Garten 1968 dem *National Trust for Scotland* stifteten. Wenn Sie die Treppe hinuntergehen, kommen Sie an einem weiteren prachtvollen Wappen vorbei – dem Wappen der Familie Rosebery, der früheren Besitzer des Gartens, die auch unter dem Namen Primrose bekannt waren. Überall im Garten sind interessante kunsthandwerkliche Metallarbeiten zu finden; ein Großteil der Dekoration wurde allerdings von Lord Carmichael in das Skirling House gebracht.

Früher bildete das Krockethaus den Eingang zu Malleny Garden. Der erhöhte Rasen, der sich vor den Gartenbesuchern erstreckt (heute unterbrochen durch kleine quadratische Beete, auf denen leuchtende, bunt gemischte Berberitzen-Hecken wachsen) war einst ein Krocketfeld. Die Gartenmauer schafft ein Mikroklima und bietet Schutz vor dem kühlen Wind der Pentland Hills – die Gartenarbeit in einer so kalten Region erfordert daher großes Geschick.

Das Herzstück des Gartens bilden die uralten Eiben, auch „Die Vier Apostel“ genannt – die letzten Exemplare einer einst zwölfköpfigen Baumgruppe, die im 17. Jahrhundert rund um den Garten gepflanzt wurden, vermutlich zum Gedenken an die Union zwischen Schottland und England. Da sie inzwischen über neun Meter hoch sind, benötigt man zum Beschneiden der Baumkronen einen speziellen Kirschpflückerkran, den man gerade so durch die nicht gerade hohen Tore quetschen kann.

Der Garten wird durch eine lange, hohe Eibenhecke von Nord nach Süd in zwei Hälften geteilt. Die Hecke lässt sich durch eine große, schlüssellochförmige Öffnung durchqueren. Und dann strömt einem dieser Duft entgegen: An der Außenmauer der unteren Hälfte des Gartens befindet sich die Nationale Sammlung von Strauchrosen aus dem 19. Jahrhundert. Dazu gehören die *Rosa spinosissima* (die Scotch Rose oder Dünenrose) und die *Rosa sericea pteracantha* (die Stacheldrahtrose) mit ihren außergewöhnlichen roten, lichtdurchlässigen Dornen.

Noch geheimnisvoller als der Garten selbst ist die Gruft von Scott, die sich im Wald nordöstlich des Hauses verbirgt. Wenn Sie den Garten auf der Einbahnstraße verlassen, gelangen Sie an eine T-Kreuzung, die sich mit der Straße kreuzt, auf der Sie angereist sind. Direkt gegenüber beginnt der Waldweg, der zur Gruft führt. Die Gruft kann leider nur durch ein verschlossenes Tor besichtigt werden.

# SWANSTON VILLAGE

## *Das Freudenhaus von Robert Louis Stevenson*

*Oberhalb der Swanston Brasserie, 111 Swanston Road, Swanston, Edinburgh EH10 7DS*
*Sie können das Dorf rund um die Uhr besuchen*
*Eintritt frei, Parken kostenlos*
*Bus (15 Gehminuten entfernt): 4, 5, 15, 18, 27*

Besucher von Swanston Village müssen unten an der Brasserie bzw. am Golfplatz parken und den kurzen Weg durch den Wald hinauf zu den weiß getünchten, strohgedeckten Häusern zu Fuß gehen. Setzen Sie sich auf die Bank, die dem Poeten Edwin Muir gewidmet ist, der von den Orkney-Inseln stammte und in Swanston Village „gerne verweilte und meditierte" – der schöne Ausblick, den Sie hier genießen, wird sich kaum von dem unterscheiden, der sich einst dem Dichter bot. Die Skipisten waren noch nicht vorhanden, der Hare Burn hingegen schon.

Die berühmteste literarische Verbindung, die Swanston Village vorweisen kann, ist jedoch die zu Robert Louis Stevenson (siehe Seite 248), der als Teenager gerne in diesen Hügeln wanderte. In der Hoffnung, die frische Luft würde Roberts Tuberkulose heilen, mietete seine Familie ein Haus in der Nähe des Dorfes. Das Gebäude befindet sich heute in Privatbesitz und kann nicht besichtigt werden, aber Sie haben einen guten Blick auf das Anwesen, wenn Sie zurücklaufen, an der Brasserie vorbeigehen und dann nach links abbiegen. Dann laufen Sie am unteren Rand des Golfplatzes entlang nach Westen, um die Rückseite der Pferdestallungen herum und biegen auf den Fußweg in Richtung Dreghorn ein. Dort sehen Sie rechts (auf der anderen Seite der Gärten) das große Haus, das den irreführenden Namen Swanston Cottage trägt. Ursprünglich war es nur ein *but'n'ben* (ein Zweizimmerhaus), doch später wurde es von den Gemeinderäten zu einer geheimen Partylocation ausgebaut, die außer Sichtweite der neugierigen Blicke aus der Stadt war. Stevenson schrieb bissig: „Die Richter von Edinburgh kauften dieses geschützte Gebiet vor langer Zeit wegen der Quellen, die dort entspringen und sich dort sammeln. Nachdem sie ihr Wasserhaus gebaut und ihre Rohre verlegt hatten, kamen sie auf die Idee, dass sich der Ort gut für Lustbarkeiten eignen würde. Einmal in Betracht gezogen, wurde die Idee mithilfe von öffentlichen Geldern und gutgelaunten Richtern schnell umgesetzt, und Edinburgh konnte sich bald eines städtischen Freudenhauses rühmen."

Die Seerosenteiche in den Gärten unterhalb des Hauses dienten als Klärbecken für die frühe leitungsgebundene Wasserversorgung Edinburghs. Man kann hinunter in die Gärten gehen und das von Robert Louis Stevenson erwähnte, im Jahr 1761 erbaute Wasserhaus sehen: Es steht am Fuß der Auffahrt beim Waterman's Cottage. Der „Waterman" war der Bruder von Stevensons Kindermädchen Alison Cunningham, die auch „Cummy" genannt wurde. Eine Zeit lang lebte auch sie hier im Haus: Über der Tür sind ihre Daten „AC 1880–1893" eingraviert. Leider konnte die frische Luft Stevenson nicht heilen. Er zog schließlich nach Samoa, um dort zu besserer Gesundheit zu finden, wo er im Alter von nur 44 Jahren starb. Die Einheimischen gaben ihm den Spitznamen *Tusitala*: Geschichtenerzähler.

# DER GEHEIME KRÄUTERGARTEN ⑳

*Ein Paradies für Biokost*

*32A Old Pentland Road, Edinburgh EH10 7EA*
*0131 445 5888*
*secretherbgarden.co.uk*
*admin@secretherbgarden.co.uk*
*Öffnungszeiten: täglich 10–16 Uhr. Eintritt frei*
*Bus: 15, 47, 67 (15 Gehminuten entfernt)*

Obwohl der geheime Kräutergarten nur einen Steinwurf – oder wenn man so will einen Kulört-Dekorationssplitter-Wurf – von IKEA in Loanhead entfernt ist, fühlt man sich beim Besuch der Parkanlage wie in einem Paralleluniversum. Hier gibt es kein unverständliches Einbahnstraßen-System und keine Kassen mit 25 Meter langen Warteschlangen. Der gesamte Garten ist ein sehr relaxter Ort: Im Gewächshaus zum Beispiel stehen verschlissene alte Sessel, die unter Sträuchern voller reifender Tomaten schlummernd vor sich hindösen. Man kann sich auf dem drei Hektar großen Gelände frei bewegen, an der riesigen Auswahl biologisch angebauter Kräuter schnuppern und seiner Nase folgen, um das eine oder andere Kräutergeheimnis zu entdecken.

Erschnuppern Sie den Herbie-VW, in dem Kamille, Lavendel und Thymian sprießen. Oder das braun-gelb gestreifte Bienenobservatorium, in dem Sie zuschauen können, wie die Bienen auf ihrer dicht bepflanzten Wildblumenpollen-Route auf und ab fliegen. Oder die „Wanne" – ein auf die Seite gedrehter Öltank, der geschrubbt und in eine wunderschöne kleine Hütte umgewandelt wurde, die für Gruppenaktivitäten wie Yogakurse oder Therapiesitzungen gemietet werden kann.

Im Unterrichtsraum bieten die Eigentümer alle möglichen Kräuter-, Kunsthandwerks- und Therapiekurse an – von Bienenzucht bis hin zur Herstellung von Rohschokolade ist alles dabei. An Sommerabenden werden Full Moon Dinners (Vollmond-Dinner) veranstaltet, bei denen Gourmetrestaurants wie das Balmoral und das Timberyard Festessen im Freien auftischen. Seit kurzem gibt es auch New Moon Events (Neumond-Events), zwanglosere Veranstaltungen mit Live-Musik, Street Food und einer Craft-Beer-Bar.

Der Weinhändler Hamish und die Bankkauffrau Liberty hatten seit ihrem ersten gemeinsamen Date davon geträumt, ihre Jobs aufzugeben und ein Kräuterparadies zu gründen. Hamish entdeckte den Garten im Vorbeigehen – ein verfallenes Gewächshaus, das vollständig von Weidenröschen überwuchert war. Er hinterließ den Nachbarn einen Zettel, und schon bald konnten er und Liberty ihren Wunschtraum in die Tat umsetzen. In den ersten fünf Jahren lebten sie zusammen mit vier Kindern und fünf Hunden in einem Wohnwagen. Nun sind sie in ein Haus gezogen, das sie vor Ort gebaut haben – aber sie haben nicht aufgehört, ihre Fantasien auszuleben. Sie sind gerade dabei, ein altes Taxi in einen Picknickplatz umzuwandeln; außerdem wollen sie den Blumentopfschuppen in eine Bar verwandeln und einen Weinberg anlegen, um ihren eigenen Wein zu keltern. Im Vergleich zu ihrem Gartenparadies wird IKEA bald wie ein Eckladen wirken.

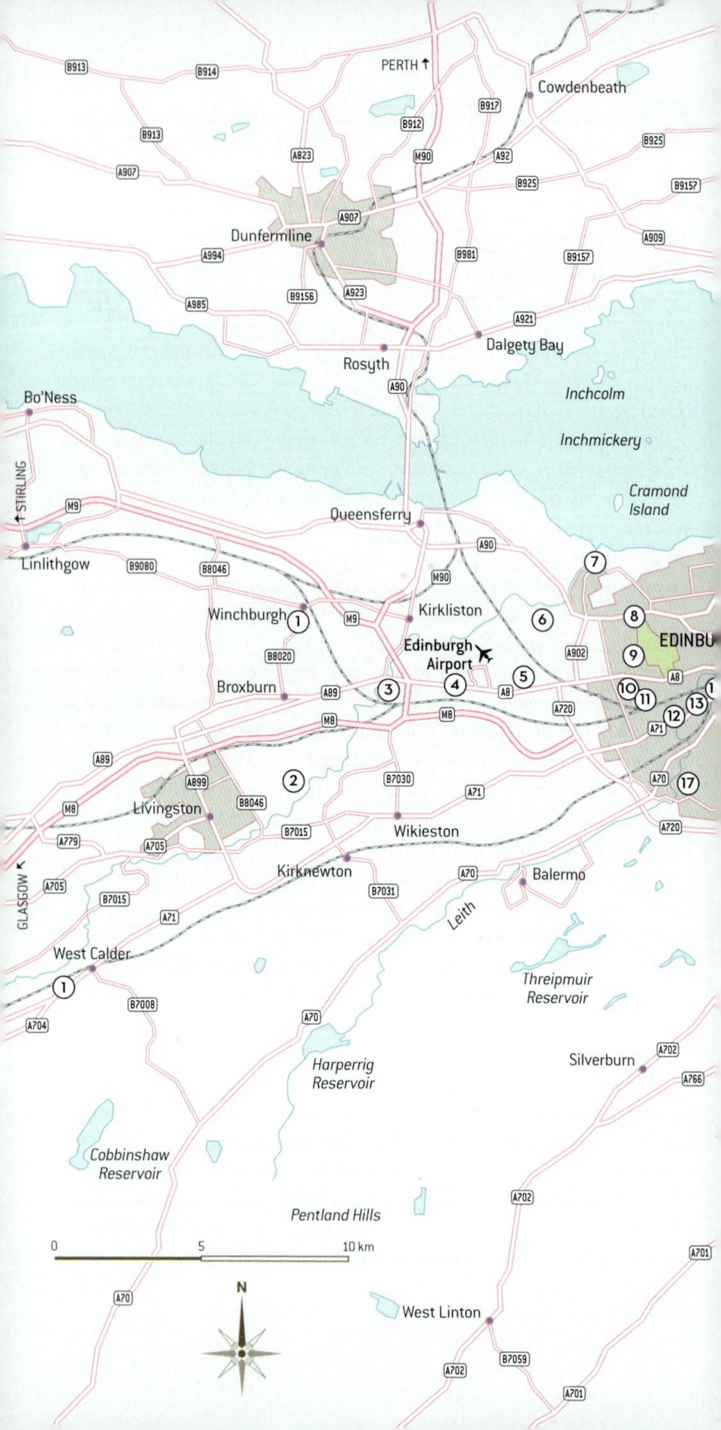

PERTH
Cowdenbeath
Dunfermline
Rosyth
Dalgety Bay
Inchcolm
Inchmickery
Cramond Island
Bo'Ness
STIRLING
Linlithgow
Queensferry
Winchburgh
Kirkliston
Edinburgh Airport
EDINBU
Broxburn
Livingston
Wikieston
Kirknewton
Balermo
GLASGOW
Leith
West Calder
Threipmuir Reservoir
Harperrig Reservoir
Silverburn
Cobbinshaw Reservoir
Pentland Hills
West Linton
0
5
10 km
N

# *Der Westen Edinburghs*

# ÖLSCHIEFER-HALDEN

## *Bergmelodien*

*Fundorte rund um West Lothian*
*Die Halden können rund um die Uhr besichtigt werden.*
*Bergehalde Free Five Sisters, Bergehalde Addiewell Bing im Addiewell Nature Reserve, nordöstlich von Addiewell, Edinburgh EH55 sowie die Bergehalden Greendykes, Faucheldean and Niddry Castle nahe Winchburgh, Edinburgh EH52*

Jeder, der schon einmal von Edinburgh in Richtung Westen gefahren ist, kennt die riesigen Ölschiefergruben. Entlang der M8 und M9 scheinen riesige rötliche Toblerone-Ecken aus der Erde zu ragen – die ansonsten flache Landschaft sieht in dieser Gegend aus wie eine Kinderzeichnung oder 8-Bit-Grafik einer Bergkette. Viele Leute sahen in den Bergehalden lange einen schrecklichen Schandfleck, ein beschämendes Zeugnis für unseren Raubbau an der Natur im Zuge der Ölförderung.

Im Jahr 1851 entwickelte der Glasgower Chemiker James „Paraffin" Young eine Technik, mit der er Öl destillierte, indem er kerogenreiches Sedimentgestein auf 500 °C erhitzte. Mit seinem Paraffinöl und Kerzenwachs konnten sämtliche Wohnhäuser des Landes und die Hälfte aller Straßen Londons beleuchtet werden.

Schottland entwickelte sich zum Zentrum der Schieferölförderung, und einhundert Jahre lang wurden in West Lothian Lamosit- und Torbanit-Flöze aus der Erde gerissen, aus denen jährlich eine Million Barrel Rohöl gewonnen wurden. Doch auf zehn Barrel Öl kamen sieben Tonnen von fruchtlosem, blaugrauem „Blaes"-Abfall. Dieser Abfall wurde bis zu 95 Meter hoch aufgeschüttet und färbte sich im Laufe seiner Oxidation allmählich dunkelrosa. Dadurch wurden ganze Gebäude verschluckt – auch das elegante Westwood House liegt unter den Müllbergen der Five-Sisters-Grube begraben.

Die Entdeckung des Erdöls, dessen Förderung billiger war, brachte die Schieferölindustrie in den 1960er-Jahren zum Stillstand. Doch die riesigen, schweigenden Bergehalden (*bings*) setzten ihre stille Verwandlung fort. Ein Teil des Schiefers wurde als Kernsubstanz im Straßenbau verwendet, aber das hinterließ nicht einmal eine Delle auf den Halden. Durch Wind, Regen und Frost begannen die Oberflächen des Gesteins langsam zu erodieren, und die wüstenartige Landschaft wurde von Flechten und Moos besiedelt. Aufgrund des ungewöhnlich hohen Alkaligehalts und der guten Kanalisation der Halden begannen seltene Pflanzenarten zu gedeihen. Bald studierten Botaniker die ungewöhnliche Flora und Fauna der „Müllberge". Die Bergehalden Addiewell Bing und Faucheldean, auf denen seltene Orchideen und Keulen-Bärlapp wachsen, wurden zu Naturschutzgebieten erklärt, während Greendykes und die Five Sisters zu geschützten Naturdenkmälern ernannt wurden. Wer Lust auf ein wenig „Haldenklettern" hat, kann zur Greendykes Bing (der größten Bergehalde) wandern. Sie ist über zwei Pfade zu erreichen, die jeweils an den Pavo Steel Works und am Ostende der Corecut-Fabrik beginnen. Man sollte gute, feste Stiefel tragen und beim Klettern gut aufpassen – die Halden bestehen aus sehr lockerem Geröll, und man kann sich schnell die Knöchel verstauchen.

# DIE SÄULE VON KIRKHILL ②

## *Der Mann, der den Kosmos berechnete*

*Almondell Country Park, Edinburgh EH52 5PE*
*01506 882 254*
*westlothian.gov.uk/almondell-and-calderwood*
*almondell&calderwood@westlothian.gov.uk*
*Der Park ist von Sonnenaufgang bis zur Abenddämmerung geöffnet; Eintritt frei*
*Öffnungszeiten des Besucherzentrums: Sommer 9–17 Uhr, Winter 10–16 Uhr*
*In der Nähe verkehren keine Busse, der nächste ist Bus 27 (in Richtung Raw Cottages nahe East Calder)*
*Nächster Bahnhof: Uphall*

Vor dem Besucherzentrum des Almondell Country Park steht eine Säule. Sie macht auf den ersten Blick keinen besonderen Eindruck – ein hoher Steinpfosten mit einem kleinen Glockenturm, der von einem Eisenkreuz gekrönt ist. Doch wer die Säule genauer betrachtet, wird feststellen, dass sie voller lateinischer Sätze, Maßangaben und Symbole ist, die so wirken, als seien sie von einem fiebrigen Mathematiker in den Stein gekritzelt worden.

Die Säule stand ursprünglich auf dem Gelände des Kirkhill House, das fünf Kilometer nördlich von hier liegt. Sie wurde 1776 von David Stewart Erskine, dem 11. Earl of Buchan, in Auftrag gegeben, der damit seiner eigenen Errungenschaft gedenken wollte: dem Bau eines maßstabsgetreuen Modells des Sonnensystems, das er in seinem Garten errichtet hatte. Buchan stand in der Tradition der Aufklärung – er liebte alle Künste und Wissenschaften, aber er wollte wohl auch einen eigenen Platz in der Geschichte einnehmen. Sir Walter Scott beschrieb ihn als einen Menschen, „dessen ungeheure, an Wahnsinn grenzende Eitelkeit seine durchaus beachtlichen Talente verschleierte oder vielmehr in den Hintergrund drängte ...“.

Ob Egotrip oder Enthusiasmus – leider haben die Gesetze der Entropie dazu geführt, dass Buchans riesiges Modell des Sonnensystems im Kosmos verschwand und die Schriftzeichen auf der Säule so verwittert sind, dass man sie kaum mehr lesen kann. Auf der Ostseite der Säule stehen in abgekürzter Form folgende Worte: „Im Jahre 1776 ließ ich eine Darstellung des Sonnensystems in einem Maßstab von 12.283 Meilen und 23/100 zu einem Zoll anfertigen; die Tabelle dieser Darstellung ist auf einem Glockenturm eingraviert, der in der Mitte des Gartens steht, und von der ich unten eine Abschrift einfüge.“

In der besagten Tabelle sind die astronomischen Symbole für die Sonne und die Planeten (mit Ausnahme von Neptun, Uranus und Pluto, die noch nicht entdeckt worden waren) sowie ihre skalierte Größe und Entfernung von der Sonne aufgeführt. Warum Buchan einen so seltsamen Maßstab wählte, ist nicht bekannt. Aber offenbar sind viele der astronomischen Details bemerkenswert genau. Die Tabelle enthält eine Prophezeiung, die die Position der Planeten am 20. Februar 2255 voraussagt. (Laut Star Trek ist dies der Tag, an dem die Sheliak-Korporation und die Vereinte Föderation der Planeten den Vertrag von Armens abschließen.)

Buchan würde sich vielleicht darüber freuen, dass er die Inspiration für das neugegründete Kirkhill-Säulenprojekt war, bei dem lokale Künstler einen Kunstpfad mit Werken schaffen, die von den verschiedenen Planeten inspiriert sind. Eines dieser Werke – *Uranus* – befindet sich an der Hauptstraße, die zum Almondell Park hinunterführt. Auf der Website kirkhillpillarproject.org.uk findet man eine Wegbeschreibung zu den anderen Kunstwerken.

# DER HULLY-HILL-CAIRN

③

## *Ewige Steine*

*Old Liston Road, Newbridge, Edinburgh EH28 8PH*
*Der Steinhügel kann rund um die Uhr besichtigt werden*
*Eintritt frei*
*Bus: 63*

Zwischen den Asphaltbahnen der M8, M9, A8 und A89, dort, wo die Flugzeuge von Easyjet aufsteigen und die Schilder von BP und McDonald's prangen, liegt eine der bedeutendsten prähistorischen Stätten des südlichen Schottlands. Um sie zu finden, nehmen Sie am Kreisverkehr von Newbridge die Ausfahrt „Newbridge Industrial Estates" und folgen den Ausschilderungen, die zu den Attraktionen Indoor Karting Centre und Climbing Arena führen. Der Hully-Hill-Cairn ist nicht ausgeschildert, liegt aber auf der rechten Seite, mitten auf dem Feld gegenüber der Tankstelle.

Es handelt sich um einen Grabhügel aus der frühen Bronzezeit, der von drei neolithischen Steinen umgeben ist. Die temporären Irritationen durch Fast-Food-Ketten, den langsam vorbeirollenden Verkehr und „Xtreme Karting" ignoriert der Steinhügel gnadenvoll. Um den Hügel herum wurde eine moderne Steinmauer errichtet – vielleicht um zu verhindern, dass er aus lauter Verzweiflung über das, was das vergangene Jahrhundert so zu bieten hatte, zusammenbricht. Das umliegende Industriegebiet war einst eine prächtige Grabanlage, und etwas südlich von hier wurde ein Streitwagen aus der Eisenzeit ausgegraben. Er war bei einer Begräbniszeremonie vollständig intakt begraben worden.

Die stehenden Steine, die etwa 1.000 Jahre älter sind als der Grabhügel, sind die Überreste eines großen Steinkreises. Die Archäologen bezeichnen sie in alphabetischer Reihenfolge mit den Buchstaben A, B und C, aber man könnte sie auch Annie, Barbara und Carol nennen. Es gibt noch einen vierten Stein – die große rautenförmige Doris –, der auf der anderen Seite des Kreisverkehrs (auf dem Gelände von Element Edinburgh Materials Technology) gestrandet ist. Man kann die Autobahnüberführung überqueren und Doris quer über die zweispurige Fahrbahn zuwinken oder die Element Edinburgh Materials Technology (EH28 8PL) aufsuchen. Wenn man sich dort anmeldet, wird man auf das Gelände gelassen und kann Doris einen tröstenden Klaps geben.

Es gibt noch mehrere andere Menhire in der Gegend, die möglicherweise zum selben Komplex gehören. Auf der Website megalithic.co.uk findet man eine Karte, auf der alle Menhire verzeichnet sind. Ein Menhir – der Cat Staine – befindet sich direkt an der Start- und Landebahn des Flughafens von Edinburgh. Mit etwas Glück können Sie ihn vom Flugzeug aus sehen, aber da sich die Startrichtungen je nach Windrichtung ändern, steht die Chance, dass Sie auf der richtigen Seite sitzen, leider nur 50:50. Wenn das Flugzeug abhebt und rechts das Flughafengebäude zu sehen ist, kann man den Stein gleich zu Beginn des Fluges auf der linken Seite erkennen. Er wird auch noch hier stehen, wenn das ganze Chaos längst vorüber ist.

# DER GEBETS- UND RUHERAUM DES FLUGHAFENS ④

## *Wo die Zeit wie im Flug vergeht*

*Erdgeschoss, Edinburgh Airport, Edinburgh EH12 9DN*
*edinburghairport.com/prepare/services-and-facilities/prayer-room*
*Der Raum kann während der Öffnungszeiten des Flughafens besucht werden*
*Eintritt frei*
*Bus: 100, C100, N22, 200, 300, 400, 600 – Tram-Station: Edinburgh Airport*

In der Hektik und Hetze, in der die Menschen zu ihren Flügen eilen, bemerken die wenigsten, dass es im Flughafen Edinburgh einen kleinen Raum für stille Kontemplation und Gebete gibt: Er liegt versteckt im Erdgeschoss, direkt neben der Ankunftshalle der internationalen Flüge.

Der Raum ist meist völlig leer. Er ist eingerichtet wie eine schlichte Kapelle: mehrere Stuhlreihen vor einem schlichten Rednerpult, hinter

dem ein rundes blaues Buntglasfenster prangt, das von künstlichem Licht beleuchtet wird. An der Rückseite des Raumes befindet sich eine Wand aus farblich zueinander passenden Glasquadraten, die wie ein gläserner Flickenteppich aussieht. In einem Regal an der Seite stehen Gebetsteppiche und religiöse Bücher bereit. Auf dem Boden liegt ein dicker Teppich, der das Klacken der Absätze dämpft, das die stille Meditation unterbrechen könnte.

Sie können den Raum nutzen, wie Sie möchten. Es müssen nicht unbedingt religiöse Gebete sein. Nach (oder vor) all den Sicherheitskontrollen, dem Gepäckschleppen und dem Kampf um Beinfreiheit können Sie sich in diesem Raum auch nur ein wenig entspannen. Ein Freund von mir, der an akuter Flugangst leidet, wusste die Ruhe vor dem Flug allerdings (anders, als ich glaubte) nicht wirklich zu schätzen: Er hielt die Atmosphäre des Raumes für viel zu melodramatisch – sie erinnerte ihn an Beerdigungen und an das ewige Jenseits.

# DIE TISCHLEREI GOGAR CABINETWORKS ⑤

## *Die Demokratische Volksrepublik Gogarburn*

*194 Glasgow Road, Edinburgh EH12 9BR*
*07906 126965 – christopherscotland@yahoo.co.uk*
*Friedhof und Außengelände tagsüber geöffnet*
*Besucher der Werkstatt sind jederzeit willkommen, müssen sich jedoch vorher anmelden; Eintritt frei*
*Bus: 20, 35, 63. Straßenbahn-Haltestelle: Gogarburn*

Die Gogar Old Kirk ist das letzte erhaltene Gebäude in der Nähe der Straßenbahn-Haltestelle Gogarburn. Alle anderen Bauwerke in der Umgebung – drei Cottages und ein altes denkmalgeschütztes Haus – wurden abgerissen, damit die Royal Bank of Scotland ihre eigene Straßenbahnlinie einrichten konnte. Die Straßenbahn-Haltestelle ist damit zur persönlichen Haltestelle der Old Kirk und ihrer Bewohner geworden: der Tischlerei Gogar Cabinetworks, die von drei Möbeldesignern geführt wird, die maßgefertigte Hartholzmöbel anfertigen.

Die Tischlerei hat sich die Ehre einer eigenen Haltestelle wirklich verdient, denn die Firma war sechs Jahre lang von einer riesigen Baustelle umgeben, deren Fertigstellung sich immer weiter verzögerte. Chris Holmes rettete die Kirche 1979 vor dem Verfall, indem er sie zu einer Tischlerei umbaute; leider verstarb er, bevor die Straßenbahnarbeiten (ein Begriff, der seiner Meinung nach nur im weitesten Sinne verwendet werden sollte) abgeschlossen wurden. Aber Chris Scotland, der seit 1989 in der Kirche arbeitet, mag die Straßenbahn, gegen die er einst wetterte, inzwischen sehr. Er nutzt sie häufig selbst. Das einzige Problem: Jedes Mal, wenn eine Straßenbahn an der Kirche vorbeifährt, hat das Internet seine Aussetzer – und das geschieht alle 15 Minuten.

Wer an der Haltestelle Gogarburn aussteigt, kann jederzeit auf das Gelände gehen und es erkunden. Hier hat bereits seit dem 13. Jahrhundert (als die Gegend noch zum Dorf Nether Gogar gehörte) eine Kirche gestanden. Die heutige Kirche und der Turm wurden 1890 geschickt aneinandergebaut. Wenn man die Mauern genau betrachtet, sieht man die Nahtstelle zwischen dem alten und dem neuen Bauwerk; sie befindet sich an der Stelle, wo die groben Feldsteinmauern plötzlich in tadellos zusammengefügte Sand- und Basaltsteine übergehen.

Auf dem Friedhof liegen bedeutende Persönlichkeiten begraben. Es gibt ein Denkmal für den großen viktorianischen Eisenbahningenieur Thomas Grainger. Auch der schottische Bildhauer James Pittendrigh MacGillivray, der Skulpturen von John Knox und Robert Burns schuf, ist vertreten – und zwar mit einem sehr eleganten Grabstein, den er selbst angefertigte. Außerdem befinden sich hier die Gräber von Colin Campbell Mitchell (dem Erfinder des Dampfkatapults, das auf Flugzeugträgern eingesetzt wurde, um Flugzeuge zu starten) und Sir Robert Liston, einem Diplomaten und Botschafter, der ein guter Freund von George Washington war.

*Gogar* könnte ein altes keltisches Wort für „kleiner Landstrich“ oder eine Ableitung von gowk sein, einem alten Wort aus den schottischen Lowlands, das „Kuckuck“ und im übertragenen Sinne auch „Narr“ oder „Dummkopf“ bedeutet.

# CAMMO ESTATE

## *Die* Grey Gardens *von Edinburgh*

*Cammo Road, Edinburgh EH4 8AW*
*friendsofcammo.org – friendsofcammo@yahoo.co.uk*
*Besucherzentrums: Sonntag 14–16 Uhr & Donnerstag 13–16 Uhr*
*Das Cammo Estate kann rund um die Uhr kostenlos besichtigt werden. Man erreicht es über die Parkplätze am Südrand (Cammo Walk) und am Nordtor (Cammo Road) des Anwesens oder durch die Haupttore im Osten*
*Bus: 31, 41, 43*

Das Cammo Estate liegt versteckt zwischen Barnton und dem Flughafen Edinburgh. Das am besten erhaltene Bauelement des Cammo Estate ist sein burgartiger Wasserturm, der (inzwischen ohne Segel auf dem Dach) wie eine entflohene Schachfigur am Rand des Anwesens steht. Das Originalgebäude wurde 1693 für John Menzies erbaut; es soll Robert Louis Stevenson zu seinem House of Shaws inspiriert haben, dem Schauplatz seines Romans *Entführt: Die Abenteuer des David Balfour* (obwohl auch das House of Pilrig und das House of Cramond um diese Ehre wetteifern). Der Park wurde von Sir John Clerk gestaltet, der das Haus 1710 kaufte und dort den ersten Landschaftsgarten Schottlands anlegte – wobei er die Landschaft nicht künstlich zu regulieren versuchte, sondern einen harmonischen Umgang mit der Natur anstrebte. Er pflanzte auch die wunderschönen Laubwälder, die einige der ältesten Bäume Schottlands beheimaten.

Aber die Geschichte, wie das einstmals prunkvolle Haus zur Ruine wurde, ist Edinburghs eigene Version des Films *Grey Gardens*. Zu Beginn des 20. Jahrhunderts kaufte die wohlhabende Mrs. Clark das Anwesen, um dort mit ihrem jüngsten Sohn Percival zu leben. Percival hatte eine stark deformierte Wirbelsäule und verbrachte seine Zeit lieber mit Hunden als mit Menschen, die ihm gegenüber nur wenig Toleranz zeigten. Mrs. Clark hatte sich von ihrem untreuen Mann scheiden lassen und den Namen Maitland-Tennent angenommen. In der Gegend wurde sie jedoch nur „die schwarze Dame" genannt, ein Spitzname, aus dem die Presse später „die schwarze Witwe" machte. Man sah sie immer nur durch die zugezogenen Vorhänge ihres schwarzen Autos, wenn Percy sie zur Bank chauffierte. Mrs. Clark enterbte ihren ältesten Sohn Robert, weil er sie und Percival verlassen hatte, und wirtschaftete das Anwesen absichtlich herunter, weil sie davon überzeugt war, dass Robert versuchen würde, ihr Testament anzufechten. Als sie 1955 starb, konnte Percy nicht mehr allein für sich sorgen und zog in das Wirtschaftshaus, wo man ihn leichter pflegen konnte. Das große Wohnhaus – und all die Wertgegenstände, die sich darin befanden – überließ er seinem geliebten Rudel von etwa vierzig Streunerhunden. Er ließ die Hunde abwechselnd in kleinen Gruppen durch die Zimmer laufen und besuchte täglich das Grab seiner Mutter, das sich in einem Kiefernwald westlich des Hauses befindet. Der Waldboden rund um das Grab ist von einem Teppich aus Narzissen bedeckt. Das den Hunden überlassene Haus begann unter dem zersetzenden Gewicht der Tierexkremente in sich zusammenzufallen. Einbrecher „befreiten" das Gebäude von sämtlichen Wertsachen, die sie finden konnten. Den Rest erledigten die Brandstifter. Als Percy im Jahr 1975 starb, hinterließ er das verrottete Haus und das Anwesen dem *National Trust* zur Nutzung als öffentlichen Park. Heute ist Cammo Estate ein Paradies für Hundespaziergänger.

# DIE LITTLE GATEHOUSE GALLERY ⑦

## *Das Studienprojekt von Sir Basil Spence*

*Torhaus der Cramond Kirk, Cramond Glebe Road, Edinburgh EH4 6NS*
*0131 312 8219 – thelittlegatehousegallery.com – Bus: 41*
*Im Sommer täglich 11–17 Uhr, im Winter täglich 11–16 Uhr – Eintritt frei*

Die Little Gatehouse Gallery ist die wohl kleinste Kunstgalerie Edinburghs. Das steinerne Torhaus der Cramond Kirk, das zuvor als Büro der Kirche genutzt wurde, ist nur 4 x 2,5 Meter groß und wurde im Jahr 1932 von Sir Basil Spence restauriert – lange bevor der Architekt die berühmte Kathedrale von Coventry entwarf (er war 1932 noch Student am Edinburgh College of Art). An der Giebelwand, die der

Straße zugewandt ist, befindet sich eine aus Stein gehauene Glocke, die daran erinnert, dass sich in diesem Gebäude einst die Dorfschule befand.

Im Jahr 2014 eröffnete der örtliche Maler Ronald Ryan in dem Torhaus eine kleine Galerie, die sich auf Gemälde und Drucke von (größtenteils) ortsansässigen Künstlern spezialisiert hat. Zwei dieser Künstler – Ferris Wood und der verstorbene Sax Shaw – waren persönliche Freunde von Basil Spence. Sax Shaw, ein schottischer Künstler der Nachkriegszeit, war vor allem für seine Glasmalereien, Wandteppiche und Gobelins bekannt. In der Galerie sind einige Aquarelle von Sax Shaw ausgestellt, außerdem ein Porträt des Künstlers, das 1995 von Ronald Ryan gemalt wurde. Die Galerie bietet auch eine Reihe von Gemälden, die die Ruine der alten Eisenmühle weiter oben am Fluss Almond zeigen – Ronald Ryan malte sie jeweils im Frühling, Sommer, Herbst und Winter. Die Eisenmühle war von 1771 bis 1860 im Besitz der Familie Cadell, und wer den Friedhof besichtigt, der hinter der Galerie liegt, wird einige ungewöhnliche gusseiserne Grabmale entdecken, zum Beispiel den großen weißen Obelisken, der mitten auf dem Friedhof steht (siehe Foto oben).

Einer der Grabsteine trägt den Namen Anne Wilsons. Als die Frau von Alex Cadell sich 1851 nach einer Silvesterfeier etwas lädiert auf den Heimweg machte, wollte sie eine Abkürzung über den Felsvorsprung nehmen, der zwischen Cramond und Cramond Brig (wo sich heute die Salveson Steps befinden) liegt. Tragischerweise rutschte sie aus und ertrank im eiskalten Wasser. Die Kirche selbst wurde am Standort eines ehemaligen römischen Kastells erbaut. Über dem Eingang zum Turm, der als der älteste Teil der Kirche gilt, sind fein gemeißelte römische Steine zu sehen. In der Kirche hängt eine holländische Glocke, die Oliver Cromwells Armee einst aus dem Gotteshaus stahl – man konnte jedoch eine Rückgabe aushandeln. Im Inneren der Kirche befinden sich drei Buntglasfenster mit rechteckigen Motiven, die von dem präraffaelitischen Künstler Edward Burne-Jones gestaltet wurden.

## IN DER UMGEBUNG

### *Die zwei Ronnies*

In der Mauer auf der gegenüberliegenden Seite des Kirchhofs befindet sich ein Torbogen, der zur Kirk Hall führt. Im Inneren der Halle befindet sich ein Fisch aus Granit – eine Skulptur, die ebenfalls von einem Ronnie (Ronald) geschaffen wurde: dem Künstler Ronald Rae, der auf dem Gelände der Cramond Kirk 20 Jahre lang Skulpturen meißelte. Seine riesige Fischskulptur windet sich am Strand von Cramond, sein Elefantenbaby stapft auf dem Flughafen von Edinburgh herum und sein Löwe streift durch den St. Andrew Square Garden.

# BARNTON QUARRY BUNKER

⑧

## *Eiskalter Krieg*

*35 Clermiston Road North, Edinburgh EH4 7BN*
*facebook.com/BarntonQuarryRestorationProject*
*info@barntonquarry.org.uk*
*Termine und Preise der Bunkerführungen: siehe Facebook*
*Bus: 21, 26, Skylink 200*

Der alte Dolerit-Steinbruch auf dem Corstorphine Hill wurde im Laufe des Zweiten Weltkriegs zum Standort der militärischen

Kommandozentrale RAF Sector Operations Centre ausgebaut – die hohen Wälle des Steinbruchs schirmten einen Komplex von schlichten niedrigen Backsteingebäuden ab. Als die Sowjets 1949 ihre erste Atombombe testeten, wurde der Militärstandort plötzlich wieder benötigt – dieses Mal als Teil der Operation ROTOR, eines ausgeklügelten britischen Netzes von Radarstationen. Die Militärzentrale Barnton war das Nervenzentrum Schottlands. In der Grube des Steinbruchs wurde ein Betonbunker namens R4 errichtet, den man unter mehreren tausend Tonnen Schieferschutt versteckte, der von den Dalmeny-Bergehalden hierher transportiert wurde.

Im Jahr 1952 stand dem Militär ein riesiges, geheimes Ortungs- und Kommandozentrum mit einem NBC-Filtersystem (NBC steht für „nuklear, biologisch und chemisch") zur Verfügung, das 30 Meter tief unter der Erdoberfläche lag. Es verfügte über drei Stockwerke mit Aussichtskabinen, die einen zentralen Operationsschacht überblickten. Dieser Schacht enthielt eine riesige Karte, auf der die Positionen der herannahenden feindlichen Flugzeuge eingezeichnet wurden. In jeder Kabine befanden sich verschiedene Abteilungen, die Informationen an die Karte übermittelten und umgekehrt – die Version eines geteilten Bildschirms, bevor das Internet existierte.

Barnton war der einzige R4-Operationsraum der Welt, der zum Aufspüren und Abfangen sowjetischer Bomberflugzeuge diente und bis 1959 ununterbrochen in Betrieb war. Danach wurde der Standort von der Regierung für Notsituationen umgebaut und konnte 400 Beamte unterbringen. 1963 enthüllte eine Gruppe namens *Spies for Peace* (dt.: Spione für den Frieden) den Standort des Zentrums, worauf es zum Schauplatz von Protesten der *Campaign for Nuclear Disarmament* wurde. In den 1980er-Jahren konnte die Kommune die Betriebskosten nicht mehr aufbringen. Das Militärzentrum stand über 20 Jahre lang leer, wurde von Bränden heimgesucht und entwickelte sich zu einem Tummelplatz für Kinder, Müllsammler, Raver und Leute, die Lust auf ein wenig inoffizielles Urban Exploring hatten.

Als der Security-Designer Martyn Dawson auf der Klippe über dem Militärzentrum stand, wusste er sofort, dass er dafür bestimmt war, den verfallenen Komplex zu restaurieren. Er verkaufte sein Haus und gab seinen gut bezahlten Job auf, um dieses Projekt in Angriff zu nehmen.

# DER MAUERGARTEN AUF DEM CORSTORPHINE HILL

9

## *Ein sonniges Plätzchen*

*Clermiston Road, gegenüber von Clerwood Terrace, Edinburgh EH12 8PG*
*corstorphinehill.org.uk*
*Meist von 8/9 Uhr bis Sonnenuntergang*
*Bus: 1, 21, 26*

Der Corstorphine Hill hat viele Attraktionen zu bieten – sie sind quer über die Wege des Hügels verstreut. Auf dem Gipfel thront der Clermiston Tower (ein Denkmal zu Ehren von Sir Walter Scott), der interessanterweise auf einer Höhe mit dem Cairnpapple und dem Cammo Tower (siehe Seite 225) im Westen steht.

Auf dem abschüssigen Felsen nördlich des Turms befinden sich einige rätselhafte Schalensteine: neun in Form eines Fünfecks und zwei in der Mitte. Es handelt sich möglicherweise um heilige Steine mit Markierungen aus der Jungsteinzeit oder dem Bronzezeitalter.

Auf der Westseite des Hügels befindet sich ein geheimer Garten: der alte Mauergarten, der einst zum benachbarten Hillwood House gehörte. Das Herrenhaus gehörte einst den Produzenten des Whiskylikörs Drambuie und wurde vor Kurzem für vier Millionen Pfund verkauft. Man sagt, dass einige der geheimen Kräuter und Gewürze, die für den unverwechselbaren Geschmack des Likörs sorgen, in diesem Garten angebaut wurden.

Der Garten wird jeden Tag von freiwilligen Mitarbeitern auf- und zugeschlossen; man sollte es ihnen also verzeihen, wenn die Öffnungszeiten manchmal nicht ganz genau eingehalten werden. Am besten besucht man den Park an einem sonnigen Nachmittag, wenn der nach Westen ausgerichtete Hang die ganze Wärme der Sonne einfängt. Der Garten besteht aus drei Ebenen, auf denen Hangbeete voller Heidekraut, Rosen und Wildblumen sowie Zieräpfel, Kirschbäume und Buchen stehen. In den Ecken verstecken sich kleine Insektenhotels, die Insekten dazu einladen, hier zu nisten. Am unteren Rand des Gartens befindet sich ein Teich mit einer Holzbrücke, der von einer großen Mauer umgeben ist, die ihn vor Unwetter schützt. Der Garten, der lange Zeit verlassen vor sich hin schlummerte, wurde 2003 von den *Friends of Corstorphine Hill* liebevoll restauriert.

Wer sich den Garten genau anschaut, wird entdecken, dass die obere Gartenmauer ein geologisches Puzzle ist, das aus allen Eruptiv- und Sedimentgesteinen besteht, die in der Region vorkommen: sorgfältig platzierte Fragmente von Dolerit und Gabbro; geriffelter roter und weißer Sandstein; grauer, rot oxidierender Schlammstein – viele dieser Steine haben Musterungen, die von versteinerten Pflanzenresten stammen.

Die Wege, die quer über den Hügel verlaufen, sind sehr beliebt bei Wanderern und Radfahrern. Im Jahr 2013 kam es jedoch zu einer ziemlich grausigen Begegnung: Ein Wanderer entdeckte hier das verweste Gesicht einer Frau, das ihn aus der Erde anstarrte. Ihr zerstückelter Körper war von ihrem Sohn (den sie in seinem Haus in der Balgreen Road besucht hatte) hier begraben worden.

# DAS DOWER HOUSE

## *Die Heimat des Ogers von Gogar*

*1a Orchardfield Avenue, Edinburgh EH12 7SX*
*Mittwochs & samstags 10–12 Uhr – Eintritt frei*
*Bus: 1, 12, 26, 31*

Das Dower House, das an der Ecke des St. Margaret's Parks in Corstorphine steht, stammt aus dem Jahr 1587 und gehört zu den ältesten noch immer bewohnten Gebäuden Edinburghs. Das Haus scheint jedoch einen falschen Namen erhalten zu haben, denn ein Dower House wird traditionell erbaut, damit der Gutsherr die Witwe seines Vaters rauswerfen und selbst über das Anwesen verfügen kann. Es gibt jedoch keine Aufzeichnungen darüber, dass die Lords Forrester von Corstorphine Castle das Gebäude zu diesem Zweck nutzten.

Das hohe Bauwerk ist heute der Sitz des Corstorphine Heritage Centre. Man entdeckt hier allerlei faszinierende Gegenstände aus der Geschichte von Corstorphine. Im Café im Erdgeschoss befindet sich ein herrlich grusliger, aus Stein gehauener Kopf mit Satanshörnern, der von den Einheimischen der „Oger von Gogar“ genannt wird. Zwei Jungen fanden ihn 1842 auf dem Baugelände des Bahnhofs von Gogar. An einer Wand im oberen Stock hängt ein Gobelin mit dem Namen *Fishing Birds*. Er wurde von Harry Wright geschaffen, einem Künstler aus dem Dovecot Studio für Tapisserie, das sich früher gleich um die Ecke in dem Haus hinter dem Taubenschlag befand, bevor es in sein neues Domizil in der Infirmary Street umzog.

Ein Stockwerk weiter oben befindet sich eines der faszinierendsten Ausstellungsstücke des gesamten Museums: eine Scheibe der Platane von Corstorphine, die angeblich über 400 Jahre alt war, als sie 1988 bei einem Sturm umstürzte. Auf den Jahresringen sind historisch wichtige Daten vermerkt, die der Baum miterlebt hat, wie zum Beispiel die Erfindung des Telefons durch den jungen Edinburgher Alexander Graham Bell 1876 oder die Veröffentlichung von Darwins Werk *Die Entstehung der Arten* im Jahr 1859 – Charles Darwin absolvierte sein Studium in Edinburgh.

## *Die weiße Dame von Corstorphine*

Der 2. Lord Forrester – James Baillie – war ein Trinker und Frauenheld, der viele Affären hinter dem Rücken seiner Frau hatte. Eine seiner Geliebten war seine eigene Nichte, Lady Christian Nimmo, die ebenfalls verheiratet war. Sie pflegten sich heimlich bei der Platane zu treffen, doch eines schicksalhaften Abends tauchte er nicht auf. Lady Christian ließ ihn von einem Diener aus dem Gasthof Black Bull Inn holen, und als er sturzbetrunken bei ihr ankam, war er sehr wütend, weil sie ihn von seinen Freunden weggerufen hatte. Ein heftiger Streit entbrannte zwischen den beiden, und irgendwie kam es dazu, dass er einen Stich in den Bauch erhielt, zu Boden sank und verblutete. Lady Christian behauptete, er sei mit seinem Schwert auf sie losgegangen, sie habe es in Notwehr ergriffen und er sei versehentlich darauf gefallen. Sie wurde trotzdem zum Tode verurteilt und enthauptet. Aber das war nicht Strafe genug, und so war sie dazu verdammt, in ihrem weißen Kleid mit dem blutgetränkten Schwert ihres Geliebten in der Hand für immer durch die Flure der Burg zu wandern. Die Burg wurde Ende des 18. Jahrhunderts zerstört, aber seitdem wurde die Weiße Dame immer wieder gesichtet, wie sie am Taubenschlag nahe der ehemaligen Platane von Corstorphine umherwandelt und gehorsam ihre Strafe verbüßt.

# DIE LETZTE INGRAM-KINOORGEL ⑪

## *Eine Orgel für Filmmusik und mehr*

*The Corstorphine Astoria Centre*
*18 Kirk Loan, Corstorphine, EH12 7HD*
*corstorphineastoriacentre.co.uk*
*friendsofastoria@gmail.com*
*Um in die Mailingliste für Veranstaltungen und Konzerte aufgenommen zu werden, besuchen Sie die Website oder schreiben Sie eine E-Mail*

© Hannah Robinson

Die ersten Stummfilme, die in die Kinos kamen, waren, nun ja, stumm. Es waren nur die Geräusche einer surrenden Spule und des Publikums zu hören, das beim Anblick eines Mannes, der über den Bürgersteig schlurfte, nach Luft schnappte – bis jemand auf die Idee kam, die stimmungsvolle Leere mit Klaviermusik zu füllen. Die Studios begannen, Orchesterpartituren zu verschicken: Die Musiker des Orchesters sollten in einem Graben vor der Leinwand sitzen und den Film musikalisch untermalen. Aber abgesehen davon, dass es sehr kostenintensiv war, so viele Musiker einzustellen, war die Live-Synchronisation durch ein kleines Orchester melodisch keine einfache Aufgabe, da die Spule immer wieder stecken blieb oder ein Stück vorsprang.

Doch halt – tataratarra! Robert Hope-Jones, ein Telefontechniker aus Birkenhead, erfand eine ferngesteuerte Pfeifenorgel, die eine ganze Symphonie von Instrumenten pneumatisch bedienen konnte. Die Orgel wurde durch dieselben elektromagnetischen Signale gesteuert, die auch in der Telefonie verwendet wurden. Der große, brüllende und polternde Teil der Orgel konnte somit versteckt werden, sodass nur die Tastatur und der Organist zu sehen waren. Diese Organisten wurden in den 1930er-Jahren zu richtigen Stars, die in den Filmpausen 15-minütige Solostücke spielten. Sie sorgten nicht nur für die Filmmusik, sondern auch für die Geräuschkulisse – mit Tasten für galoppierende Hufe, schnaufende Dampflokomotiven und hupende Signalhörner. Sobald im Film ein reitender Cowboy einen Zug verfolgte, der wiederum nur knapp ein Auto verfehlte, war die Kinoorgel zur Stelle.

Das kleinste Modell mit dem schönsten Klang war die 2/4 Ingram, die von einer Edinburgher Firma gebaut wurde – und das Astoria-Kino in Corstorphine besaß ein solches Exemplar. Die Orgel wurde von zwei jungen Männern gespielt: Charlie Davidson und Larry McGuire. Larry rettete später das Playhouse vor dem Abriss und war der Mitbegründer von *STOPS: der Scottish Theatre Organ Preservation Society* (*Schottische Gesellschaft zur Erhaltung der Theaterorgel*). Auf dem YouTube-Kanal von *STOPS* kann man Aufnahmen ihres Orgelspiels hören.

Als das Astoria 1974 seine Pforten schloss, geriet die kleine Ingram-Orgel in Vergessenheit und verschwand jahrzehntelang unter einer Plane. Charlie Davidson gelang es, sie aus einem baufälligen Schuppen zu retten, und der *Corstorphine Trust* (siehe vorige Seite) fand für sie ein neues Zuhause in der Gemeindehalle, die nach dem alten Kino benannt ist. Der Organist Kevin Grunhill aus Blackpool übernahm die Renovierung der mittlerweile letzten noch existierenden 2/4-Ingram-Orgel. Im Dezember 2019, einen Monat vor ihrem 90. Geburtstag, wurde die Orgel von Charlie Davidson zum ersten Mal nach 45 Jahren wieder öffentlich gespielt.

# SAUGHTON PARK & WINTER GARDENS

12

*Erinnerungen an das Britische Weltreich*

*Eingänge: Balgreen Road, Gorgie Road, Stevenson Drive und Fords Road, Edinburgh EH11 3BQ*
*0131 529 7921*
*parks@edinburgh.gov.uk*
*friendsofsaughtonpark.org*
*Die Öffnungszeiten variieren; die aktuellen Zeiten stehen auf der Website*
*Bus: 1, 2, 3, 22, 25, 30, 35, 38*

Der Park ist über die älteste noch erhaltene Stahlbetonbrücke Schottlands zugänglich. Man kann durch einen süß duftenden Garten für Blinde spazieren und ein Konzert im wunderschön restaurierten, gusseisernen Musikpavillon der Löwengießerei besuchen. Und: Inmitten des tropischen Grüns der Wintergärten begegnet man hier sogar Mahatma Gandhi. Die Beziehung des Parks zu dem pazifistischen Anführer der indischen Unabhängigkeitsbewegung mag auf den ersten Blick etwas dürftig erscheinen. Die Gandhi-Statue wurde 1997 von Stadtrat Eric Milligan anlässlich des 50. Jahrestages der Unabhängigkeit Indiens und Pakistans in Auftrag gegeben. Die beiden Staaten gehörten nach wie vor zum Commonwealth, und 1997 versammelten sich alle Staatsoberhäupter des Commonwealth zu einem Gipfel in Edinburgh, der alle zwei Jahre stattfand. Milligan war der Meinung, es hätte Gandhi – einen Mann des Volkes – nicht gekümmert, dass seine Statue etwas weiter weg von den Edinburgher Zentren der Macht aufgestellt wurde. Die Skulptur wurde von keinem Geringeren als dem indischen Premierminister Inder Kumar Gujral enthüllt, der obwohl er ein Alkoholgegner war, zu diesem Anlass ein Glas India Pale Ale einer lokalen Brauerei erhob. Wenn Sie weitergehen, blitzt ihnen durch das Laub der Bäume hindurch der üppige Schoß der Hindu-Göttin Shakti entgegen: ein Geschenk des Professors N. Rangabashyam und seiner Ehefrau, die das Werk – inspiriert von Milligans Veranstaltung – für die Stadt Edinburgh anfertigen ließen.

Die Gärten gehörten einst zum Saughton Estate, einem großen Herrenhaus aus dem 17. Jahrhundert. Im Jahr 1824 wurde das Haus vom „Institut zur Genesung von Geisteskranken“ angemietet, einer Einrichtung, in der sich Dr. William Lowe und Sir John Batty Tuke für eine bessere Behandlung von psychisch erkrankten Menschen einsetzten. Dr. Lowe leistete Pionierarbeit auf dem Gebiet der Gartentherapie, und so sind seine Patienten teilweise mit dafür verantwortlich, dass die Gärten so schön aussehen. Auch der Begriff „Beschäftigungstherapie“ wurde in diesem Institut geprägt. Die Gärten wurden eigens für die Schottische Nationalausstellung von 1908 komplett umgestaltet. Zu diesem Anlass errichtete man auch die Glashäuser der Wintergärten. Der Park bot zahlreiche Sehenswürdigkeiten, darunter eine 18 Meter lange Wasserrutsche, eine spiralförmige Rutschbahn im Stil des Moulin Rouge und (noch fragwürdiger) einen indigenen senegalesischen Stamm, der seiner Heimat entwurzelt und nach Edinburgh gebracht worden war, um hier in einem nachgebauten Lehmhüttendorf zu leben. Das Baby, das während des sechsmonatigen Aufenthalts des Stammes in Edinburgh geboren wurde, taufte man zur Belustigung des Publikums auf den Namen Scotia Reekie (Schottland-Reekie). „Old Reekie“ ist ein alter Spitzname für Edinburgh und bedeutet „Altes Rauchnest“..

# DIE ZIMMERDECKEN IM MERCHISTON TOWER

13

*Deckengemälde à la Rabelais*

*10 Colinton Road, Edinburgh EH10 5DT – Bus: 11, 15, 16, 23, 36, 45*
*Besuch nur nach Voranmeldung. Kontakt über: conferences@napier.ac.uk*

Im Merchiston Tower verbirgt sich etwas ganz Besonderes! Schon das Gebäude selbst wäre ein eigenes Buchkapitel wert: Das mittelalterliche Turmhaus aus rotem Stein liegt versteckt auf einem modernen Universitätscampus. Das Bauwerk war einst der Sitz des Napier-Clans; hier wurde John Napier geboren, der achte Laird of Merchiston. Der Mathematiker und Philosoph, nach dem die Universität benannt ist, war der Erfinder des Logarithmus.

Wenn Sie die gewundene Steintreppe hinaufsteigen, gelangen Sie in einen großen Sitzungssaal, in dem ein eindrucksvoller, langer asymmetrischer Tisch auf einem erbsengrünen Teppich steht; darunter befindet sich eine Bardengalerie. Langsam wird es wärmer. Aber wenn Sie den Kopf zurücklehnen, wird es so richtig heiß.

Schauen Sie sich die Decke genau an: Auf den rauen Kiefernholztafeln befinden sich einige recht ungewöhnliche handgemalte Illustrationen. Auf den ersten Blick sehen sie aus wie Ziervasen, Blumen und Engel. Den Erläuterungen an der Wand kann man entnehmen, dass es sich um die schönste und älteste Renaissance-Decke Schottlands handelt – sie wurde 1581 angefertigt und nach ihrer Entdeckung in Prestongrange im Jahr 1962 hierhergebracht.

Doch kurze Zeit später bemerkt man die Details: eine geflügelte Eidechse mit Menschenkopf, ein skurriler Engel, der aus einer deformierten Muschel steigt, ein barbusiges Wikinger-Mädchen, dem ein Türklopfer in Form eines Löwenkopfes aus dem Unterleib ragt. Langsam erinnert das alles irgendwie an Hieronymus Bosch.

Und dann entdeckt man auch noch die pornografischen Elfen. Ehrlich gesagt sollten Sie lieber nicht zur Bardengalerie hinaufgehen und auch nicht auf den Stuhl steigen, um die Elfen von Nahem zu betrachten – es ist zu nahe! Doch jetzt ist es zu spät: Sie werden nie wieder auf dieselbe Weise an die kleinen Helfer des Weihnachtsmanns denken können.

Die unzüchtigen Bilder sind Kopien einer französischen Holzschnittsammlung von 1565 – ein Werk von François Desprez, das den Titel *Die lustigen Träume des Pantagruel* trägt. Desprez ließ sich für sein Werk von fünf Buchbänden mit dem Titel *Gargantua und Pantagruel* inspirieren, die von dem Satiriker François Rabelais verfasst wurden.

# SPRINGWELL HOUSE

⑭

*Moral im Magdalenenheim*

*1 Gorgie Road, Edinburgh EH11 2LA*
*Rund um die Uhr von der Straße aus einsehbar*
*Bus: 1, 2, 3, 4, 25, 33, 44*

Unter den scharfen Treppengiebeln der Dachfenster von Springwell House verkündet ein Schild, dass der Grundstein im Jahr 1863 von Lord Provost gelegt wurde. Doch die Geschichte von Springwell House ist nicht gerade freudvoll. Denn in diesem Gebäude befand sich einst das Edinburgher Magdalenenheim, in dem „gefallene, reformwillige Frauen" – das heißt, Sexarbeiterinnen und „Promiskuitive" (so genannt, weil sie vor der Ehe Sex hatten) – geläutert, umerzogen und aufgepäppelt wurden, meist um als Dienstmädchen in großen Adelshäusern zu arbeiten.

Die Anstalt war ursprünglich in einem (mittlerweile abgerissenen) Gebäude in der Canongate – gleich neben Tolbooth Wynd – untergebracht. Die Frauen, die in der Hoffnung hierherkamen, der Prostitution zu entkommen, wurden in den ersten drei Monaten ihres Aufenthalts in Einzelhaft gehalten, „um den Makel ihres schädlichen moralischen Einflusses auszumerzen". Danach waren sie Schikanen, Folter und Misshandlungen durch das Personal ausgesetzt und wurden von der Öffentlichkeit stigmatisiert, da sie aufgrund ihrer kahlgeschorenen Köpfe und der einfachen Kittel, die sie tragen mussten, leicht zu erkennen waren. Mary Patterson wurde 1828, einen Tag nach ihrer Entlassung aus der Anstalt, von Burke und Hare ermordet (siehe Seite 175): Sie war erst 18 Jahre alt.

Im Jahr 1840 bekam das Asyl einen neuen Direktor: Dr. William Tait. Obwohl seine Haltung etwas aufgeklärter war, betrachtete er die Prostitution als „Frevel" und als ein Übel, dem sich Herren mit gutem Leumund oft unwissentlich aussetzten. Tait beschloss, die Anstalt in den ländlichen Bezirk Dalry zu verlegen: Er begründete seine Entscheidung damit, dass die Atmosphäre der Gewalt, die in der Stadt herrsche, bei den Frauen Depressionen und einen Verlust an Selbstachtung hervorrufen würde. Später übernahm die Stadt Edinburgh das Gebäude und wandelte es in ein Zentrum für Soziale Arbeit um.

## IN DER UMGEBUNG

Unten am Friedhof von Dalry befindet sich eine lange, schmale Gasse, die von hohen Mauern umschlossen ist und den stimmungsvollen Namen Coffin Lane („Sarggasse") trägt. Die Totengräber besuchten früher gern den nahegelegenen Pub Athletic Arms, der im Ort auch Diggers („Totengräber") genannt wird. Der Inhaber des Pubs weigerte sich, Frauen zu bedienen und servierte ausschließlich 80-Schilling-Bier in Fassstärke.

# DER ALTE FLEISCHMARKT VON EDINBURGH ⑮

## *Schlachthofgeschichten*

*80 Fountainbridge, Edinburgh EH3 9QA*
*Der Markt kann rund um die Uhr besichtigt werden; Eintritt frei*
*Bus: 1, 34, 35, 47*

Läuft man im Westen durch Fountainbridge, kommt man an den Bürogebäuden des Exchange Place aus cremefarbenem Stein und braunem Glas vorbei und stößt auf einen doppelten Sandsteintorbogen, der sich über die Lücke kurz vor Chalmers Buildings spannt. Schön herausgearbeitete Ochsenköpfe ragen oben an jedem Bogen hervor und die darüber eingemeißelten Worte besagen: „1884 Edinburgh Meat Market" („Fleischmarkt von Edinburgh 1884").

Geht es die mit Pollern eingesäumte Straße dahinter weiter, gelangt man auf einen kleinen Platz zwischen den Bürogebäuden, wo sich ein großes und eher ungewöhnliches Mauerbild befindet – ein in die acht Meter lange Betonverkleidung geätztes Schwarz-Weiß-Foto. Es zeigt Rinder, die 1910, also vor über einem Jahrhundert, hier die Straße hinuntergetrieben wurden. Das Foto ist mit einem Zitat versehen: „Sheep's plucks and bags, come awa" (dt.: „Schaflungen und -mägen, kommen Sie her"). Worte, die Sie damals die Standbetreiber rufen gehört hätten, die versuchten, Käufer für die leckeren Zutaten von Haggis anzulocken. An die Vergangenheit erinnern ebenfalls blauglasierte Ziegelsteine, wie solche, die man in Metzgereien sieht, sowie Straßenpflaster, das ähnlich einer Fleischerschütze gestreift ist.

In dieser Gegend war früher nicht nur der Fleischmarkt zu Hause, sondern auch der Viehmarkt und der städtische Schlachthof. Beide wurden Mitte der 1980er hierhin verlegt, im Versuch, Nor' Loch – das früher die heutigen Princes Street Gardens füllende Gewässer – zu säubern. Durch die Abwässer des Schlachthofs war allmählich ein übler Geruch vom See ausgegangen (ganz abgesehen von ein paar Menschenleichen: Es war ein beliebter Ort, um Tote abzuladen und Selbstmord zu begehen).

Als neue Heimat für den Schlachthof wurde Fountainbridge auserkoren, da es die Endstation des Union Canals war – hier gab es früher einmal ein doppeltes Flussbecken, und man kann die damals zurückgelegte Strecke dank einer östlich vom Mauerbild herführenden Kennzeichnung sehen. Dort markieren strahlende Lichter einer Bodeninstallation jeweils eine Schleuse oder Brücke des Union Canals.

Anfang der 1900er zogen Schlachthof und Fleischmarkt erneut um, diesmal weiter vom Zentrum entfernt nach Chesser. In den Sechzigern wurde das baufällige Marktgebäude in die Americana-Disco umgewandelt, die dann mit ihrer Rundbogenvorderseite in den Achtzigern zum Clubrestaurant Fat Sam's mit Chicago-Motto wurde. Eine Puppe des Gangsters Fat Sam behielt die Gäste im Auge und der seltsame Aberglaube kam auf, es würde sich etwas Schlimmes zutragen, würde er entfernt werden. Aber keine Sorge: Sie können ihn immer noch versteckt in einem Schrank beim 1 Exchange Place finden. Jeder, der ihn verärgert, wird bestimmt dem Schlachtbeil zum Opfer fallen …

# CENTRAL HALL, TOLLCROSS

⑯

## *Kein Prozess gegen die SS*

*2 West Tollcross, Edinburgh EH3 9BP*
*0131 447 9787*
*centralvenues.org – info@centralvenues.org*
*Mo bis Fr 9.30–17 Uhr; bei Reservierungen oder Veranstaltungen aber geschlossen*
*Eintritt frei*
*Bus: 2, 10, 11, 15, 16, 23, 27, 30, 45*

1948 waren die Ost-West-Beziehungen durch den Kalten Krieg eisig geworden, und der britische Auslandsgeheimdienst MI6 suchte nach Spionen, die durch den Eisernen Vorhang schlüpfen würden. Sie brauchten Menschen, die richtig aussahen, die Sprache beherrschten und das mit einem passenden Dialekt. Wer kam dafür besser infrage, als einige ukrainische Kriegsgefangene, die in einem Lager in Norditalien herumliefen? Das Problem war, wie Douglas MacLeod in seinem Buch *Morningside Mataharis* ausführt, dass es sich tatsächlich um, zum Teil hochrangige, Soldaten der Waffen-SS handelte – aber nun ja, Sie kennen es: Wer Feind meines Feindes ist …

Der MI6 brachte die Ukrainer zur genauen Begutachtung ins Land, ob sie gutes Spionagematerial hergaben. Der Geheimdienst steckte 1.000 von ihnen in ein Militärlager mit Nissenhütten auf einem Golfplatz in Haddington, 30 Kilometer südlich von Edinburgh. Und erzählte den Leuten, es handele sich um friedfertige Ukrainer, die mithalfen, das kriegsgeschundene Großbritannien wiederaufzubauen.

Zur Tarnung dieser Spion-Rekrutierungskampagne rief der MI6 eine Wohltätigkeitsorganisation, die *Scottish League for European Freedom (SLEF)*, ins Leben, angeblich, um verarmten Geflüchteten aus Osteuropa zu helfen. Mit der unwissenden Kitty Stewart-Murray, Herzogin von Atholl, wurde eine der ersten weiblichen Abgeordneten Großbritanniens und entschiedenen Kämpferin gegen totalitäre Systeme, zum Vorstand ernannt. 1938 hatte sie aus Protest gegen Neville Chamberlains Appeasement-Politik gegenüber Hitler den Rücktritt von ihrem Mandat erklärt. Sie war es, die viele der betuchten Frauen Edinburghs davon überzeugte, Geld für die Organisation zu sammeln.

Unter den großen, durch Kaffeekränzchen und Wohltätigkeitsbasare finanzierten Veranstaltungen war eine Konferenz, die in der schönen 1901 erbauten Central Hall in Tollcross stattfand, einem Saal mit riesigem Zuschauerraum, der für „kinematografische Ausstellungen" benutzt wurde, bevor Edinburgh ein Lichtspielhaus hatte. Hier würden unterdrückte Osteuropäer ihre Freiheitsappelle zum Ausdruck bringen, dachten die Mitglieder der *SLEF*. Es war ein großer Erfolg – aber ohne das Wissen der Damen war der prächtige Veranstaltungsort mit mehr Spionen gefüllt worden als in allen James-Bond-Filmen zusammen auftauchen.

Und doch war die gesamte Tarnaktion umsonst. Denn zu dieser Zeit arbeitete Kim Philby beim MI6, der alle Einzelheiten an Moskau weitergab. Jedes Mal, wenn ein ukrainischer Spion mit dem Fallschirm in feindlichem Gebiet landete, wurde er sofort identifiziert und erschossen. Und die restliche SS im Lager von Haddington? Nun ja, es wäre unhöflich gewesen, nur zugunsten von ein paar Kriegsverbrecherprozessen die Leichtgläubigkeit ihrer Gastgeber bloßzustellen. Daher gaben sie die Nissenhütten auf und ließen deren frühere Bewohner in die Gemeinschaft abtauchen …

## *Phantome des Kinos*

Edinburgh blickt mit dem Edinburgh International Film Festival (E.I.F.F.) auf eine stolze Kinogeschichte zurück. Es ist das älteste fortlaufend veranstaltete Filmfestival der Welt und findet im Filmhouse in der Lothian Road statt. Bevor es 1979 in ein Kino umgewandelt wurde, diente es paradoxerweise als die Kirche St. Thomas – bei vielen der alten Filmtheater der Stadt war es genau umgekehrt. Das erste in Schottland gezeigte Lichtspiel wurde gerade einmal ein Jahr, nachdem die Lumière-Brüder ihre Erfindung patentiert hatten, am Montag, dem 13. April 1896, im Empire Palace of Varieties vorgeführt – dem heutigen Ort des Edinburgh Festival Theaters, in dem das E.I.F.F. seine Eröffnungsgalas veranstaltet (siehe Seite 275). In Edinburgh gibt es heute etwa zehn Kinos, viele weitere traten auf den Plan und verschwanden genauso schnell wieder. In George Bairds *Edinburgh Theatres, Cinemas and Circuses: 1820–1963* werden über 120 aufgeführt. Viele davon öffneten 1913, dem absoluten Boomjahr des Kinos. Die meisten wurden mittlerweile abgerissen. Aber einige Gebäude konnten sich einen gewissen Glanz ihrer kinematografischen Ursprünge bewahren. Hier finden Sie eine Ansammlung kurzer Highlights.

**The Plaster Screen**, 12 Casselbank Street, Edinburgh EH6 5HA
Vor dem Aufkommen der Tonfilme (für die Lautsprecher hinter der Leinwand versteckt werden mussten), wurden Stummfilme oft auf Gipsleinwände projiziert. In der heutigen Destiny Church in Leith befindet sich die einzige in Schottland noch erhaltene. Die Kirche wurde 1885 als türkisches Bad erbaut – Hinweise auf die Mauren können Sie dort etwa bei den Fenstern in Form von Zwiebeltürmen entdecken. Sie wurde 1920 in ein Kino umgewandelt, wenn auch nur für etwa zehn Jahre. Die Gipsleinwand hinter der provisorischen Bühne ist erstaunlicherweise noch immer intakt.

**The Waverley**, 9 Infirmary Street, Edinburgh EH1 1NP
Bis in die frühen 1920er wurde das einstöckige Nebengebäude der ehemaligen Pfarrkirche Lady Yester's Kirk als ein mit Flöhen befallenes „Pfennigkino" von einem Lumpenhändler betrieben, der sich auch von Kindern mit Marmeladengläsern bezahlen ließ. Zur Eintrittskarte gab es oft eine gratis Orange dazu.

**The Haymarkt Cinema**, 90 Dalry Road, Edinburgh EH11 2AX
Bis vor kurzem konnte man noch immer die gewölbte Decke vom Haymarket, Edinburghs erstem zweckmäßigen Kino (später in Scotia umbenannt) sehen, das 1912 eröffnet und von John Maxwell betrieben wurde. Als nächstes kaufte er die Elstree Studios in London und gründete die Filmproduktionsgesellschaft *British International*

*Pictures*, für die er den damals kaum bekannten Regisseur Alfred Hitchcock engagierte. Sie drehten zehn Filme zusammen: Den Anfang machten sie mit *Ring*, mit einem der ersten britischen Tonfilme, *Erpressung*, stellte sich der Erfolg ein, und den krönenden Abschluss erzielten sie mit *Nummer siebzehn*. Das Scotia lockte Menschenmassen an, bis es 1964 geschlossen wurde.

**The Tivoli**, 52 Gorgie Road, Edinburgh EH11 2NB

Weiter unten in Dalry sieht man zwei Gebäude im Art-déco-Stil, die als Kinos erbaut wurden. Dort, wo einmal das 1913 erbaute Tivoli-Kino war, befindet sich heute die Destiny Church. Das Gebäude wurde 1933 zum New Tivoli mit Neon-Fassade umgebaut und blieb bis 1973 bestehen. Seinen Höhepunkt hatte es mit der stets beliebten *Carry-On*-Filmreihe. Innen gab es im „Tiv" Stimmungsbeleuchtung, passend zum gezeigten Film der Reihe.

**Poole's Roxy**, 392 Gorgie Road, Edinburgh EH11 2RN

Am anderen Ende derselben Straße befindet sich das glamourös untergebrachte Bettengeschäft Benson for Beds, ursprünglich 1937 als das Roxy erbaut. Mit einem schillernden, Las Vegas würdigen Goldregen aus Neonröhren versuchte man, die Beleuchtungsleistung des „Tivs" in den Schatten zu stellen. Einer der Stammkunden war der junge John Lennon, begleitet von seinem Cousin aus Edinburgh. Die Eigentümer, Familie Poole, betrieben eine Kinokette, zu der die Synod Hall on Castle Terrace (heute das Bürogebäude Saltire Court) gehörte, in der sie ihre Myrioramen und Edinburghs ersten Tonfilm zeigten.

**The Princes Cinema**, 131 Princes Street, Edinburgh EH2 4AH

Steht man mit dem Rücken zur Statue von James Young Simpson und sieht hoch, entdeckt man Fenster mit gewelltem Fischgrätmuster-Rahmen. Dabei handelt es sich um die ehemalige Raucherlounge des Princes Cinema, das 1912 als eines von drei Kinos in der Straße eröffnet wurde. Das Princes zeigte unter Begleitung eines Live-Orchesters rund um die Uhr Kurzfilme. Vielleicht benötigte das Orchester Erholung, denn 1935 wurde das Princes zum Aktualitätenkino Monseigneur, in dem Movietone-Nachrichten und die Pathé-Wochenschau liefen. 1964 gestaltete man es zum Jacey um, einem „Spezial"-Kino, in dem Chabrols lesbischer Klamauk *Zwei Freundinnen* lief, und schloss es 1973 mit einem konfusen Programm aus *I am Sexy* und *Willst du ewig Jungfrau bleiben?*

# DAS MAUERBILD IM COLINTON-TUNNEL

⑰

## *Tunnelblick*

*Water of Leith Walkway, gleich hinter der Brücke auf der Gillespie Road.*
*Nächste Postleitzahl: EH13 0JX*
*colintontunnel.org.uk*
*Rund um die Uhr kostenfrei zugänglich*
*Bus: 45, 400*

Der Colinton-Tunnel war ein etwas unheimlicher Ort. Er ist einer der längsten Eisenbahntunnel Edinburghs und bildet eine Kurve, sodass man von einem Punkt in der Mitte aus keines der beiden Enden sehen kann. 1874 wurde er als Teil der Balerno-Linie erbaut, einer kurzen Schleife abseits der Hauptverbindung Edinburgh nach Carstairs, auf der in Hailes Halt, Colinton, Juniper Green, Currie und Balerno Halt eingelegt wurde. Wegen der engen Kurven und steilen Anstiege

auf der Strecke wurden besonders starken Maschinen mit kurzem Radstand benötigt, die als Balerno Pugs (dt.: Balerno-Möpse) bekannt wurden. Auf der historischen Eisenbahnlinie der wunderbaren Bo'ness & Kinneil Railway kann man einen dort verkehrenden restaurierten Schwester-Mops sehen.

Auf dieser Linie fuhr die letzte Eisenbahn im Dezember 1967, und der Tunnel wurde dann bis zu den Siebzigern zugemauert. In den Achtzigern wurde er Teil des Water of Leith Walkways, und der Umriss des Balerno-Mops an die Wände gemalt. In den Worten der *Colinton Tunnel Preservation Society* wurde er „zunehmend düster und abschreckend" – kein Weg, auf dem sich Spaziergänger und Jogger sicher fühlten.

Deshalb entschied die Colinton-Tunnel-Stiftung, etwas dagegen zu unternehmen. Und diese Etwas war Robert Louis Stevensons Gedicht *Eisenbahnreise*, das in ein riesiges, illustriertes begehbares Gedicht verwandelt wurde. Der Künstler Chris Rutterford, der aufgrund seiner Erfahrung in der Comic- und Graphic-Novel-Illustration zur Streetart gelangt war, arbeitete mit Schulkindern aus dem Ort, Graffiti-Künstlern und Bürgergruppen zusammen, um Schottlands größtes Mauerbild zu erschaffen: Es ist 140 Meter lang und 5,4 Meter hoch.

Auf der einen Tunnelseite stehen von oben bis unten die von den Graffiti-Writern Craig Robertson und Duncan Peace gemalten Worte des Gedichts. Auf der anderen Seite sind Illustrationen zu sehen, die durch das Gedicht inspiriert wurden.

Die Schulkinder malten eine dem vorbeifahrenden Zug hinterhersehende Menschenmenge – achten Sie auf die Zombies, Piraten, Kobolde und „Legalisiert-es"-T-Shirts. Am Ende befindet sich das von Rutterford angefertigte Portrait von RLS selbst. Stevenson, der in Canonmills geboren wurde, verbrachte viele seiner Urlaube im Haus seines Großvaters in Colinton. (Lesen Sie mehr über ihn auf den Seiten 97 & 209.)

RLS litt Zeit seines Lebens an einer Lungenkrankheit, und in den Krankheitsphasen schrieb er Kinderverse – wie den mit dem Rhythmus eines Dampfzuges, der über die Gleise saust, den Rutterford für das Mauerbild auswählte:

*Eisenbahnreise* von Robert Louis Stevenson (deutsche Übersetzung von James Krüss, 1960) aus *Im Versgarten: Gedichte für ein Kind* (*A Child's Garden of Verses*, 1885).

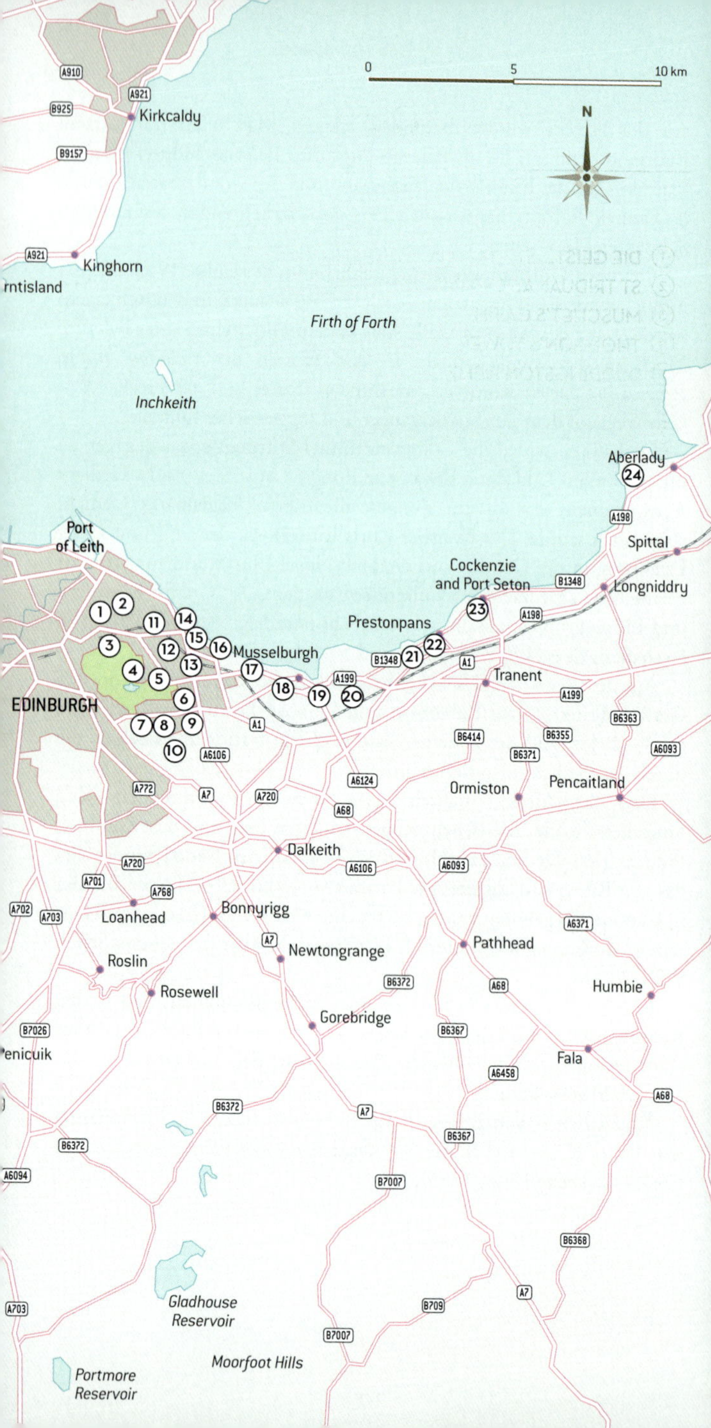
0
5
10 km
N
Kirkcaldy
Kinghorn
rntisland
Firth of Forth
Inchkeith
Aberlady
Spittal
Port
of Leith
Cockenzie
and Port Seton
Longniddry
Prestonpans
Musselburgh
Tranent
EDINBURGH
Ormiston
Pencaitland
Dalkeith
Loanhead
Bonnyrigg
Newtongrange
Pathhead
Roslin
Rosewell
Humbie
Gorebridge
Fala
enicuik
Gladhouse
Reservoir
Moorfoot Hills
Portmore
Reservoir
A910
A921
B925
B9157
A198
B1348
A199
A1
B6414
B6355
B6363
B6371
A6093
A6106
A6124
A772
A7
A720
A68
A701
A768
A702
A703
A6371
B6372
B6367
A6458
B7026
A6094
B7007
B6368
B709
1
2
3
4
5
6
7
8
9
10
11
12
13
14
15
16
17
18
19
20
21
22
23
24

# Osten

# DIE GEISTERBÄUME VOM LOCHEND PARK

1

## *Nicht winken, sondern ertrinken*

*Lochend Park, Lochend Road South, Edinburgh EH7 6DQ*
*lochendpark.org*
*info@lochendpark.org*
*Rund um die Uhr kostenfrei zugänglich*
*Bus: 19, 34, 49*

Der Lochend Park ist auch aus der Nähe leicht zu übersehen, da er in einer Senke liegt und von hohen Wohnungen, einer langen Mauer und dem hoch aufragenden Meadowbank-Stadion umgeben ist. Viele der Einwohner Restalrigs wissen gar nicht, dass er existiert.

Unten in der Senke befindet sich ein kleiner See. Und in der Mitte des Sees ragen einige seltsam aussehende Bäume empor. Sie wirken wie eine Art mangrovenartige Sumpfpflanze, deren im Wasser steckende Wurzeln von den Florida Keys umgesiedelt wurden. In Wirklichkeit handelt es sich bei ihnen aber um ertrinkende Weiden, die im Gewässer, über dem sie einst gipfelten, versunken sind.

Der See war früher sehr viel tiefer, und mittendrin gab es eine Insel. Man sagt, eine vierspännige Kutsche sei dort in einer mondlosen Nacht versehentlich ins Wasser gefahren und spurlos verschwunden. Gefährlich war es bestimmt: Einige Menschen sind in seinen Tiefen ertrunken, denn die Insel stellte eine unwiderstehliche Verlockung für Kinder dar.

Der Stadtrat entschied, dass etwas unternommen werden sollte und versuchte, den See trockenzulegen. Es wurde aber übersehen, dass unter ihm eine Quelle liegt, die ihn speist und eine Trockenlegung unmöglich macht. (Hätten sie einmal in ihrem alten Schottisch-Wörterbuch nachgesehen: *Restalrig* bedeutet Kamm des Sumpflandes.) Weiden mögen Wasser, aber die Menge hier ist zu viel für sie. Jeden Frühling setzen sie sich eindrucksvoll dagegen zur Wehr, in Wahrheit aber verlieren sie den Kampf. Allerdings gelingt es ihnen, ein wirklich ungewöhnliches Biotop zu erschaffen – Vögel lieben den schattigen, moorigen Ort mit den vielen Ecken und Winkeln zum Erforschen und Unterschlupfsuchen.

Auf der anderen Seite des Osthangs befindet sich ein *doocot* (*dovecote*; dt.: Taubenschlag) aus dem 16. Jahrhundert. Während des Ausbruchs der Beulenpest im Jahr 1645 wurde er in einen Brennofen umgewandelt: Die Kleidung und Habseligkeiten der Pestopfer wurden gesammelt und im Ofen geräuchert, dann an die Armen verteilt – leider immer noch voller ihrer sanft erwärmten, die Seuche übertragenden Flöhe. Infolge dessen starb die Hälfte der Bevölkerung von Leith und Edinburgh. Aber genug der Schwarzmalerei. Es ist ein schöner Park zum Umherschlendern. An einem sonnigen Nachmittag ist der Ausblick vom Taubenschlag fantastisch. Der ehemalige Eigentümer, Sir Robert Logan von Restalrig, wusste das sicherlich. Unglücklicherweise hatte er während der Jakobiten-Aufstände auf der falschen Seite gestanden und war angeblich am Versuch, Jakob VI. zu entführen, der sogenannten Gowrie-Verschwörung, beteiligt gewesen. Logan war bereits tot, aber er kam – als Leiche – vor Gericht und wurde des Hochverrats schuldig gesprochen. Seiner Familie wurden die Ländereien und Besitztümer genommen, und man setzte sie auf die Straße. Deshalb können Sie heute den Park als öffentlichen Raum genießen. Was für frohe Zeiten.

# ST TRIDUANA'S CHAPEL

②

## *Eine Augenweide*

*Pfarrkirche St Margaret's*
*176 Restalrig Road South, Edinburgh EH7 6EA*
*0131 554 7400*
*stmpc@btconnect.com*
*Führungen nur mit Termin*
*Bus: 19, 21, 25, 34, 42, 49*

Am Fuße des Hügels von Jock's Lodge, direkt am Kreisverkehr, steht die kleine Dorfkirche St Margaret's mit einem sehr schönen Friedhof und einer kleinen freistehenden Kapelle. Dies sind die einzigen Überbleibsel eines ehemals großen Kollegiatstifts namens Restalrig, eines der vermerkten Orte auf den Karten der Belagerung von Leith 1560. Damals gab es dort 32 Altare, eine zweistöckige Königskapelle, acht Kanoniker, zwei Sängerknaben und einen Dekan, der später die Trauung von Maria Stuart und Lord Darnley leitete. Als jedoch John Knox mit der Reformation begann, ließ die Generalversammlung der Kirche von Schottland schnell anordnen: „Restalrig soll als Denkmal der Götzenverehrung völlig abgerissen und zerstört werden." Vom großen Fundament wurde nur ein einziges Kirchenschiff stehen gelassen. Übrig blieb ein Haufen Schutt, der bald von einem grasbewachsenen Hügel bedeckt war.

1907 entdeckten Gärtner in diesem Hügel die immer noch intakte Gruft der Königskapelle. Diese ungewöhnliche sechseckige Kapelle, die zwischen 1477 und 1515 möglicherweise nach Jerusalemer Vorbild erbaut worden war, wurde freigelegt und schonend von Thomas Ross restauriert. Der Name Restalrig bedeutet „sumpfiges Gebiet" und im Inneren lag der Ursprung der Durchfeuchtung.

Unter der Kirche befindet sich eine sehr alte, der heiligen Triduana gewidmete Quelle. Pilger kamen früher hierher, um ihre Augen zu baden, da sie glaubten, das Wasser würde ihre Sehkraft wiederherstellen. Die schöne und jungfräuliche Triduana wurde der Legende nach von Nectan, dem König der Pikten umworben, versuchte aber, seine Annäherungsversuche abzuwehren. Sie fragte ihn, was er an ihr so attraktiv finde, und Nectan behauptete, es seien ihre hübschen Augen. Deshalb stach sie sich unverzüglich die Augäpfel mit einem Dornenzweig aus, und schickte sie ihm zu. Eine Tat, die ihn anscheinend sehr beeindruckte.

Man kann die heilige Triduana hoch oben auf der Kapellenwand mit ihrer Lieblingswaffe posieren sehen. Eine Pumpe ist täglich rund um die Uhr in Betrieb, damit die Quelle nicht überläuft, sonst würde die unterirdische Kapelle in ein Planschbecken verwandelt werden. Mit dem Steinsockel um den Rand und dem Fliesenboden wäre sie allerdings dafür wie geschaffen. Wenn man aber den Balsam gut sehen möchte, muss man eine schwere Platte vom Rand anheben und hinunter in die finsteren Tiefen spähen. Um ehrlich zu sein, sieht es nicht wie das hygienischste Augenbad aus. Aber, wer weiß, welche Kräfte so in ihm schlummern?

# MUSCHET'S CAIRN

## *Mord mal fünf*

*Duke's Walk, Queen's Park, Edinburgh EH8 8JB*
*Rund um die Uhr kostenfrei einsehbar*
*Bus: 4, 5, 26, 44, 45, 104, 113*

Betreten Sie den Queen's Park vom Ende der Gegend Jock's Lodge, kommen Sie an einem unscheinbaren grauen Steinhaufen vorbei. Auch wenn kein Schild darauf hinweist, dass es sich um eine Sehenswürdigkeit handelt, gedenkt der Steinhügel dem schrecklichen, am 17. Oktober 1720 begangenen Mord an der 16-jährigen Margaret Hall durch ihren Ehemann, Nicol Muschet.

Muschet hatte Margaret gerade einmal ein Jahr zuvor kennengelernt und sie nur drei Wochen später geheiratet. In seiner ausführlichen Verteidigungsschrift behauptete er, dass sie sich ihm aufgedrängt habe, er sie nie geliebt und ihre Familie es auf sein Geld abgesehen habe. Daher habe er getan, was jeder andere in einer solchen Notlage genauso unternommen hätte – Pläne geschmiedet, um sie ohne Auszahlung loszuwerden.

*Geheimplan 1. Verleumdung:* Muschet bezahlte seinen Freund James Campbell, damit dieser Beweise über Margarets „Huren-Praktiken" fingierte, außerdem das Mädchen mit Laudanum betäubte und von einem bereitwilligen befreundeten Professor vergewaltigen ließ. Der Anwalt, der den Vertrag aufsetzte, gab zu bedenken, dass Margarets „Untreue" mit dem Professor ohne Beweise für eine vorausgehende Bekanntschaft vor Gericht keinen Bestand haben würde.

*Geheimplan 2. Gift:* Muschet bezahlte seinen Cousin – der ebenfalls James hieß –, damit dieser Margaret ein Schlückchen Whisky mit einer untergemischten Dosis Gift einflößte. Margaret ging es sehr schlecht, aber der Tod trat nicht ein. Selbst, nachdem ihr einige Schlückchen mehr verabreicht worden waren, weigerte sie sich stur, zu sterben.

*Geheimplan 3. Ertränken:* Grissel, die Frau von Cousin James, schlug ihrem Mann vor, Margaret auf dem Rücken seines Pferdes auf einen Ausflug mitzunehmen und sie, sobald sie an einem Fluss vorbeikämen, dort hineinzustoßen. James Campbell fand dies aber zu unsicher.

*Geheimplan 4. Zu Tode prügeln:* Grissel sollte Margaret den Abend lang zu sich einladen, und danach auf ihrem Heimweg sollte sich der Cousin James mit einer schweren Waffe auf sie stürzen. Sie unternahmen mehrere Versuche, doch jedes Mal kam jemand vorbei, und James musste sich zurück in die Schatten verdrücken.

*Geheimplan 5. Erstechen:* Schließlich entschied sich Muschet dazu, die Angelegenheit selbst in die Hand zu nehmen. Er ging nach Einbruch der Dunkelheit mit Margaret spazieren, worauf sie zu weinen begann, weil sie ahnte, was er im Schilde führte. Mit einiger Mühe griff er sie mit einem Messer an, und schließlich gelang es ihm, sie zu erstechen. Sie waren knapp über ein Jahr verheiratet gewesen.

Aber Muschet hatte sein Hemd mit Monogramm am Tatort zurückgelassen, weshalb die Polizisten seine Familie befragten. Grissel legte schnell ein Geständnis ab. Und genauso schnell wurde Muschet schuldig gesprochen und gehängt.

# THOMSON'S TOWER

④

## *Ri-ra-rutsch*

*Dr Neil's Garden, Old Church Lane, Duddingston Village, Edinburgh EH15 3PX*
*07849 187995*
*drneilsgarden.co.uk – info@drneilsgarden.co.uk*
*Turm: im Juli und August So von 14–16 Uhr oder nach besonderer Vereinbarung*
*Dr Neil's Garden: das ganze Jahr über von 10 Uhr bis zur Abenddämmerung*

© Hannah Robinson

Die heutigen Bewohner Edinburghs sind so harte Winter wie im 18. Jahrhundert gar nicht gewöhnt. Damals konnte man sich darauf verlassen, dass die die Princes Street Gardens bedeckende Wasserfläche – der Nor' Loch – zufror, und Schlittschuhlaufen sowie Curling wurden zu sehr beliebten Sportarten. 1813 legte man den See aber trocken und der Duddingston Loch wurde nun das neue Zentrum der Wintersportszene. Wie man auf alten Fotos, Postkarten und Gemälden erkennen kann, versammelten sich hier große Menschenmengen auf dem Eis. Charles Altamont Doyle, der Vater des Schriftstellers Arthur Conan Doyle, malte viele Eissportszenen auf dem Duddingston Loch. Raeburn malte sein berühmtes *Rev. Robert Walker beim Schlittschuhlaufen* (engl.: *Skating Minister*) hier.

Das rege Treiben veranlasste die *Duddingston Curling Society* 1813, ein angemessenes Curling-Haus bei William Playfair in Auftrag zu geben. Er baute einen achteckigen Turm, dessen Erdgeschoss sich zur Unterbringung der Curling-Steine auf gleicher Ebene mit dem Loch befand und dessen Obergeschoss sich zum Aufwärmen und Ansehen der Spiele eignete. Der Reverend Thomson, nach dem der Turm benannt ist, benutzte ihn auch als Malatelier, da er einen Ausblick über den See bot, um den ihn selbst William Turner beneidete.

Heute bilden die damals hier aufgestellten Regeln, die Kämpfe auf der Eisdecke unterbinden sollten, die Grundlage für den modernen Curlingsport. Es wurden unter anderem Geldstrafen für „die Äußerung von Flüchen und das Einbringen eines politischen Themas ins Gespräch" verhängt. Die *Curling Society* teilte sich mit der fürs Schlittschuhlaufen zuständigen *Ice Skating Society* einen Sicherheitsbeauftragten, dessen spezielle Ausrüstung aus Seilen und einer langen Leiter bestand.

Der Turm steht noch immer im eher geheimen Dr Neil's Garden, der in den 1960ern von den Ehepartnern und Ärzten Andrew und Nancy Weil angelegt wurde. Sie finden ihn, wenn Sie die wunderschön bepflanzten Terrassen-Hänge hinuntergehen und am Wasser entlanglaufen.

Das Obergeschoss mit dem herrlichen Ausblick kann für private Veranstaltungen gemietet werden, und das Erdgeschoss ist nun ein Curling-Museum. Hier können Sie alte Curling-Steine bewundern: von simplen gefundenen Steinbrocken bis hin zu besonders polierten und bearbeiteten aus Blue-Hone-Granit. Dieser Granit ist nur auf Ailsa Craig zu finden – und wertvoll, dank der geringen Wasseraufnahme, die das Eindringen zerstörerischer Eiskristalle verhindert. Man kann sich einen alten Film ansehen, der zeigt, wie die abgebauten Steinbrocken in ein recht instabil wirkendes Boot geworfen wurden. An den Turmwänden können Sie Nachbildungen der zuvor erwähnten Gemälde und Fotos finden, wie auch ein baumelndes Paar alter Curling-Schuhe: die eine Sohle ist rutschfest, die andere glatt.

# DUDDINGSTON FIELD ⑤

## *Das versteckte Labyrinth am Arthur's Seat*

*Eingang durch das Tor zwischen 56 & 58 The Causeway, Duddingston Village, Edinburgh EH15 3QA*
*duddingstonfield.org.uk – fieldgroupduddingston@gmail.com*
*Durchgängig geöffnet (die Tore sind zwischen 16 und 10 Uhr geschlossen, aber nicht verriegelt)*
*Eintritt frei*
*Bus: 42*

Gleich gegenüber des Wirtshauses Sheep Heid Inn im Duddingston Village befindet sich ein schmiedeeisernes Tor, durch das man auf einen alten Ziegelweg gelangt. Dieser führt zwischen den Häusern hinauf in die verborgene Welt der Gemeinde Duddingston, die sich über die unteren Hänge des Dunsapie Hill erstreckt – dem Gesäß des einem ruhenden Löwen gleichenden Arthur's Seat. Ein großer Teil des Landes gehörte früher der Brauer-Familie McEwan, die nebenan im Bellavista House wohnte. Auf der rechten Seite, wo ehemals ihre Tennisplätze waren, befindet sich heute eine große Grünfläche mit Picknick-Bänken, die durch große Linden und Eschen vor der Sommerhitze geschützt sind, und einer Feuerstelle, damit man sich in der Herbstkälte aufwärmen und während der Bonfire Night das örtliche Feuerwerk miterleben kann.

Der Weg führt weiter hinauf zur nächsten Terrasse – vorbei an Schuppen, Gewächshäusern, und Komposttonnen. Schlüpfen Sie durch die Zaunlücke, stehen Sie sogleich auf der eigentlichen Wiese. Sie diente jahrzehntelang als Weideland für grasende Pferde, bis die Stadtverwaltung die Pacht erhöhte. Eine Gruppe ortsansässiger Freiwilliger trieb genug Mittel auf, um sie zu übernehmen, im Versprechen, dass sie für die Öffentlichkeit zugänglich sein und der Erhaltung der Natur dienen würde.

Bei Betreten der Wiese werden Sie von einer Schar stattlicher Hühner begrüßt, die sich in der Hoffnung auf mitgebrachte Delikatessen um Sie herum scharen. Dahinter verspricht ein junger 2012 angelegter Obstgarten, dass man dort zukünftig in jede der 48 ursprünglichen schottischen Apfelarten hineinbeißen können wird. Dort, wo sich der Hügel vor Ihnen auftut, befinden Sie sich am Anfang eines abgemessenen Rundgangs um die Wiese herum. Der Anstieg ist steil, es gibt aber Stufen auf dem Weg und etwa alle 100 Meter eine Bank zum Ausruhen und Energietanken, bevor es wieder weitergeht. Perfekt für alle, die zwischendurch einen kleinen Ansporn brauchen. Von jeder Bank aus wird man mit einer anderen Aussicht belohnt: auf den Duddingston Loch, das Craigmillar Castle, den Meeresarm Firth of Forth, die Pentland Hills – und die ganze Zeit über thront Arthur's Seat über Ihnen.

Wenn Sie genauer hinsehen, werden Sie auf halber Höhe des Hügels ein ins Gras geschnittenes Labyrinth entdecken: Folgen Sie den kunstvollen Windungen des Wegs bis zur Mitte und denken Sie dabei über Kreativität, Reisen, Ursprünge und das Innere nach. Oben angelangt führt die Wiese zur „Mauerkerbe", einem Zauntritt in der altertümlichen Steingrenze, die Sie zu einer Strecke zum Dunsapie Loch hochführt, und hin zur Pracht des Arthur's Seat.

# WANDGEMÄLDE
# *CHILDREN AT PLAY*

⑥

## *Wiederkehrende Traumlandschaft*

*John Maxwell Gallery, Space, 11 Harewood Road, Edinburgh EH16 4NT*
*0131 659 4737*
*lyra.co.uk – lyra@lyra.co.uk*
*Öffnungszeiten und Eintrittspreise variieren*
*Bus: 2, 14, 21, 30*

Das alte Schulgebäude von Craigmillar aus den 1930ern wurde in einen großen sozialen Unternehmenskomplex namens Art Space (dt.: Kunstraum) umgewandelt. Er beherbergt zahlreiche Organisationen sowie eine Kunstgalerie und ein Gemeindetheater, in denen es wechselnde Ausstellungen und Aufführungen für Kinder gibt. Hinter den noch so kunstvollen Bühnenbildern versteckt sich allerdings das wundervolle *Children-at-Play*-Wandgemälde (dt.: *Spielende Kinder*) des Namensgebers der Galerie, dem berühmten schottischen Künstler John Maxwell. Das Gemälde entstand in den 1930er-Jahren zur Eröffnung des Gebäudes als Grundschule und versetzt die Betrachter in einen Traum von Spielplatz und Gemeinschaftsglück.

Maxwell lernte an der Seite von Marc Chagall bei Fernand Léger, und auch die schwebende Fantasie-Landschaft hat etwas Chagallisches an sich, obwohl man hier vor allem fröhliche seilspringende Schulkinder, anstatt Geige spielenden Ziegen findet. Die Erhaltung des Gemäldes bewahrte die Schule vor dem Abriss, und doch wird es leider sehr häufig abgedeckt und ist schwer zugänglich. Vielleicht aber ist es wie ein wiederkehrender Traum, der dazu bestimmt ist, von jeder neuen Generation aufs Neue entdeckt zu werden.

## IN DER UMGEBUNG

### *„Hier": Der Hay-Stuhl*

*Kreuzung zwischen der Niddrie Mains Road und der Hay Avenue, Edinburgh EH16 4AQ*

Ein riesiger grauer Granitstuhl steht am Kreisverkehr am Fuße der Hay Avenue. Darauf befindet sich ein winziger brauner Stuhl. Douglas Cocker entwarf die Skulptur, die 2004 aufgestellt wurde. Sie spielt auf König Artus' Sitz an oder die großen Hoffnungen auf die Erneuerung Craigmillars oder, um Sir Isaac Newton wiederzugeben, auf den kleinen Mann, der auf den Schultern des großen Mannes steht. Ob Edinburgh oder Craigmillar den Riesen darstellen, steht zur Debatte. Der größere Stuhl bildet auch den Buchstaben „H", für „Hay Avenue" und für „Hier", um die Neugestaltung der Gegend zu feiern, denn hier ist der Ort schlechthin. Die Wahl der Farbe Grau lässt den Stuhl an bewölkten Tagen verschwinden, und durch die Fliesenfugen ist Wasser eingedrungen, was ihm einen fleckigen Effekt verleiht, der leider Erinnerungen an schlecht gebaute Wohnungen wachruft. Aus nächster Nähe entdeckt man aber etwas Verborgenes auf der Innenseite des Stuhlbeins. Dort sind 20 Zeichnungen von einheimischen Schulkindern mit dem Namen des jeweiligen Kinds darunter in die Oberfläche eingraviert: u. a. Brogan, Samantha, Chentelle, Michelle, die alle heute bestimmt junge Erwachsene sind, irgendwo auf einem Stuhl sitzen und sich an ihre Kindheit in Craigmillar zurückerinnern.

# DIE HELEN-CRUMMY-SKULPTUR ⑦

## *Geigenspieler in der Sonne*

*Vor der Craigmillar Library*
*101 Niddrie Mains Rd, Edinburgh EH16 4DS*
*Rund um die Uhr kostenfrei anzusehen*
*Bus 2, 14, 21, 30*

Ein merkwürdiger Funfact: Schottland besitzt trotz seiner wenigen Sonnentage mehr Sonnenuhren aus der Renaissance als jedes andere Land. Sie stellten nicht nur die perfekte Schnittstelle zwischen Kunst und Wissenschaft dar, sie stehen auch im Einklang mit der presbyterianischen Forderung, dass extravagante Dinge wie Skulpturen auch etwas Nützliches tun sollten. Kein Rasenstück war ohne einen schattenwerfenden Sockel vollständig, der bevorzugt mit einer passenden Inschrift an die Vergänglichkeit des Lebens und die Unvermeidbarkeit des Todes erinnerte.

Der Künstler Tim Chalk betrachtet Sonnenuhren allerdings als einen Ausdruck von Optimismus, des trotzigen Glaubens daran, dass die Sonne scheinen wird. Er schlug in Craigmillar mit dieser Kunst des verlängerten Schattens einen neuen Weg ein. Auch bei seiner Skulptur der weltbekannten Sozialaktivistin Helen Crummy MBE (Trägerin des Britischen Verdienstordens), die das Craigmillar Festival zur Förderung einheimischer Talente aufbaute, handelt es sich um eine riesige Sonnenuhr. Die damit beauftragte Gruppe hatte eine recht knappe Vorgabe: eine Abbildung von Helen zu erschaffen, wie sie ihrem kleinen Sohn Philip eine Geige gibt – verknüpft mit dem Schlüsselerlebnis für ihren sozialen Einsatz, als sie den Schuldirektor fragte, ob Philip Geigenunterricht haben könnte und ihr gesagt wurde, es sei nicht möglich. Ihre Reaktion darauf sorgte nicht nur dafür, dass die Kinder der Gemeinde Musik- und Kunstunterricht bekamen, sondern auch dafür, dass die Gemeinde wachgerüttelt und verändert wurde. Angesichts der Schließung der örtlichen Schule, der hinausgeschobenen Erneuerung Craigmillars und des Tiefpunkts der Kunstförderung wird Helen Crummys entschiedener Geist heute dringend benötigt.

Chalk erweiterte die Vorgabe, damit die Skulptur ihre Werte widerspiegelt – er platzierte sie auf einem niedrigen Sockel, sodass Kinder, anstatt sie bloß ehrfürchtig zu betrachten, hinaufklettern können. Er stellte die aus Bronze gegossenen Figuren in ein symbolisches offenes Tor, das mit Tafeln dekoriert ist, die Jung und Alt aus der Ortsgemeinschaft erschufen. Eine bildet Jimmy Boyles traurigerweise zerstörte Gulliver-Skulptur ab, die früher in den nahegelegenen Feldern stand. Eine andere zeigt ein Kind, das in der neuen Bücherei am Computer sitzt.

Und wie sieht es mit der Uhren-Funktion aus? Nun, die Geige ist der Gnomon, der schattenanzeigende Teil. Auf dem Boden befindet sich ein vorhersehbarer Umriss der Silhouette, der sich jedes Jahr am Mittag des 17. Septembers bildet und der der Einweihung des ersten Hauses im ursprünglichen Craigmillar-Plan im Jahr 1930 gedenkt. Leider waren die ersten beiden Jahrestage seit Enthüllung der Skulptur bewölkt, aber Craigmillar kann sich sicher sein, dass die Sonne zurückkehren wird: *Sol omnibus lucet* (dt.: Die Sonne scheint für alle).

# THE WHITE HOUSE

(8)

## *Eines der letzten Art-Déco-Gebäude Edinburghs*

*70 Niddrie Mains Road, Edinburgh EH16 4BG*
*0131 468 1934*
*thewhitehousekitchen.org.uk*
*info@thewhitehousekitchen.org.uk*
*Mo bis Fr 10–15 Uhr. Eintritt frei. Auch zu besonderen Veranstaltungen geöffnet: die Preise finden Sie auf der Website*
*Bus: 2, 14, 21, 30*

In Edinburgh stehen heute nur noch ein paar Art-Déco-Gebäude: St Andrew's House (siehe S.115), das Maybury Casino, die Causewayside-Werkstatt (siehe unten) und The White House in Craigmillar. Andere schöne Bauwerke modernistischen Designs, wie das Hillburn bei Fairmilehead, wurden tragischerweise abgerissen. Obwohl es gefährlich nah auf das gleiche Schicksal zusteuerte, wehrte sich The White House glücklicherweise dagegen.

The White House wurde 1936 von William Innes Thomson entworfen und war ursprünglich als Raststätte gedacht – eine glamouröse Anlaufstation für Reisende, die dort anhalten und Pause machen konnten, als Autos noch ein aufregender neuer Luxus waren und Fahrten einer Kreuzfahrt gleichkamen. The White House hatte die Form eines Transatlantik-Schiffes – es gab eine Bar, eine Teestube, eine Kegelbahn und ein Billardzimmer an Bord.

Als das Autofahren seinen Zauber verloren hatte, wurde The White House zu einem Pub und zerfiel allmählich, bis alle außer einem Zimmer abrissreif waren – was den Stammgästen aber nicht den Durst nahm, denn sie tranken sich weiterhin wöchentlich durch zwei LKW-Ladungen Alkohol. Der Pub schloss schließlich 2001, stand dann sechs Jahre lang leer, und wurde ins Verzeichnis für gefährdete Gebäude aufgenommen.

Zum Glück kauften die ortsansässigen Restaurateure des Planungsbüros PARC das Gebäude auf: Die Art-Déco-Innenausstattung wurde mit den originalen, im Archiv des Stadtrats gefundenen bedruckten Leinenmustern authentisch nachgebildet. Heute gibt es im Erdgeschoss einen Ausstellungsbereich und ein Gemeindecafé, dessen eigene Erzeugnisse in Hochbeeten im Garten hinter dem Pub angebaut werden. Im Red Room finden Konzerte, Filmvorführungen, Tanztees und sogar gemeinsame Singabende für die Menschen statt, die sich noch an die Tage der alten Raststätte erinnern dürften.

## IN DER UMGEBUNG

### *Southern Motors Garage – Werkstatt*

*39 Causewayside, Edinburgh EH9 1QF*

Wenn Sie sich gern mehr Art Déco ansehen möchten, fahren Sie zur Causewayside hinunter und werfen Sie einen Blick in das Majestic-Weinlager. Über Ihnen befindet sich der Bau der schönen Southern Motors-Werkstatt. Der damals 26-jährige Absolvent des Edinburgh College of Art, Sir Basil Spence, entwarf sie 1933. In den 1990ern stellte die Werkstatt ihren Betrieb ein und war nun ein Privathaus, das abgerissen worden wäre, hätte es keinen entschiedenen, von Architekten organisierten Einspruch gegeben, um sowohl das schöne Gebäude als auch eine von Spences frühesten Auftragsarbeiten zu erhalten.

# DAS WAUCHOPE-MAUSOLEUM

⑨

## *Eine Gruft, die sich versteckt*

*Gasse zwischen 34 and 36 Niddrie House Drive, Edinburgh EH16 4UP*
*eastteam@edinburgh.gov.uk*
*Besichtigung während des Tags der offenen Tür (Sept.) oder in seltenen Fällen mit Termin*
*Bus: 2, 21, 30*

Im neoklassizistischen Denkmal-Versteckspiel steht noch der Hauptpreis für das Wauchope-Grabmal aus. Selbst wenn man mitten in der merkwürdigen Niddrie-Siedlung die richtige Straße findet, kann man das zwischen den Siebzigerjahre-Betonwohnblöcken völlig eingepferchte Gebäude immer noch nicht sehen. Und dann ist auch noch der Durchgang mit rostigen Eisentoren versperrt. Mit Ausnahme von selten gewährten Anfragen, ist es für die Öffentlichkeit wirklich nur am Tag der offenen Tür zugänglich, wenn die dunklen Innenwände von flackerndem Kerzenlicht beleuchtet werden.

Eine 1735 erbaute, klassisch gestaltete Steinkammer ist das letzte Überbleibsel der Wauchopes (das „ch“ in der Mitte wird hart wie in „loch“ ausgesprochen), denen das Gebiet über 600 Jahre lang gehörte. Ihr Hauptquartier war ein sehr eindrucksvolles Haus mit Turm, das Niddrie Marischal, zu dem auch eine Kapelle auf dem Gelände gehörte. Über dem Eingang des Grabmals steht das Sprichwort *PARTA TUERE* – Verteidige, was du verdient hast. Über die Jahre stellte sich allerdings heraus, dass sich das Familienmotto nur schwierig befolgen ließ.

1597 unternahm der damalige Eigentümer, Archibald Wauchope, der wegen mehrerer Morde und eines Attentatsversuchs auf Jakob VI. in Haft saß, einen zweiten Ausbruchsversuch aus einem Fenster, wobei er stürzte und sich das Genick brach. Für die wütende Volksmenge war das allein jedoch nicht genug der Strafe. Sein Vermögen wurde beschlagnahmt und sein Anwesen niedergebrannt.

Francis Wauchope gelang es, das Grundstück durch die Hochzeit mit der Tochter des neuen Eigentümers zurückzuerlangen. 1636 wurde das Haus aus den Trümmern wiederaufgebaut. 1687 allerdings fackelte eine andere aufbrachte Menschenmenge, diesmal gegen die Jesuiten gerichtet, die Kapelle ab. 48 Jahre später baute Andrew Wauchope dieses Grabmal aus den Steinen der ursprünglichen Kapelle über die Grabplatte seines Vorfahren William. Als seine Ehefrau 1780 starb, brachte er eine lange Gedenktafel an der hinteren Wand an, auf der er ihre Vorzüge auflistete: „eine tugendhafte, liebevolle und angenehme Frau“, „sanft, gütig, gesellig und ehrlich“, deren Körper „wohlgeformt und ansprechend“ gewesen sei, und die, nachdem sie ihm 13 Kinder geboren hatte „ihre sterbliche Hülle ruhig ohne Rührung oder Klage verließ.“

Trotz all dieser Nachkommen starb die Wauchope-Familie schließlich 1943 aus, und das zunehmend baufällige Haus sowie die Ländereien wurden an die Stadtverwaltung von Edinburgh verkauft. Im Jahr 1959 lautete am schottischen Feiertag Hogmanay dann die Schlagzeile der Abendnachrichten: „Edinburgher Herrenhaus bei spektakulärem Feuer ausgebrannt“, was 1971 seinen Abriss ermöglichte, um Platz für die neue Wohnsiedlung zu schaffen. Vielleicht kann sich das einsame Grabmal nur verteidigen, in dem es sich hier versteckt.

# CRAIGMILLAR CASTLE

## *Türmchen über Türmchen*

*Craigmillar Castle Road, Edinburgh EH16 4SY*
*0131 661 4445*
*historicenvironment.scot/visit-a-place/places/craigmillar-castle*
*1. Apr–30. Sept: tägl. 9.30–17.30 Uhr; 1.Okt.–31. März: tägl. 10–16 Uhr*
*Bus: 2, 7, 8, 14, 18, 21, 24, 30, 33, 38, 42, 49*

Die Menschen wissen zwar von der Existenz des Craigmillar Castle, doch die meisten kommen nicht dazu, es zu besichtigen. Dabei handelt es sich um Schottlands am besten erhaltene mittelalterliche Burg. Sie ist von hohen Ringmauern umgeben und vier Stockwerke hoch, die durch zahlreiche, an die Kunstwerke Eschers erinnernde, gewundene Treppen verbunden sind. Warum hört man hier kaum Schritte? Ist ein Besuch der endlosen Windungen des Edinburgh Castle so extrem anstrengend, dass die Leute am Ende der 17. Runde bloß alle genug von Burgen haben?

Das Craigmillar Castle ist so viel befreiender – es bietet Raum, Ruhe, und viel weniger Nippes-Shopping. Sie können es entweder frei für sich erkunden, in ihrem eigenen Tempo und die Strecke selbst bestimmen, oder Sie können sich von Kindern der örtlichen Castleview-Grundschule auf eine dramatisierte Tour mitnehmen lassen: Zehn- und Elfjährige schlüpfen in historische Rollen mit Kostümen aus der damaligen Zeit und führen mit fundiertem Wissen durch das Gebäude, das zahlreiche Dramen des echten Lebens miterlebt hat – eines der berüchtigtstes davon ist das der häufigen Besucherin Maria Stuart, Königin von Schottland.

Der kleine Sir Simon Preston und seine Frau, die kleine Lady Elizabeth präsentieren, begleitet von ihren Zwergen-Dienern, ihre Residenz aus dem 14. Jahrhundert. Sie erzählen Geschichten über ihre berühmten Gäste, die nicht nur etwas für Große sind, führen durch die Küchenräume und zeigen die Wand, in der ein eingemauertes Skelett gefunden wurde – das hier wahrscheinlich bei lebendigem Leib seine letzte Ruhestätte fand.

Auf den hinteren Rasenflächen werden sie auch die Spuren eines Teiches in „P"-Form zeigen – „P" wie Preston. Das ist nicht das einzige (ein wenig selbstgefällige) Herrschaftszeichen – in eine der Mauern ist ein Wappen mit einer Weinpresse (engl.: *wine press*) und einem Fass oder Bottich (engl.: *tun*) gehauen: Im Englischen ergibt das zusammen Preston. Verstehen Sie? Ein ganz schlechtes Wortspiel. So etwas wird Ihnen auf Ihrer offiziellen großen Edinburgh-Castle-Tour nicht geboten, oder?

## IN DER UMGEBUNG

Die Gegend, in der das Lehr-Krankenhaus Royal Infirmary steht, wird Little France genannt, da Maria Stuarts französische Entourage bei ihrem Besuch in Craigmillar hier weilte. 2010 finanzierte J.K. Rowling das Gebäude einer Klinik für regenerative Neurologie sowie ein Forschungszentrum auf dem Gelände und benannte sie nach ihrer Mutter Anne Rowling, die mit gerade einmal 45 Jahren an Multipler Sklerose gestorben war. Das niedrige grau- und cremefarbene futuristische Gebäude (49 Little France Crescent, Edinburgh EH16 4SB) ist interessant von außen anzusehen; jeden September, am Tag der offenen Tür, kann man es besichtigen.

# DAS MARMORGRABMAL VON CRAIGENTINNY

(11)

## *Ein römisches Grabmal in einer Wohngegend*

*3c Craigentinny Crescent, Edinburgh EH7 6PR*
*Jederzeit von der Straße aus sichtbar*
*Kostenfrei zugänglich*
*Bus: 21, 25, 26, 45, 124*

Überquert man die Kuppe der Straße Craigentinny Crescent, stößt man plötzlich auf etwas völlig Fremdartiges, das hier im Hinterhof des Grundstücks bruchgelandet sein muss. Ein riesiges neoklassizistisches Mausoleum mit herrlichen weißen Relieftafeln ragt an jeder Seite über die Häuser der Umgebung und die Rasenfläche.

Hier ruht William Henry Miller, ein recht exzentrischer Herr, Abgeordneter für Newcastle-under-Lyme, Antiquar und zurückgezogener Junggeselle, der dieses Grundstück zusammen mit dem Craigentinny Castle erbte. Er hatte so seine Eigenheiten wie eine zwangsneurotische Besessenheit mit dem Sammeln und Abmessen von Büchern. Als er 1848 reich und ohne Erben starb, hinterließ er 20.000 Pfund für die Errichtung eines Denkmals, das an sein Leben

erinnern und die Künste feiern sollte. Errichtet werden sollte es auf den damals noch unbebauten Feldern bei Craigentinny – nicht auf einem Friedhof.

Der Architekt David Rhind entwarf das Grabmal, und einer der besten britischen Bildhauer der Zeit, Alfred Gatley, hatte den Auftrag, die Steinmetzarbeiten des Flachreliefs auszuführen. Auf der Südseite bildet Gatley ab, wie Moses und die Israeliten das Rote Meer durchqueren, ihre wertvollen Besitztümer in die Höhe recken (eine Amphore und seltsamerweise ein paar Tamburine) sowie ihre Rinder, zwei Kamele und eine Ziege mit sich zerren. Auf der Nordseite stürmen der Pharao und seine mächtige ägyptische Armee hinter ihnen her in das anschwellende Meer. Sie stürzen zu Tode, als die Wellen über ihren Streitwagen brechen und die Krieger von fallenden Pferden niedergetrampelt werden.

Millers Leiche liegt auf seinem Wunsch hin zwölf Meter tief begraben – in einem mit Steinen ausgekleideten Schacht mit einer schweren Platte über dem Sarg. Es gingen Gerüchte um, dass er so versuchte, das Geheimnis seiner sexuellen Identität zu bewahren, dass er vielleicht ein Wechselbalg oder sogar eine Frau gewesen sei, die sich als Mann ausgegeben hatte. Wahrscheinlicher ist, dass er, wie die Pharaonen, extreme, übertriebene Angst vor Grabräubern hatte: Während seiner Kindheit hatten solche wie Burke und Hare ihr Unwesen getrieben.

# DAS DOPPELGRAB VON BEAUTY UND DEM GREAT LAFAYETTE

⑫

*Größeres Elend gab es nirgendwo, als das von Beauty und ihrem Romeo!*

*Piershill Cemetary (Friedhof)*
*Hoher weißer Grabstein oben auf dem Hügel, direkt am Eingang bei der Piersfield Terrace*
*204 Piersfield Terrace, Edinburgh EH8 7BN*
*Sonnenaufgang bis Abenddämmerung*
*Eintritt frei*
*Bus: 15, 21, 26, 45, 124*

Er war Sigmund Neubauer, alias „The Great Lafayette", der berühmteste Magier jener Zeit. Sie war Terrier-Mix-Welpe Beauty, ein Geschenk von Harry Houdini. Sie war seine Julia, er versorgte sie mit Fünf-Gänge-Menüs, diamantbesetzten Halsbändern und einer Suite aus Zimmern mit Miniatur-Hundemöbeln. Auf einer Tafel über der Tür seines Londoner Hauses stand: „Je mehr ich von den Menschen sehe, desto mehr liebe ich meinen Hund." Lafayette liebte aber seine Hündin so sehr, dass er sie buchstäblich zu Tode fütterte. Vier Tage vor Eröffnung seines vielbeachteten Programms in Edinburghs Empire Theatre of Varieties (dem heutigen Ort des Festival Theatre) starb sie an Apoplexie.

Es war der Mai 1911. Lafayette war am Boden zerstört. Er kämpfte bei der Stadtverwaltung von Edinburgh darum, Beauty wie einen Menschen begraben zu dürfen, und dieser Wunsch konnte ihm unter der Bedingung gewährt werden, dass er zustimmte, die Grabstelle auf dem Piershill-Friedhof mit ihr zu teilen, wenn seine Zeit gekommen wäre …

In der Nacht vor Beautys Beerdigung war das Empire Theatre brechend voll. Die spektakuläre Show des GrLft war beinahe zu Ende. Er hatte seine extravaganten Kostüme dutzende Male gewechselt. Einen Vogelschwarm und eine Ziege aus einem paillettenbesetzten Tuch geschüttelt. Und nun begann seine Schlussnummer *Die Löwenbraut*. Jonglierer jonglierten, Feuerschlucker schwelten, ein Hengst stellte sich auf die Hinterbeine, und ein hilfloses Mädchen war mit einem wütenden Löwen in einem Käfig gefangen – doch als der sein Fell fallen ließ, kam der Great Lafayette daraus zum Vorschein!

Eine defekte Lampe setzte allerdings die Kulisse in Flammen. Die Zuschauer sahen seelenruhig dabei zu, wie sich das Feuer ausbreitete, in der Annahme, es sei Teil der Show. Erst, nachdem das Orchester eine Strophe von *God Save the King* anspielte, kam Bewegung auf. Der Feuerschutzvorhang wurde heruntergelassen und steckte fest. Er schloss die Darsteller auf der Bühne ein, und sorgte für einen perfekten Luftsog, der die Flammen zu einem Inferno hochpeitschte. Die Seitentüren hatte der Lafayette verschlossen, um Schnüffler von der Entdeckung seiner Geschäftsgeheimnisse abzuhalten.

Der GrLft schaffte es lebendig hinaus, dann aber ging er im Wahn zurück in das Theater, um sein Pferd zu retten. Inmitten der Asche des Gebäudes wurden seine Leiche und die von zehn seiner Gefährten gefunden. Zwei Tage später aber wurde eine weitere Lafayette-Leiche entdeckt, diesmal mit seinen typischen Ringen. Es stellte sich heraus, dass es sich bei dem ersten Toten um seinen geheimen Doppelgänger gehandelt hatte. Rund 250.000 Menschen kamen zu seiner Beerdigung und sahen dabei zu, wie die (richtige) Asche in einer vergoldeten Kutsche durch die Straßen Edinburghs gefahren wurde und zwischen den einbalsamierten Pfoten seines geliebten Haustiers begraben wurde.

## *Capital Canines – Bezaubernde Hunde*

***Toby:*** *12-13 St Andrew Square, Edinburgh EH2 2AF*
***Bum:*** *36 King's Stables Rd, Edinburgh EH1 2EU*
***Cuillin:*** *Colinton Parish Church Dell Rd, Edinburgh EH13 0JR*
***Dobbler:*** *Cemetery for Soldiers' Dogs, Edinburgh Castle, Castlehill, Edinburgh EH1 2NG*
***Maida:*** *Scott monument, East Princes St Gardens, Edinburgh EH2 2EJ*

Greyfriars Bobby ist wahrscheinlich Edinburghs legendärster Hund, doch es gibt andere Vierbeiner, um die es besser steht.

James Clerk Maxwell liebte Tiere – ihm fiel der Umgang mit ihnen leichter als mit Menschen. Sein Irish Terrier Toby ruht zu Füßen von Alexander Stoddarts Skulptur des angesehenen Arztes in der George Street. Die Statue steht in der Nähe seines ehemaligen Hauses in der India Street, in dem heute ein kleines Maxwell-Museum untergebracht ist (siehe S. 85). Maxwell erklärte Toby damals seine Theorien, und im Versuch, Farbblindheit zu verstehen, untersuchte er seine Augen mit einem selbst gemachten Augenspiegel.

Am Eingang zu den Princes Street Gardens in der King's Stables Road versteckt sich die Statue des dreibeinigen Bernardiner-Spaniel-Mischlingshundes namens Bum. Wie der echte Greyfriars Bobby war er ein Streuner, der Ende der 1800er nicht in Edinburgh, sondern der Partnerstadt, San Diego, durch die Straßen streifte, in der Bobbys und Bums Statuen stolz nebeneinanderstehen. Der Legende nach verlor Bum sein Bein bei einer wagemutigen Rettung eines Welpen von Eisenbahnschienen. Wahrscheinlich passierte es aber im Zuge eines Kampfes mit einer Bulldogge. Er wurde so bekannt, dass San Diego ihn zum inoffiziellen Maskottchen wählte, ihm als Sonderorden für Öffentlichkeitsarbeit für die Stadt einen Anhänger auf Lebenszeit verlieh und sein Bild auf ihre Hundesteuermarken prägte. Bum verbrachte den Rest seines Lebens damit, von Spitzenrestaurants gefüttert zu werden (auf deren Fensterschildern stolz stand: „Bum speist hier") und Kinder auf seinem Rücken reiten zu lassen, allerdings entwickelte er eine Vorliebe für harten Schnaps, vielleicht, um den Schmerz oder das Gefühl der Demütigung zu betäuben.

Schmerzbetäubung war das Spezialgebiet eines anderen Hundes aus Edinburgh, der James Young Simpson gehörte, dem Entbindungsarzt, der die betäubenden Eigenschaften von Chloroform entdeckte und von Queen Victoria nach der Geburt ihres neunten Kindes die königliche Ehrung erhielt. Simpson erforschte mit seinen Kollegen bekanntlich die schmerzstillenden Eigenschaften verschiedener Präparate, indem sie eine Inhalierversion des russischen Roulettes spielten. Glücklicherweise stellte sich heraus, dass Chloroform ein K.O.-Mittel war, ehe irgendjemand tatsächlich starb. Simpson testete später die Dosis an seinem treuen Boxer – seine Statue steht, leider vor der Öffentlichkeit versteckt, an der Haustür der privat genutzten Strathavon Lodge in der Laverockbank Road.

Der Cemetery for Soldiers' Dogs liegt besser sichtbar, aber genauso versteckt (in einer Ecke des Edinburgh Castle). Bei diesem Friedhof für Soldatenhunde handelt es sich um einen kleinen, von einer Mauer umgebenen Garten, der sich knapp über der Schusslinie der One O'clock Gun (dt.: 13-Uhr-Kanone) befindet. Auch wenn man ihn nur von oben betrachten kann, sind die Grabsteine zu erkennen. Dobbler ist einer der treuen Bewohner, der hier 1893 bestattet wurde, nachdem er mit den Argyll and Sutherland Highlanders durch halb Asien und Afrika gezogen war.

Der Great Lafayette dachte offenbar, dass Beauty (siehe vorige Seite) ewig leben sollte. Robert Louis Stevenson stimmte dem eindeutig zu, als er schrieb: „Du denkst, Hunde kommen nicht in den Himmel? Ich sage dir, sie werden früher dort sein als irgendeiner von uns." An sein eigenes Haustier, den Skye Terrier Cuillin, erinnert eine Bronzestatue, die Stevenson als kleinen Jungen vor der Colinton Parish Church zeigt, in der er früher seinen Großvater, den dortigen Pfarrer, besuchte. Ein weiterer großer literarischer Hundeliebhaber war Sir Walter Scott. Die Tiere tauchen häufig in Portraits über den Schriftsteller auf. Es gibt sogar eine Hunderasse, die nach einer Figur in Scotts Roman *Guy Mannering* benannt ist: der Dandie Dinmont Terrier. Scotts Lieblingshund Maida, eine Wolfshund-/Deerhound-Mischlingshündin kann man zusammengerollt am Fuße der Statue des Scott Monument liegen sehen. Sie war nach der napoleonischen Schlacht von Maida benannt, da Scott sie von Alexander Macdonell bekommen hatte, dessen Bruder die 78. Highlander zum Sieg gegen die Franzosen geführt hatte.

Als Maida schließlich im Alter von acht Jahren verstarb, war Scott am Boden zerstört – er ließ beim Abbotsford House in den Scottish Borders eine Statue von ihr aufstellen (unter der sie beigesetzt wurde). Scott schrieb: „Das Leid, einen Hund zu besitzen, ist sein so früher Tod. Aber, was würde wiederum aus mir werden, wenn er 50 Jahre leben und dann sterben würde?"

# DIE HOLZROBOTER VON PORTOBELLO

13

## *Anonyme Androiden*

*Figgate Park, Mountcastle Drive North, Portobello, Edinburgh EH8 7SE*
*Facebook: Porty People und Portobello Wooden Robots*
*figgatepark.org.uk*
*Rund um die Uhr kostenfrei zugänglich*
*Bus: 5, 21, 26, 42, 45, 49*

© Jon Davey Photography

Wir glauben, dass sie sich das erste Mal im Januar 2018 auf unseren Planeten herunterbeamten. Kleine Holzroboter mit Knopfaugen, an deren Brust ein Scrabble-Brief oder ein Dominostein steckte und eine handschriftliche Mitteilung befestigt war: „Ich heiße Z10", stand bei einem der ersten, den der ziemlich aufgeregte Leo Robinson (sieben Jahre) auf der Portobello Promenade entdeckte. Im Laufe des Sommers wurden weitere an den Stränden sowie in den Parks des Badeorts entdeckt und fanden ein gutes Zuhause bei begeisterten Kindern (wie auch so manchen neidischen Erwachsenen).

Viele trugen Anhänger mit Buch- oder Filmzitaten: „Wir können nur bestimmen, was wir mit der Zeit anfangen, die uns gegeben ist" (J.R.R. Tolkien). „Ein Feuerfresser muß Feuer fressen, selbst wenn er es selbst schüren muß" (Isaac Asimov). „Niemand kann jede Schlacht gewinnen, aber keiner sollte kampflos aufgeben" (Peter Parker – alias Spider-Man). Einer verriet Informationen zu seiner Herkunft. Name: Ethan. Geburtsjahr: 2088. Planet: Z192. Beruf: Müllabfuhr. Daher wissen wir, dass sie sowohl Zeitreisen als auch die Abfallbeseitigung beherrschen.

Die Roboter erkannten, dass sie in den sozialen Medien Erfolg hatten, deshalb entschlossen sie sich, ihre Follower zu ermutigen: „Bitte hinterlasst uns einen Kommentar auf Facebook unter Porty People" (wo Sie nun eine Galerie mit Roboterfotos finden können). Die Roboter verbrachten eindeutig etwas Zeit im Internet, denn auf vielen ihrer Anhänger stehen beliebte Memes der Erde: „Surely not everybody was kung fu fighting?" (dt.: „Bestimmt hat nicht jeder Kung Fu gekämpft?") Oder: „In my defence, I was left unsupervised" (dt.: „Zu meiner Verteidigung: Ich war ohne Aufsicht").

Die Roboter werden in Wellen an unsere Küste gespült – im Dezember 2019 wurden gestrandete Adventsroboter gesichtet, von denen jeder mit einer Dickens'schen Weihnachtsbotschaft ihres Oberhaupts versehen war. „Das ist die Jahreszeit zu lachen, zu singen und das Lebens in vollen Zügen zu genießen." Oder: „Marley war tot, damit wollen wir anfangen."

Eines Tages dann, niemand weiß recht genau, wann, landete ein Roboterherrscher im Figgate Park. Dort wacht er von nun an von einem Baumstammhochsitz in der Nähe des Eingangs auf der Baileyfield Road über uns. Sie können ihn besuchen und mit ihm kommunizieren, vielleicht wird er ja die Standorte von weiteren seiner Holzreste-Lakaien verraten. Und falls nicht, könnten Sie trotzdem Glück haben und einen der wilden Otter sehen, die sich den Park ebenfalls zu ihrem Zuhause gemacht haben.

# PORTOBELLO BOTTLE KILNS

⑭

## *Üppige Öfen*

*25 Bridge Street, Portobello, Edinburgh EH15 1TG*
*portobelloheritagetrust.co.uk*
*Rund um die Uhr von außen sichtbar*
*Kostenfrei*
*Bus: 15, 21, 26, 40, 42, 45, 49, 104*

Die letzten beiden (bis heute erhaltenen) Flaschenöfen Schottlands sind von der Portobello High Street aus nicht zu sehen, dafür aber ihre breiten Ziegelsteintrichter, die über die Häuserdächer lugen, wenn man den Gehsteig entlangläuft. Sie sind zwölf Meter hoch und weiten sich im unteren Teil zu einem Durchmesser von sieben Metern. Ein Korsett aus Eisenbändern (*bonts*) stützt ihre üppigen Ziegelkurven, um sie zu verstärken, wenn sie sich während des Brennens ausdehnen.

Heute sind die Rubens'schen Zwillinge vollständig von den harten modernen Konturen der neuen Wohnanlage Harbour Green umgeben. Diese Gegend war früher der Mittelpunkt einer bedeutenden schottischen Industrie: der Keramikherstellung. Seit Ende des 18. Jahrhunderts gab es an der Küste zwischen Bo'ness und Cockenzie zahlreiche Töpfereien mit mehreren tausend Beschäftigten. Diese beiden 1906 und 1909 erbauten Flaschenöfen gehörten zur Buchan's Pottery (A.W. Buchan & Co), einer Töpferei, die sich ursprünglich auf die Herstellung zweckmäßiger Steingutgefäße spezialisiert hatte – von Ingwerbier- und Whiskyflaschen bis hin zu Bettwärmern. Nach dem Zweiten Weltkrieg gingen sie zu feinerem Geschirr mit Distel- und Blumenmustern auf weißer Glasur über. Eine Sammlung von *buchanware* findet man im Museum of Edinburgh, Fotos auf der Website des Portobello Heritage Trust.

Ursprünglich gab es drei Flaschenöfen, die im Rotationsverfahren arbeiteten in einem wurde gestapelt, im nächsten gebrannt und im dritten entleert. In einer Grube unter der Hauptkammer wurden zehn Kohlenfeuer geschürt, die Innentemperaturen konnten 1.300 °C erreichen. Teil der raffinierten Konstruktion ist eine Innenkammer, um die herum die heiße Luft zirkulieren kann und über die Mitte nach oben gesaugt wird. Die Feuerkammer wurde mit dichtgestapelten Bergen aus Tonbehältern (*saggars*; dt.: Brennkapseln) gefüllt, von denen jede ein anderes Gefäß enthielt, was das Brennen von hunderten auf einmal ermöglichte.

Mitte der Fünfzigerjahre ging Buchan's zu Elektroöfen über und schloss 1970 den Standort. Nach und nach vereinnahmte die Natur die unbenutzten Flaschenöfen, und recht große Taubenschläge nisteten sich ein – Kinder aus dem Ort wiederum sammelten deren Eier. Die Denkmalschutzstiftung *Portobello Heritage Trust* rettete sie kurz vor dem Zerfall, indem sie den Stadtrat von Edinburgh bat, ihn restaurieren zu lassen. Leider versuchte der Rat Kosten zu sparen und verfugte nur die Ziegel neu, woraufhin der Schornstein des westlichen Ofens einfach einstürzte. Der obere Teil musste wiederaufgebaut werden, diesmal von Spezialisten, die in den Töpfereien in Stoke-upon-Trent gearbeitet hatten. Im November 2013 konnte dann die Platzierung des letzten Ziegels mit einem großen Richtfest gefeiert werden – und nun sind unsere schönen Dickerchen glücklicherweise in Sicherheit.

# SÄULEN AUS COADE-STEIN

(15)

## *Die Säulen der Gemeinde*

*Portobello Community Garden, John Street, Portobello, Edinburgh EH15 2EB*
*Rund um die Uhr kostenfrei zugänglich*
*Bus: 15, 21, 26, 42, 45, 124*

Gleich hinter der Strandpromenade Portobellos stehen drei elegant verzierte Säulen, die irgendwie aussehen, als stützten sie einen unsichtbaren Tempel, oder als würden sie gleich eine architektonische Variante des indischen Seiltricks ausführen. Tatsächlich verkörpern sie ein Denkmal, das für die Macht der Ortsgemeinschaft steht, die 40 Jahre lang darum kämpfte, diese schöne Prunkbauten-Dreiecksbeziehung aufrechtzuerhalten.

Die Säulen standen ursprünglich auf dem Grundstück des Argyle House in der Hope Lane, auf der anderen Seite Portobellos. Mitte der 1980er wurde das Haus zur Neugestaltung von der Edinburgher Stadtverwaltung abgerissen, wobei in Vergessenheit geriet, dass die Säulen unter Denkmalschutz standen. John Stewart und die sich für Freizeitanlagen einsetzende *Portobello Amenity Society (PAS)* stellten sich vor die Planierraupen und konnten so die geschätzten Säulen vor dem Trümmerhaufen bewahren, obwohl sie weder wirklich wussten, um was es sich handelte, noch wo sie untergebracht werden könnten.

Jahrzehntelang ruhten die zerlegten Blöcke in einem Lager der Stadtverwaltung, während der Verband darum kämpfte, Mittel für ihre Restauration und Verlegung aufzutreiben. Celia Butterworth, Mitglied der *PAS*, forschte nach und fand heraus, dass die Säulen genau die gleichen Muster aufwiesen wie die (1814 erbauten) Schornsteine des Dalmeny House: Tudor Rosen, heraldische Lilien und Löwen mit Primeln – *Primrose*, der Familienname der Dalmenys, bedeutet „Primel". Niemand weiß sicher, ob die Säulen Ersatzteile, Zweitware oder das waren, was John Stewart als „Felaffas" (wie *fell off a* – „fiel von einem LKW") bezeichnet.

Die Säulen scheinen kunstvoll aus Stein gehauen zu sein, tatsächlich aber bestehen sie aus Coade-Stein, einer künstlichen Mischung, die wie Stein stark und langlebig ist, aber wie Keramik geformt und gebrannt werden kann. Die Geschäftsfrau Mrs Eleanor Coade, entwickelte dieses geniale Material 1770 und zielte damit auf ein florierendes Geschäft mit den Viktorianern ab, die von ihren Bildungsreisen zurückkamen und sich ein Element klassischer Verzierung für ihre Gärten wünschten.

An diesen Säulen war der Coade-Stein unter Farbschichten verborgen, die Graciela Ainsworth und ihr angesehenes Team aus Steinrestauratoren vorsichtig abtrugen. Obwohl manche Teile fehlten, bauten sie danach dieses riesige 3D-Puzzle mit neuer Innenstütze aus Stahl neu auf. Das Coade-Stein-Rezept war seit langem verschollen, aber die einheimische Töpferin Alison Robinson konnte die Mischung nach einigem Ausprobieren nachbilden und neue Kapitelle für zwei der Säulen schaffen. Schließlich wurde auch ein passender Standort gefunden: auf dem Gelände eines ehemaligen Planschbeckens. Alles in allem eine steinstarke Leistung.

## *Den Coade knacken*

Der Coade-Stein, auch *Lithodipyra*, ist ein raffiniertes Material – Keramik, die eine Ähnlichkeit zu Stein aufweist, sich auch genauso hart brennen lässt und deshalb zur Herstellung von Statuen, architektonischen Dekorationen und Gartenverzierungen geeignet ist. *Lithodipyra* bedeutet „zweimal gebrannter Stein“, weil die Mischung feingemahlenen gebrannten Ton oder Schamotte enthält. Je nach Schamotte veränderte sich die Farbe des daraus hervorgehenden künstlichen Steins, weshalb Teile hergestellt werden können, die zu allen verschiedenen Arten Gesteins passen, von rotem Sandstein bis hin zu weißem Marmor. Coade-Stein schrumpft nicht und ist unglaublich langlebig. Oft überleben die Elemente weitaus länger als richtiger bearbeiteter Stein. Wahrscheinlich deshalb erlangte er bei den Besitzern vornehmer Häuser große Beliebtheit, die nach auffälligen Ornamenten suchten. Eleanor Coade junior (1733–1821) perfektionierte das Rezept und die Brenntechnik. Sie war als „Mrs“ bekannt – nicht nur der Titel für verheiratete, sondern auch für Geschäftsfrauen. Allerdings heiratete Eleanor Coade erst, als sie über 80 war und auch nur, damit ihr Cousin das Geschäft weiterführen durfte. Nach dem Tod ihres Vaters, eines Pleite gegangenen Wollveredlers, hatte es Eleanor, unüblich für die Zeit, geschafft, ein Unternehmen auf ihren eigenen Namen zu gründen, den Schuldenberg ihres Vaters zu überstehen und konnte ihre Mutter vor der Armut retten. Eleanor war eine ausgezeichnete Geschäftsfrau und eine sehr gute Bildhauerin. Sie betrieb nicht nur eines der erfolgreichsten Unternehmen des 18. Jahrhunderts, sondern erschuf auch viele der Originalskulpturen für die Gussformen. In Lambeth, London, kaufte sie eine Töpferei. Eine Zeit lang ließ sie den Vorbesitzer als Manager arbeiten, feuerte ihn aber, als sie herausfand, dass er propagierte, das Gehirn des Unternehmens zu sein. Als Eleanor im Alter von 88 sehr reich starb, hinterließ sie vielen ihrer weiblichen Verwandten und Freundinnen unter einer Bedingung Geld: Nicht ihre Männer, sondern sie selbst sollten darüber verfügen. Früher nahm man an, Eleanor habe ihr geheimes Coade-Stein-Rezept mit ins Grab genommen, aber in den letzten Jahren wurde die Formel von ein paar Töpfern geknackt. Einer der ersten, dem es gelang, war der in Portobello ansässige Töpfer, der mithalf, Portobellos Coade-Stein-Säulen zu restaurieren (siehe vorige Seite) und die Meilensteine für die Fußstrecke entlang der Portobello-Promenade schuf.

## *Weiterer Coade-Stein in Edinburgh*

**Gosford House**, Longniddry, Edinburgh EH32 0PY: Löwen aus Coade-Stein auf dem Dach, vom selben Töpfer restauriert, der kürzlich Belmont, das erstaunliche Haus von Mrs Coade in Dorset erneuerte.

**Assembly Rooms**, 54 George Street, Edinburgh EH2 2LR: Drei Vestalinnen aus Coade-Stein in der Crush Hall.

**St Michael's Church**, Inveresk, Edinburgh EH21 7UA: Der Sarkophag des Majors Norman Ramsay liegt auf einer Kanone, einem Schwert und Kanonenkugeln aus Coade-Stein.

**Dalmeny House**, South Queensferry, Edinburgh EH30 9TQ: verzierte Schornsteine, Zinnen, Wandtafeln, Wappen und Fialen aus Coade-Stein auf dem Dach – die Expertin für Coade-Stein, Alison Kelly führt sie auf als „die umfangreichsten gotischen Coade-Arbeiten die an einem Privathaus erhalten blieben, mit Kosten von 3.300 £ plus fast 1.000 £ für Brandschutzarbeiten."

# DAS AEROTONE

(16)

*Viktorianische Blubbertherapie*

*Portobello Swim Centre, 57 The Promenade, Portobello, Edinburgh EH15 2BS*
*0131 669 6888*
*info.psc@edinburghleisure.co.uk*
*edinburghleisure.co.uk/venues/portobello-swim-centre*
*Sitzungen werktags: 11, 13, 15, 17, 19 Uhr. Am Wochenende 11 & 13 Uhr*
*Eine Reservierung wird empfohlen*
*Bus: 15/15A, 26, 40*

Das Aerotone im Schwimmbad von Portobello gleicht einem Zwischending aus einer Raumkapsel und einer riesigen Milchkanne. Es ist der Vorläufer eines viktorianischen Sprudelbads, das aufgrund seiner therapeutischen Eigenschaften und als Hilfe bei Sportverletzungen geschätzt wird. In der Welt sind nur noch wenige in Betrieb – das einzige andere in Großbritannien befindet sich in Manchesters Schwimmbad Victoria Baths.

Portobello Baths wurde 1901 erbaut und rühmte sich damit, Vorreiter in der Badetechnik zu sein. Eduard VII. schwamm früher in dem damals als Portobello-Teiche bekannten Bad, dessen Becken für Männer und Frauen getrennt waren. Im Juni 1939 wurde ein hochmodernes Aeratone eingebaut (über die Jahre hinweg hat sich das „a" in seiner Mitte zu einem blasenähnlicheren „o" gewandelt).

Professor William Oliver von der Universität Edinburgh entwickelte das Aerotone Therapeutic Bath als „eine starke Hilfe in der Behandlung von Kreislauf- und rheumatischen Erkrankungen". Seine Firma, Turbulyr Products Ltd mit Sitz in der West Harbour Road, Edinburgh, stellte das Bad ursprünglich her und verkaufte es. Auf der Website der *Pathé*-Wochenschau (britishpathe.com) können können Sie nach „aerotone" suchen und sehen, wie innovativ es war. Fußballer liebten die Aerotones, und für Rheumatiker waren sie nicht wegzudenken – irgendwann besaßen die meisten Krankenhäuser, Wellnesseinrichtungen und Sportvereine eines.

Heutzutage schlendert die Hälfte der Schwimmgäste in Portobellos schönem, kommunalen Bad auf dem Weg zu ihrem routinemäßigen Bahnenziehen am letzten Aerotone vorbei und bemerkt dieses besondere Gerät noch nicht einmal. Benutzen Sie es zusammen mit einer Freundin oder einem Freund und wechseln Sie sich ab. Sie oder er steht am Bedienpult, das an *Frankenstein* erinnert, während Sie in die Kapsel hinunterklettern und mit dem Wasser nun bis zum Hals innen auf der kleinen Bank sitzen. Ihr Freund oder ihre Freundin beginnt dann, an den Knöpfen und Hebeln zu drehen, um Sprudel und Wasserstrahlen dazuzugeben, was sich bald wie ein riesiger Unterwasser-Vulkanausbruch anfühlt. Sie werden eine seltsame Mischung aus tiefer Erfrischung, angenehmen Prügelschlägen und leichter Wasserfolter verspüren. Das ist den Fünfer wert.

# DIE FELSEN VON JOPPA UND DIE SALZPFANNEN

17

## *Fels in der Brandung*

*Joppa Pans, Seaview Terrace, Edinburgh EH15 2HF*
*edinburghgeolsoc.org*
*Rund um die Uhr kostenfrei zugänglich, aber am besten sichtbar bei Ebbe*
*Bus: 26, 44*

Besichtigen Sie Joppa am besten bei Ebbe und tragen Sie rutschfeste Schuhe, denn die Felsen können glitschig sein. Gleich östlich vom Rockville Inn, gegenüber der Wendeschleife für die Busse, führt eine Treppe zur Küste hinunter. Gehen Sie das Ufer gen Westen entlang, in Richtung Portobello, werden Sie 20 Millionen Jahre zurückversetzt und steuern auf 300 Millionen Jahre alte Felsen zu.

Diese Gegend ist geologisch von großer Bedeutung und voller faszinierender Muster und Beweise für die Entstehung der Erde. Der einflussreiche Geologe Hugh Miller untersuchte sie, fühlte sich aber wohl nicht in der Lage, diesen Evolutionsbeweis mit seinem religiösen Glauben zu vereinbaren, denn er erschoss sich an Heiligabend 1856 in seinem Häuschen in Portobello.

Die Felsen hier bildeten sich während des Karbon-Zeitalters, als Schottland in der Nähe des Äquators lag und noch zur gleichen Landmasse wie Europa und Nordamerika gehörte. Es gab ein flaches tropisches Meer voller Meereslebewesen und Korallen, die zu Schichten aus Fossilien und Kalkstein wurden. Das Meer zog sich mit der Zeit zurück und hinterließ eine seichte Süßwasser-Lagune, in der Bärlapppflanzen (wie Mangrovensümpfe) wuchsen. Diese zersetzten sich schließlich zu Torf und dann zu Kohlenflöz.

Diese Schichten lagen zunächst horizontal, wurden jedoch durch starke tektonische Bewegungen gekippt, die sie im 45- bis 60-Grad-Winkel zu Bergrücken aufschoben. Die Kohlenkämme sind am besten vom Ostende aus sichtbar und Teil desselben Flözes, der zwischen 1897 und 1968 im Bergwerk Newcraighall Colliery abgebaut wurde. Außerdem kann man auch Überbleibsel des Sandes von Flussufern als Sandsteinspiralen unter dem Hotel sehen. Schauen Sie unter der östlichsten Ecke der beim Rock Cottage beginnenden ebenerdigen Mauer nach, ob Sie zwei Sandsteinwirbel finden können, die wie Ohrläppchen aussehen. Dort ist nasser Sand im Schlamm versunken, bevor er hart geworden war.

Ein weiterer faszinierender Fakt über diese Gegend ist auch, dass sie von 1630 bis in die 1950er zur Salzernte genutzt wurde – der Salzgewinnung durch Verdunstung in flachen Wassertümpeln oder „Pfannen". Manche Salzarbeiter wohnten im Rock Cottage, die Pfannen befanden sich nebenan auf der heutigen Grünfläche. In England gab es eine Salzsteuer, weshalb das günstigere schottische Salz oft über die Grenze geschmuggelt wurde. Und um die Produktionskosten niedrig zu halten, versklavte der Graf von Abercorn die Salzbauern und ihre Familien, was erst 1833 durch die Abschaffung der Sklaverei ein Ende nahm. Da bleibt ein ziemlich salziger Nachgeschmack zurück …

# NEWHAILES HOUSE

(18)

## *Der Zauberwald*

*Newhailes, Musselburgh, Edinburgh EH21 6RY*
*0131 665 1546*
*nts.org.uk/Property/Newhailes*
*newhailes@nts.org.uk*
*Das Grundstück ist das ganze Jahr über von morgens bis abends zugänglich*
*Eintritt frei*
*Haus: Führungen nur nach Termin, Einzelheiten siehe Website*
*Bus: 30, 45*

Anstatt die Villa aus dem 17. Jahrhundert in ihrer vermeintlichen früheren Pracht zu restaurieren, beschloss die Denkmalschutzstiftung *National Trust for Scotland*, das Newhailes House in dem Zustand zu bewahren, in dem es 1997 bei seiner Übernahme gewesen war. Der Hauptgrund dafür waren ihre Erfahrungen mit dem House of Dun in Angus, das nach der sehr aufwendigen Restauration aussah, als wäre der Innenarchitekt Laurence Llewelyn-Bowen Amok gelaufen und hätte Schindluder mit historischen Details getrieben. Ein Spaziergang durch den Park, der von Sir James Dalrymple angelegt und von seiner Enkelin Christian, die Bäume liebte, weiterentwickelt wurde, ist genauso verzaubernd. Damit lange Rüschenröcke hindurchhuschen können, ohne im Gestrüpp hängenzubleiben, ist einer der Wege durch den Wald, der „Water-Garden"-Rundgang erhöht. Auf halber Strecke findet man dort die Ruinen einer Muschelgrotte vor – die heutzutage stimmungsvoll ist, aber zur Zeit ihrer Erbauung bestimmt eine funkelnde, von Nebel umhüllte Märchenburg gewesen sein muss, die vielleicht den anderen Grotten in der Nähe (siehe S. 300 – 305) Konkurrenz machte. Die Mauern waren mit Halbedelsteinen, Spiegelscherben und exotischen Muscheln beschichtet. Gegenüber stürzte ein künstlicher Wasserfall in einen Teich herab. Den letzten Schliff verlieh ihr theatralisch durch die Wände der Grotte geleiteter Rauch.

## *Ein schwarzer Obelisk für einen komplexen Menschen*

Am Ende des „Water-Garden"-Wegs findet man am Bach Brunstane Burn die Ruinen eines Teehauses aus dem 18. Jahrhundert. Sie können umdrehen und die Hänge über der Muschelgrotte hinaufgehen, wo Sie in einer Waldlichtung auf einen versteckten schwarzen Obelisken treffen. Dieses Denkmal ließ Sir James 1746 zu Ehren seines Cousins John Dalrymple, des zweiten Grafen von Stair errichten. Die lateinische Inschrift darauf beschreibt, wie der Graf, der 1743 als stellvertretender Kommandeur von Georg II. in Dettingen gekämpft „großes Wohlwollen aufbrachte und seine Feinde mit seinem Plan frustrierte". Dalrymple scheint ein komplexer Mensch gewesen zu sein: Im Alter von neun Jahren erschoss er versehentlich seinen älteren Bruder und wurde von den Eltern verbannt. Und nachdem seine Geliebte, Lady Eleanor Primrose Campbell, geschunden von ihrer ersten, gewaltsamen Ehe, seinen Heiratsantrag ablehnte, bestach er eine Dienerin, ihn in Campbells Schlafzimmer zu lassen, wo er sich dann nackt an ihr Fenster über der High Street stellte. Aus Angst vor einem zerstörten Ruf willigte Lady Primrose schließlich ein. Wie zauberhaft.

# WANDBILD: JONA UND DER WAL ⑲

## *Glänzender Kabinenschatz*

*Musselburgh Sports Centre, 101 Newbigging, Musselburgh, EH21 7AS*
*0131 653 5208 – enjoyleisure.com*
*Öffnungszeiten des Schwimmbads variieren und manchmal ist es zu privaten Anlässen, Training, usw. geschlossen. Am besten rufen Sie vor dem Besuch an, um die genauen Öffnungszeiten zu erfragen*

Von draußen scheint das Musselburgh-Schwimmbad nicht der vielversprechendste Ort für eine Kunstgalerie zu sein. Auch von innen eigentlich nicht. Die gesamte Anlage hat ein städtisches Ambiente von zusammengepferchten Menschen, wenn auch mit einem sechseckigen Design, das sehr an die 1990er erinnert. Nachdem Sie sich durch die Schranke geschoben haben, sehen Sie ein recht normales 25-Meter-Becken und große getönte Fenster, was ein paar Bahnen Kraulen angenehm macht – aber keinen artistischen Freistil. Werfen Sie einen Blick nach links und von Kunst ist immer noch keine Spur, bloß Reihen von Schwimmbad-Schließfächern und Umkleidekabinen tun sich vor Ihnen auf.

Aber bei erneutem Hinsehen werden Sie einen Streifen entdecken, von dem aus etwas durch die grauen und beigefarbenen Vertikalen funkelt. Kupfer-, bronzefarbene und silberblaue Wirbel steigen auf und fallen herab – ihre Bewegung über die hintere Wand wird ständig von den Linien der Kabinen unterbrochen. Gehen Sie zur anderen Seite des Umkleidebereichs, können Sie nah an dieses besondere, schimmernde Fliesen-Mosaik herankommen, das Jonas Begegnung mit dem Meerestier schildert. Es ist so riesig, dass man zurücktreten und das gesamte Bild auf sich wirken lassen möchte. Das kann man aber nicht. Die verdammten Schließfächer stehen im Weg!

Daher müssen Sie sich mit einem frustrierend schmalen Blickwinkel auf dieses wunderbare Kachelwandbild zufriedengeben. Es erscheint absurd, dass eine zur Eröffnung des Bades in Auftrag gegebene Arbeit schließlich vor Blicken verborgen bleibt. Die 2005 verstorbene Margery Clinton war eine bedeutende schottische Töpferin. Sie wurde in Glasgow geboren und gründete ihre Töpferei in der Nähe, in East Lothian. Ihre künstlerische Karriere widmete sie der Arbeit mit Reduktions-Glanzglasur-Techniken – die ursprünglich in mittelalterlicher islamischer Kunst entwickelt wurden – und erschuf mit ihnen dunkel schimmernde Töpfe und Fliesen. Ihre Arbeiten wurden im Tate Britain, im Victoria and Albert Museum, im National Museum of Scotland, in der Glasgow Art Gallery – und auf der Rückseite des Schwimmbads von Musselburgh ausgestellt.

Da die Geschichte Jonas, der von einem Wal geschluckt und dann auf Befehl Gottes ausgespuckt wurde, in der Hebräischen Bibel und dem Koran auftaucht, ist sie die perfekte Thematik sowohl für eine nahöstliche Fliesentechnik als auch ein Schwimmbad, das so nah am Meer liegt. Leider sind manche der Kacheln durch die zersetzende Wirkung des Chlors abgefallen und wurden durch beigefarbene Badfliesen ersetzt. Allerdings hat Clinton ihren speziellen Reduktionsofen sowie ihre Glanzrezepturen ihrer Assistentin und Freundin, der Töpferin Alison Robinson, vermacht, die mit der Forschung und Weiterentwicklung ihrer Glasurtechniken fortfährt.

# HECKE IN DOUBLE DYKES

## *Der Ligusterheckenzoo*

*5 Double Dykes, Inveresk, Musselburgh EH21 7TF*
*Rund um die Uhr sichtbar*
*Kostenfrei*
*Bus: 26, 44, 30, 40*

Es gibt zwei erstaunliche versteckte Gärten *in Inveresk: den National Trust*-owned Inveresk Lodge Garden mit seiner Sittichvoliere und Glashäusern aus der Zeit Eduards VII. und den Shepherd House Garten mit seinen eleganten skulpturalen Springbrunnen und wundervollem Muschelhaus (siehe S. 303). Beide sind schön gestaltet und nach den höchsten Maßstäben instand gehalten. Doch eine andere Form der Gartenkunst, von Laienhand und in einer hinteren Dorfgasse geschaffen, wird Ihnen wirklich ein Lächeln ins Gesicht zaubern.

Vor etwa 25 Jahren trimmte Leonora Williamson die niedrige Ligusterhecke in ihrem kleinen Vordergarten in der Straße Double Dykes, die von der Inveresk Garden Lodge zum Lewisvale Park hinaufführt. Aus irgendeinem Grund dachte sie: „Ich lasse ein paar Knubbel stehen" und begab sich auf die Suche nach Anleitungen für die Kunst des Formschnitts. Sie konnte darüber aber noch nicht einmal etwas in der George IV Library finden. Trotzdem beschloss sie, es zu versuchen. Ihr kam eine Idee für einen der Büschel: „Du könntest den zu einem Hund machen." Ein anderer schien wie für eine Katze gemacht zu sein, der nächste vielleicht wie für einen Zug. Und so raffte sie sich auf und begann freihändig zu schneiden. Sie hatte gehofft, ihr Mann würde einen oder zwei Büschel übernehmen, aber er zeigte kein besonderes Interesse. Sie wollte einen Buddha erschaffen, konnte aber weder die Beine noch die Hände richtig schneiden, sodass daraus ein Bär wurde. Bald saß auf ihrer Hecke eine ganze Tierschau.

Leonora fühlte sich etwas albern und wünschte sich, die Hecke befände sich außer Blickweite auf der Rückseite des Hauses. Sie räumte zusammen und verschwand in ihr Häuschen, in dem Gedanken, sie habe einen schrecklichen Fehler gemacht und müsse jetzt alle Figuren abschneiden. Bald aber hörte sie draußen Kinder begeistert lachen und angestrengt darüber diskutieren, welche was darstellte. Die Leute begannen ihren Delfin, ihr Kaninchen, ihre Ente zu kommentieren – aber die Verwechslungen schreckten sie nicht ab, sondern inspirierten sie nur dazu, weiterzuschneiden. Jedes Jahr wurden die Skulpturen größer, anspruchsvoller, ausgeklügelter. Und sie begannen, sich weiterzuentwickeln. Eine helfende Hand schnitt versehentlich den Schwanz ihrer Katze ab, deshalb wurde daraus ein Schwein. Was ursprünglich als LKW geplant war, verwandelte sich in einen Elefanten mit durch Draht gestütztem Rüssel. Zurzeit lässt sie ihm ein paar Beine wachsen. Leonora denkt, jede Person mit einer Hecke könne es tun: Holen Sie einfach tief Luft und schnappen Sie sich die Gartenschere. Man kann nie wissen, was dabei herausspringt.

# DER HOFFMANNSCHE RINGOFEN ㉑

## *Das Feuer schüren*

*Prestongrange Museum*
*Morison's Haven, Prestonpans, East Lothian, EH32 9RX*
*0131 653 2904 (April–Sept)*
*prestongrange.org*
*Freigelände. Eintritt frei. Führungen können mit dem Handy selbst unternommen werden. Besucherzentrum & Café tägl. geöffnet vom 1. April–30. Sept: 11.30–16.30 Uhr.*
*Bus: 26 (Lothian), 118 (Prentice-Busse)*

Der kontinuierlich brennende Hoffmannsche Ringofen steht gegenüber dem Eingang zum Besucherzentrum des Prestongrange Museums weit oben auf einer Böschung, wo sein Schornstein mit 33,5 Metern Höhe sogar noch schwindelerregender wirkt. Im Vergleich dazu wirkt der wie eine Mischung aus einem Festungslabyrinth und einem riesigen Zugbetriebshof anmutende Hauptteil des Gebäudes fast schon gedrungen. Beim Näherkommen aber wird einem bewusst, wie groß er tatsächlich ist. Ein riesiger befahrbarer Brennofen, der 1937 aus genau dem Produkt gebaut wurde, das er herstellte: Ziegelsteine.

Der Entwurf des 1858 vom deutschen Ingenieur Friedrich Hoffmann patentierten Ofens ist erstaunlich raffiniert. Materialien und Energie werden absolut effizient genutzt, und rotierende Ziegelsteinstapel können durchgängig durch seinen Kreis aus nebeneinanderliegenden Ofenkammern gebrannt werden: Ein Stapel wird eingefüllt, während der nächste gebrannt wird, ein weiterer abkühlt, ein anderer geleert und der nächste eingefüllt wird. In jeder der 24 Kammern konnten aus einer aus Ton und Schieferstein bestehenden Mischung, auch *blaes* genannt, 11.000 Ziegelsteine gebrannt werden. Da Schieferstein viel brennbares Öl enthält, reichte die aus der Nachbarkammer hineingeschleuste, erhitzte Luft aus, um ihn zu entzünden. Die übrige Hitze der Öfen verwendete man hinausgeleitet als Bodenheizung für die feuchten Tonziegeln, damit sie vor dem Brennen austrocknen konnten.

Lange Zeit über wurden die Ziegelsteine mit der Hand in individuelle Formen gepresst, die mit „PG"- oder „Preston-Grange"-Kerben versehen waren. Man benutzte die Öfen auch zum Brennen anderer schwerer Keramik, wie etwa von Fliesen oder Wasserpfeifen, die grob mit Salz glasiert wurden. Der Ofen war effizient und auch perfekt gelegen, um an die vor Ort benötigten Materialien zu gelangen. Die Kohle und den Schiefer lieferte das Bergwerk nebenan, der Ton wurde aus einer Schicht direkt an der Straße bei der Upper Birslie Plantation gegraben, der Sand zum Entstauben der Ziegelformen kam vom Ufer, und Salz wurde in den Salzpfannen unten in Prestonpans und Joppa gesammelt (siehe S. 289). Über den Morrison's-Hafen, der sich hier an die Küste schmiegte, konnten die Produkte in die ganze Welt transportiert werden.

Als das Bergwerk Prestongrange Colliery 1962 schloss, wurden die Kosten für den Transport von Rohstoffen zur Ziegelbrennerei zu hoch: Die Feuer wurden nach und nach gedämpft und 1975 dann zum Erlöschen gebracht. Früher konnte man in den Ofen hineinlaufen und seine erstaunlichen Gewölbe erforschen, doch mangels finanzieller Mittel zerfällt das Gebäude immer mehr zu der Erde, aus der es entstanden ist. Hoffentlich kann es vor dem Schicksal derer in Armadale Fife bewahrt werden, die 2012 abgerissen wurden.

# HEXEN-MAHNMÄLER

22

## *Schottlands Hochburg der Hexenverfolgung*

*The Prestoungrange Gothenburg, 227 High Street, Prestonpans, EH32 9BE*
*01875 898 200*
*prestoungrange.org/gothenburg*
*Eintritt frei*
*Rufen Sie am Vortag an, ob ein Besuch möglich ist.*
*Bus: 26, 114*

*Cuthill Park, Prestoungrange Road, Prestonpans, East Lothian, EH32 9SE*

Im Garten des Gothenburg-Pubs steht eine Installation zum Gedenken an die in Prestonpans wegen Hexerei hingerichteten 80 Frauen und einen Mann.

In East Lothian befand sich im 16. und 17. Jahrhundert das Epizentrum der Verfolgung der als Hexen Bezichtigten, und der Gerichtshof von Prestoungrange hatte ein besonders wachsames Auge. Hauptsächlich Frauen gerieten unter Verdacht: Gewöhnlich hatten sie kaum etwas falsch gemacht, außer als Hebamme zu arbeiten, Kräuterkuren anzubieten, arm und verwitwet zu sein oder an etwas zu leiden, das wir heute Demenz nennen würden. Mit Hexerei ließ sich einer hoch religiösen, an den Teufel glaubenden Gesellschaft vor der Aufklärung alles erklären, von schlechtem Wetter bis hin zu Erektionsstörungen. Etwa 4.500 Schottinnen und Schotten wurden wegen Hexerei hingerichtet – der schottische Historiker Roy Pugh nennt es einen Mini-Holocaust.

Die erste Epidemie begann 1589 mit der Überzeugung König Jakobs VI. von Schottland, ein Hexenzirkel habe zusammen mit seinem Feind, dem Grafen von Bothwell, Stürme heraufbeschworen, wegen derer seine Braut (Prinzessin Anne von Dänemark) nicht von Oslo zu ihm segeln und ihre Eheschließung besiegeln konnte. Jakob VI. „befragte" Agnes Sampson (eine Hebamme aus Humbie), Geillis Duncan (eine Hausangestellte aus Tranent) und Dr. John Fian (einen Lehrer aus Prestonpans) persönlich, sprach sie schuldig und ließ sie hinrichten.

Der Hexerei verdächtigte Frauen ließ man von einem „Hexenpikser" testen, der die Angeklagte entblößte, rasierte und ihr eine Nadel in eine empfindliche Stelle steckte: War kein Blut daran, war sie schuldig. Leider wurden Berufspikser wie John Kincaird von Tranent nach der Anzahl erhaltener Geständnisse bezahlt, weshalb sie, um ein blutfreies Ergebnis zu erhalten, Tricks anwandten. Anschließend folterte man die Frau, bis sie gestand und andere Hexen benannte – die dieselbe Prozedur durchliefen. So wurde eine ganze Kaskade an Frauen mit schlimmen Apparaten gequält, wie etwa dem Hexen-*Bradle* (*bradawl*, dt.: Pfriem), dessen Eisenspitzen in ihre Münder getrieben wurden. Ansonsten wurden sie auch bis zum Ertrinken im Nor'loch unter Wasser gedrückt oder erwürgt und vor versammelter Menschenmenge verbrannt.

2004 führte der Baron von Prestoungrange eine „vollständige Begnadigung" der 81 in Prestonpans schuldig Gesprochenen durch. Andrew Crummy und Tom Ewing erschufen sowohl die Mauerbilder hinter dem Gothenburg und als auch im Cuthill Park. Im Goth gibt es in Zusammenhang mit den Hexen viele weitere Ausstellungstücke. An Halloween wird im Rahmen einer Woche voller Kunstveranstaltungen eine jährliche Gedenkfeier abgehalten.

# DIE LAVA-GROTTE

23

*Palaver um Lava*

*Cockenzie House and Gardens*
*22 Edinburgh Road, Cockenzie; und Port Seton, Edinburgh EH32 OHY*
*01875 819 456*
*facebook.com/CockenzieHouse*
*info@cockenziehouseandgardens.co.uk*
*Erkundigen Sie sich auf der Website*
*Freier Eintritt zu den Gärten*
*Bus: 26 (die Busse fahren nur bis Seton Sands oder Port Seton)*

Die Grotte am Fuße der Gärten des Cockenzie House weist die gleichen kronenähnlichen Spitzen auf wie das Bootshaus beim Gosford House. Sehr ungewöhnlich aber ist, dass sie aus Klumpen bimssteinähnlicher Lava besteht. Der spektakuläre gothische Torbogen ist aus dem Kieferknochen eines Wals gefertigt. Schaut man innen an den Sachen des Weihnachtmanns vorbei (er vermietet die Örtlichkeit während der Festtage), erblickt man die mit verblassten Muscheln ausgekleideten Wände, die heute beinahe ein Schwarz-Weiß-Bild der

Vergangenheit abgeben. Dass die Muscheln hier sind, versteht man: Sie gibt es überall. Die Wal-Kieferknochen? Es dürfte ein paar davon in der Nähe geben. Aber Lava? Gab es nicht seit, äh, 55 Millionen Jahren keinen aktiven Vulkan mehr in Schottland?

Nun, das Cockenzie House gehörte der Familie Cadell, die ihr Vermögen dem Salz- und später dem Eisenhandel verdankte. Sie verkauften einen Großteil des Salzes zur Fischkonservierung nach Island. Island verfügt über mehr als genug Salzwasser, aber die Wärme zum Verdunsten fehlt. Als die Schiffe zurück zum Hafen von Cockenzie fuhren, füllten sie ihren Frachtraum mit Gestein als Ballast. Bei den Steinen handelte es sich um Lava, die wahrscheinlich von Islands aktivstem Vulkan Hekla stammte, der in den 1850ern eine aus drei Zinnen bestehende Silhouette besaß. Daher ist über der Grotte, klumpig aus porösem Stein gemeißelt, die Schreibweise „Hecla" zu lesen. Davon ist wiederum der Name der Kunstgalerie inspiriert, die Yvonne Murphy und Gillian Hart im Cockenzie House einrichteten. Im Haus findet man auch viele andere interessante Dinge, zum Beispiel eine Sammlung früher Fotos von ca. 1855, geschossen von Sir Robert Cadell, der General im Krimkrieg war, aber auch fotografische Experimente mit den Pionieren Hill und Adamson unternahm. Eines der Fotos zeigt Hecla in den Anfangsjahren. Im hinteren Bereich befinden sich heute Künstlerateliers, und viele der dort entstandenen Waren gibt es im Laden zu kaufen. Der Garten besteht aus Schrebergärten und in die ursprünglichen Mauern sind zwei „Claret"-Aussichtstürme gebaut.

Trotz aller Bemühungen der örtlichen Gemeinde droht dem Cockenzie House leider die Umwandlung in ein Pflegeheim.

Was aber auch geschieht, das Haus, die Mauern und die Besonderheiten sind denkmalgeschützt, weshalb Hecla fortbestehen wird.

Godfrey Fitton und Gillian McCay, Geologen der Edinburgher Fakultät für Geowissenschaften testeten vor Kurzem die Lava und fanden heraus, dass es sich bei ihr um Vulkanbasalt handelt, dessen Alter und Struktur einzig auf Island als Herkunft schließen lässt.

# DIE DOPPELGROTTEN VON GOSFORD

(24)

## *Schöner Schutt*

*Gosford House Grounds, Longniddry, East Lothian, Edinburgh EH32 0PY*
*01875 870808 – gosfordhouse.co.uk – info@gosfordhouse.co.uk*
*An Ostern und im Sommer; siehe Website für weitere Infos*

Robert Adams entwarf zwei Ende des 18. Jahrhunderts erbaute Grotten für das Grundstück des Gosford House. Eine davon ist das Ice House (dt.: Eishaus), das in eine grasbewachsene Böschung gebaut wurde, sich in den landschaftlich gestalteten Garten einfügt und den Küchen des großen Hauses ermöglichte, Eis für Weincreme und Schinkenscheiben zu lagern. Die andere Grotte ist ein Curling-

Haus, dessen gekrümmte Vorderwand oben in kronengleichen Spitzen mündet und das einen Laden für Curling-Steine umgibt. Beide Grotten bestehen aus etwas, das auf der Website für denkmalgeschützte Gebäude als *random rubble* (dt.: beliebiger Schutt) beschrieben wird. Eine Entschuldigung sollte an den Schöpfer der beiden, Tammy Christison, den berühmten Steinmetz aus Aberlady, gehen. Er setzte zur Erzeugung des rustikalen Effekts sorgfältig verschiedene Steine zusammen. Viele davon sind Kalktuff, ein fluvialer Kalkstein mit Löchern, der aussieht, als hätte sich ein Steinwurm durchgefressen, und den die Etrusker und Römer bevorzugt für ihre Tempel verwendeten.

Weitere prachtvolle Grotten finden Sie auf den nächsten Seiten.

## *Prachtvolle Gartengrotten*

Das Wort „Grotte" bedeutet „Höhle" und bezeichnet oft solche, die dekorativ und menschengemacht sind. Es stammt vom altitalienischen *grotta* ab, das sich wiederum vom lateinischen *crypta* und dem griechischen *krypte* für einen versteckten Ort ableitet. Im 18. Jahrhundert waren die Besitzer prächtiger Häuser auf ihren Reisen durch Italien und Griechenland von diesen kleinen Tempeln fasziniert, die um Höhlen und Wasserfälle herum gebaut, elegant mit Stein- oder Muschelmosaiken dekoriert waren und von Götter-Statuen gegen böse höhlenbewohnende Geister verteidigt wurden. Ihre Architekten zauberten sofort die romantischsten Verrücktheiten hervor, im Versuch, mit groben Steinen und porösen Felsbrocken die Natur nachzuahmen. Dann aber begann der Wettkampf. Sie fügten Glasklumpen, Muscheln, Halbedelsteine, und, im Fall des Newhailes House (siehe S. 291), Trockeneis für den Nebelgrotten-Effekt hinzu. Es kostete ein Vermögen. Über 200 Jahre später sind die Klunker verschwunden und die Muscheln verblasst, aber ein paar der wertvollen kleinen Zufluchtsorte stehen noch.

Lava-Grotte: Gläserne Fotoplatte aus dem 19. Jahrhundert von General Sir Robert Cadell, mit freundlicher Genehmigung des *Cockenzie House and Gardens Trust.*

### Shell House – das Muschelhaus

Lady Ann Fraser hatte schon als Kind Muscheln geliebt, und so beschloss sie, dass der Shepherd House Garden ein Muschelhaus benötigte. Da Lady Ann direkt vor Musselburgh wohnte, gab es zwangsläufig reichlich Meeresmuscheln zum Plündern. 2013 ließ die Familie ein extra Haus dafür bauen, und lud ein Grüppchen Kunststudenten ein, die mithalfen, den Innenbereich mit kistenweise Jakobsmuscheln, Napfschneckenhäusern und Miesmuscheln zu dekorieren. Alles wurde sorgfältig mit Fliesenkleber angebracht. Das Ergebnis ist eindrucksvoll: Verschiedene Farbtöne aus Muscheln bilden ein Beet im Karomuster, aus dem lauchförmige Linien wachsen, die Ann selbst angefertigt hat. Oben befindet sich eine Wetterfahne in Form einer goldenen Ente im Flug – eine Hommage an die frühere Dachbewohnerin des Hauses, eine wilde Stockente.

*Shepherd House Garden, Inveresk, Midlothian, Edinburgh EH21 7TH*
*0131 665 2570 – shepherdhousegarden.co.uk – ann@shepherdhousegarden.co.uk*
*Öffnungszeiten unregelmäßig: Bitte die Angaben auf der Website beachten*
*Busse: 26, 44, 30, 40*

## Die zwei Grotten von Colinton Dell

Auf der gegenüberliegenden Straßenseite des Water of Leith Visitor Centre, über die vielbefahrene Lanark Road hinweg, gibt es im Wald zwei sehr schöne Grotten, zu denen man den Weg mithilfe von Karten aus dem Besucherzentrum finden kann. Eine der Grotten befindet sich auf dem unteren Weg bei einer Fußgängerbrücke, und die andere auf dem höhergelegenen Pfad, von dem man auf den zweiten hinunterblicken kann. Beide wurden wahrscheinlich etwa 1830 für das Craiglockhart House gebaut. Die Grotten bestehen aus vielen verschiedenen Gesteinen wie etwa rosafarbenem Schwerspat, Quartz, Granit und schwarzer Ofenschlacke. Man kann in den Kuppeln Überbleibsel mancher dekorativen Muscheln entdecken. Die untere Grotte hat nach hinten hinaus ein schlitzförmiges Fenster, das den Wasserfall dahinter wunderschön einrahmt.

*Water of Leith Visitor Centre (Besucherzentrum)*
*24 Lanark Road, Edinburgh EH14 1TQ – 0131 455 7367 – waterofleith.org.uk*

## *The Light Pours Out Of Me*

Grotten übten im 18. Jahrhundert eine große Faszination auf die Leute aus. Nun hat die Künstlerin Anya Gallaccio im großartigen Kunstpark Jupiter Artland eine moderne Grotte erbaut, die diese Faszination sehr gut einfängt. Gallaccios Grotte *The Light Pours Out Of Me* (*Das Licht strömt aus mir heraus*) ist tief in den Boden des Waldes geschnitten. Hinter einem goldenen Stacheldrahtzaun öffnet sich ein Spalt, durch den man in die glitzernde, mit Amethysten und Obsidian verkleidete Höhle hinabsteigen kann. Dem Amethyst werden Heilkräfte für alle möglichen Leiden zugeschrieben. Der schwarze vulkanische Obsidian reinigt die Aura des Menschen von negativen seelischen „Verschmutzungen". Aus wissenschaftlicher Sicht ist der Stein jedoch wunderbar blank und rein.

*Jupiter Artland, Bonnington House Steadings, Wilkieston, EH27 8BY*
*01506 889900 – jupiterartland.org – enquiries@jupiterartland.org*
*Mai bis September (die genauen Öffnungszeiten stehen auf der Website)*
*Bus: x27/ x23 (die Anfahrtsbeschreibung steht auf der Website)*

© Allan Pollok Morris, courtesy of Jupiter Artland

# KÖPFE AUS FORMSCHNITTHECKEN

25

*Bitte fernbl„Eiben"!*

*Irgendwo ...*

Irgendwo in der Nähe von Edinburgh blicken drei riesige Köpfe auf die vorbeigehenden Passanten herab: ein römischer Zenturio, ein Navajo-Stammesangehöriger und ein Polynesier von der Osterinsel; alle drei Köpfe wurden aus drei uralten Eiben geschnitten. Wenn man ihnen zu nahekommt, leuchten ihre Augen feuerrot auf, damit man fernbleibt.

Leider hängen hier oft Leute herum, die diese Köpfe für sich entdeckt haben: Sie machen Selfies, laufen herum, wo sie nichts zu suchen haben, und hinterlassen allerlei unangenehmen Müll. Die Besitzer verbringen jeden Morgen eine gute Stunde damit, diesen Müll wegzuräumen. Die Straße ist für den öffentlichen Verkehr gesperrt, aber trotzdem denken die Leute: „Ich bin's doch nur", und fahren einfach drauflos.

Wenn Sie also den Standort der Köpfe herausfinden und sie besichtigen wollen, fahren Sie bitte nicht mit dem Auto dorthin. Parken Sie auf der öffentlichen Straße, nähern Sie sich leise zu Fuß und nehmen Sie vielleicht sogar den Müll mit, der vor Ort herumliegt. Die Zukunft dieser Köpfe liegt in Ihren Händen ...

*NOTIZEN*

Im September 1995 hielt sich Thomas Jonglez in der Stadt Peshawar auf. Sie liegt im Norden Pakistans, zwanzig Kilometer von der Stammeszone entfernt, die er ein paar Tage später besuchen wollte. Dort kam ihm der Gedanke, alle verborgenen Winkel seiner Heimatstadt Paris, die er wie seine Westentasche kannte, schriftlich festzuhalten. Auf seiner Heimreise von Beijing, die sieben Monate dauerte, durchquerte er Tibet (wo er heimlich, unter Decken in einem Nachtbus versteckt, einreiste), Iran und Kurdistan. Er reiste dabei nie im Flugzeug, sondern per Boot, Zug oder Bus, per Anhalter, mit dem Rad, dem Pferd oder zu Fuß und erreichte Paris gerade rechtzeitig, um mit seiner Familie Weihnachten feiern zu können.

Nach seiner Rückkehr verbrachte er zwei großartige Jahre damit, durch die Straßen von Paris zu streifen, um gemeinsam mit einem Freund seinen ersten Reiseführer über die verborgenen Orte seiner Stadt zu schreiben. Während der nächsten sieben Jahre arbeitete er im Stahlsektor, bis ihn seine Entdeckerleidenschaft wieder überfiel. 2003 gründete er den Jonglez Verlag und zog drei Jahre später nach Venedig.

2013 verließ er mit seiner Familie Venedig auf der Suche nach neuen Abenteuern und unternahm eine sechsmonatige Reise nach Brasilien mit Zwischenstopps in Nordkorea, Mikronesien, auf den Salomon-Inseln, der Osterinsel, in Peru und Bolivien. Nach sieben Jahren in Rio de Janeiro lebt er heute mit seiner Frau und seinen drei Kindern in Berlin.

Der Jonglez Verlag publiziert Titel in neun Sprachen und 40 Ländern.

## *ATLAS*

Atlas der geographischen Kuriositäten

## *BILDBÄNDE*

Abandoned Asylums (auf Englisch)
Abandoned Australia (auf Englisch)
Abandoned France (auf Englisch)
Abandoned Lebanon (auf Englisch)
Abandoned Spain (auf Englisch)
After the Final Curtain – The Fall of the American Movie Theater (auf Englisch)
After the Final Curtain – America's Abandoned Theaters (auf Englisch)
Baikonur – Vestiges of the Soviet Space Programme (auf Englisch)
Chernobyl's Atomic Legacy (auf Englisch)
Forbidden Places – Exploring our Abandoned Heritage Vol. 1 (auf Englisch)
Forbidden Places – Exploring our Abandoned Heritage Vol. 2 (auf Englisch)
Forbidden Places – Exploring our Abandoned Heritage Vol. 3 (auf Englisch)
Forgotten Heritage (auf Englisch)
Stilles Venedig
Ungewöhnliche Hotels
Unusual Wines (auf Englisch)
Verbotene Orte
Verlassenes Japan
Verlassenes Italien
Verlassene Kirchen – Kultstättten im Verfall
Verlassene UdSSR
Verlassene USA
Venedig aus der Luft

## *VERBORGENES-REISEFÜHRER*

Verborgenes Bali
Verborgenes Bangkok
Verborgenes Berlin
Verborgene Dolomiten
Verborgenes Florenz
Verborgenes Genf
Verborgenes Hamburg
Verborgenes Istanbul
Verborgenes Kopenhagen
Verborgenes Korsika
Verborgenes Lissabon
Verborgenes London
Verborgenes Los Angeles
Verborgenes Mailand
Verborgenes New York
Verborgenes Paris
Verborgene Provence
Verborgenes Rom
Verborgenes Sevilla
Verborgenes Singapur
Verborgene Toskana
Verborgenes Venedig
Verborgenes Wien

## *„SOUL OF"-REIHE*

Soul of Amsterdam – 30 einzigartige Erlebnisse
Soul of Athen – 30 einzigartige Erlebnisse
Soul of Barcelona – 30 einzigartige Erlebnisse
Soul of Berlin – 30 einzigartige Erlebnisse
Soul of Kyoto – 30 einzigartige Erlebnisse
Soul of Lisbon – 30 einzigartige Erlebnisse
Soul of Marrakesch – 30 einzigartige Erlebnisse
Soul of New York – 30 einzigartige Erlebnisse
Soul of Rom – 30 einzigartige Erlebnisse
Soul of Tokio – 30 einzigartige Erlebnisse
Soul of Venedig – 30 einzigartige Erlebnisse

**DANKSAGUNGEN**

Mein besonderer Dank gilt Rachel Howard, Susanna Beaumont, Colin McLaren, Lila Rawlings, Conrad Molleson, Lesley Pearson, Ima Jackson, Morris Paton, Barbara Gillespie, Frances O'Neill, Miles Tubb, George Lamb, Sasha Callaghan, Robin Mainstone, Barry Edmonds, Iain Campbell, Kenneth Williamson, Margaret Swindale, Gillian McCay, Tracy Smith, John Arthur, Morvern Cunningham, Barbara Harvie, John Stewart, Robert Cooper, Jonathan Colin, Suzy Pope, Bill Scholes, John D. Spencely, Theresa Robinson, Anna Reid Jones, den Facebook-Gruppen Porty People und I Love Leith, Halina Pasiecznik, John Allen, Janet McArthur, John Yellowlees, Helen Miles, Leslie Thomson, The Art of It, *The Cockburn Society, Edinburgh World Heritage* und *ETAG*. Vor allem aber danke ich meiner großartigen Mutter, Alison Robinson, für ihre unermüdliche Hilfe, ihr unerschöpfliches Wissen und ihren großen Enthusiasmus.

**BILDNACHWEIS**

Alle Fotos von **Oscar Van Heek** (sofern nicht anders angegeben)

Karten: **Cyrille Suss** – Layout: **Emmanuelle Willard Toulemonde** – Übersetzung: **Claudia Riefert und Laura Weber** – Lektorat: **Clemens Hoffmann** – Korrektorat: **Johanna Kling** – Konzeption: **Clémence Mathé**


Pflichtexemplar: Mai 2023 – 1. Auflage
ISBN: 978-2-36195-646-2
Gedruckt in Bulgarien von Multiprint